Nora Imlau

So viel Freude, so viel Wut

Gefühlsstarke Kinder verstehen und begleiten

Mit Einschätzungstest für Eltern und Kinder

PENGUIN VERLAG

Für meine Großmutter Margret Imlau,
die immer schon ein großes Herz für wilde Ruschen hatte.

MIX
Papier | Fördert gute Waldnutzung
FSC® C147178
FSC www.fsc.org

Penguin Random House Verlagsgruppe FSC® N001967

5. Auflage 2025

in der Penguin Random House Verlagsgruppe GmbH,
Neumarkter Straße 28, 81673 München
produktsicherheit@penguinrandomhouse.de
(Vorstehende Angaben sind zugleich Pflichtinformationen nach GPSR.)

Covergestaltung: Büro Jorge Schmidt nach einem Entwurf von Weiss Werkstatt
Covermotiv: Johner Images/Getty Images
Satz: Buch-Werkstatt GmbH, Bad Aibling
Druck und Bindung: Pixartprinting, Lavis
Printed in Italy
ISBN 978-3-328-10537-4
www.penguin-verlag.de

Inhalt

Vorwort

Es gibt Momente, die vergisst man nicht. Für mich war so ein Moment, als ich das erste Mal von gefühlsstarken Kindern hörte, die mir damals unter dem Namen »Spirited Children« begegneten. Besondere Kennzeichen: ein extrem starker Wille, heftige Gefühlsausbrüche, gleichermaßen wild wie sensibel. »Das ist doch mein Kind!«, dachte ich, völlig überrascht, dass es für dieses Phänomen überhaupt einen Namen gibt.

Denn wie viele Mütter und Väter gefühlsstarker Kinder hatte auch ich bis dahin oft das Gefühl, völlig allein zu sein mit meinen Fragen und Problemen, die anderen Eltern oft nur ein erstauntes Stirnrunzeln entlockten: »Wie, dein Kind weigert sich morgens, seine Jeans anzuziehen? Also, das würde ich mir ja nicht bieten lassen.«

Seit ich weiß, dass ich ein gefühlsstarkes Kind habe, bin ich als Mutter nicht mehr allein. Denn ich weiß heute: Es gibt hunderttausende gefühlsstarke Jungen und Mädchen auf dieser Welt. Und sie alle haben Eltern, die tagtäglich vor denselben Herausforderungen stehen wie mein Mann und ich: Mit diesem heiß geliebten, wunderbaren, einzigartigen Kind, dessen explosives Temperament uns manchmal schier in den Wahnsinn treibt, in einen liebevollen, funktionierenden Familienalltag zu finden.

Seit ich zum ersten Mal von gefühlsstarken Kindern erfahren habe, ist viel passiert. Ich habe recherchiert, was die moderne Persönlichkeitsforschung über besonders temperamentvolle, impulsstarke Kinder weiß, und mit Wissenschaftlern gesprochen, die ihre Forscherkarriere der Frage verschrieben haben, wieso unsere Kinder so sind, wie sie sind. Ich habe Studien gelesen, Fachbücher gewälzt, Hirnscans studiert. Vor allem aber habe ich mit anderen Eltern gesprochen, deren Kinder genauso ticken, und habe sie nach ihren persönlichen Erfahrungen im Umgang mit ihren gefühlsstarken Kindern gefragt. Was hat sie beruhigt, was hat ihnen geholfen? Was sind ihre Geheimtipps, wenn mitten in einem Gefühlsausbruch mal wieder gar nichts geht? Und wie haben sie es geschafft, Freunden und Verwandten zu erklären, warum ausgerechnet ihr Kind so anders tickt als andere? Die Erkenntnisse, die ich während dieser langen, hochemotionalen Recherchereise gewonnen habe, haben unser Familienleben verändert und geprägt. Denn je mehr ich darüber weiß, was im Kopf und im Herzen meines gefühlsstarken Kindes vorgeht, desto einfühlsamer und liebevoller kann ich es durch die wilden Stürme, die in seinem Inneren toben, begleiten. Und je größer mein Schatz an Strategien ist, die anderen Familien in unserer Situation geholfen haben, desto wahrscheinlicher ist es, dass ich auch in schwierigen Situationen die Nerven behalte und meinem Kind das Gegenüber bin, das es jetzt braucht: Die ruhige, selbstsichere Erwachsene, die weiß, wie man das überreizte Nervensystem eines völlig aufgelösten Kindes sanft herunterfährt.

Deshalb ist es mir so ein Herzensanliegen, weiterzugeben, was ich in den vergangenen Jahren über gefühlsstarke Kinder und ihre Familien gelernt habe. Ich möchte dazu einladen, wirklich zu verstehen, was hinter dem besonderen Temperament dieser Jungen und Mädchen steckt. Denn ihr komplexes Innenleben zu begreifen, ist der erste Schritt hin zu einem Familienleben, das nicht mehr von ständigen Kämpfen und Konflikten geprägt ist, sondern von Verständnis und Vertrauen. Und das ist die Grundlage dafür, dass wir unseren Kindern im zweiten Schritt einen gesunden

Umgang mit ihren heftigen Emotionen zeigen können – ohne zu verlangen, dass sie sich dafür verbiegen.

Kurze Portraits bekannter Persönlichkeiten, die ebenfalls einmal gefühlsstarke Kinder waren, ergänzen dieses Buch. Grund dafür ist, dass ich mit dem Wissen um das besondere Temperament mancher Kinder plötzlich auch in Biographien ganz unterschiedlicher Berühmtheiten Hinweise darauf entdeckte, dass diese bereits in ihrer Kindheit durch starke Gefühlsausbrüche und einen eigenwilligen Charakter aufgefallen sind. So legte ich mir im Lauf der Jahre einen ganzen Ordner voller Interviews, biographischer Abrisse und Zeitungsausschnitte an, zur Beruhigung und zur Erinnerung daran, dass viele große Genies einmal als »schwierige Kinder« galten, bevor ihr besonderes Temperament sie über sich hinauswachsen ließ. Deshalb hoffe ich, dass eine kleine Auswahl daraus auch anderen Eltern dabei hilft, bei allen Herausforderungen im Alltag nicht das besondere Potential ihres gefühlsstarken Kindes aus dem Blick zu verlieren.

Ihnen, liebe Leserin und lieber Leser, wünsche ich nun viel Freude mit diesem Buch. Möge es Ihnen Selbstzweifel nehmen, Fragen beantworten, Mut machen und ganz konkret weiterhelfen im turbulenten Alltag mit Ihrem Kind. Und wer weiß? Vielleicht wird ja auch für Sie der Moment, als Sie zum ersten Mal von gefühlsstarken Kindern hörten, zu einem echten Wendepunkt, hin zu einem entspannteren Familienleben und einer harmonischeren Beziehung zu Ihrem ganz besonderen Kind. Das wünsche ich Ihnen von Herzen!

Leipzig, im Winter 2017
Nora Imlau

ERSTES KAPITEL

Einfach mehr! Gefühlsstarke Kinder erkennen und verstehen

Irgendwie anders als andere

Mehr Begeisterung, mehr Ehrgeiz, mehr Lebensfreude. Aber auch mehr Verzweiflung, Aggression und Traurigkeit: Es gibt Kinder, die sind einfach anders als andere Kinder. Egal um welches Gefühl es geht – sie scheinen nur die Extremvariante zu kennen. Höchste Freude, tiefste Trauer, wildeste Wut. Dazwischen gibt es bei ihnen nicht viel. Einfach mal so mittelzufrieden sind diese Kinder so gut wie nie. Jeder Tag gleicht vielmehr einer hochemotionalen Achterbahnfahrt mit atemberaubend vielen Loopings.

Es gibt Momente, da ist es einfach toll, ein Kind mit einem so überschießenden Temperament zu haben: Wenn der Dreijährige knallvergnügt aus dem Bett springt und mit einer ungeheuren Energie bastelt, werkelt, spielt und turnt, wenn die Siebenjährige großzügigst Liebesworte und Komplimente verteilt: »Du bist die beste Mami der Welt, ich bin so glücklich, dass ich dich hab!«

Doch es gibt mit Kindern wie diesen auch andere Momente, viele andere Momente. In denen es schon morgens vorm Frühstück Tränen gibt, weil die Lieblingsjeans in der Wäsche ist und jede andere Hose sich gerade unerträglich anfühlt auf ihrer Haut. In denen das neckische »Guten Morgen, Kleiner!« der Bäckersfrau einen anderthalbstündigen Wutanfall provoziert, weil der »Kleine« kein Kleiner ist, sondern ein großes Schulkind, das sieht man doch wohl, verdammt! In denen Gläser umstürzen und Teller zerbrechen, weil das achtjährige Kind es einfach nicht schafft, beim Abendessen einigermaßen ruhig am Tisch sitzen zu bleiben – zu viel Zappel in den Beinen.

»Ach, so sind doch alle Kinder manchmal«, bekommen Eltern oft zu hören, wenn sie von ihren emotionsgeladenen Töchtern und Söhnen erzählen. Doch der Unterschied zwischen den ganz normalen Hochs und Tiefs, die alle Kinder mal durchleben, und dem chaotischen Gefühlshaushalt der Kinder, um die es in diesem Buch gehen soll, liegt in dem kleinen Wörtchen *manchmal.*

Klar zappelt fast jedes Kind mal am Tisch herum oder legt einen Zornausbruch im Supermarkt hin. Natürlich fließen in jeder Familie mal die Tränen, gibt es heftige Streits und große Empörung. Aber danach ist es dann irgendwann auch wieder gut. Die Wogen glätten sich, es kehrt Ruhe ein, alle sind wieder einigermaßen ausgeglichen.

Genau das passiert in den Familien, an die sich dieses Buch wendet, meistens nicht. Im Gegenteil: Hat das eigene Kind irgendwann mit viel Begleitung und Unterstützung aus einer alles beherrschenden Emotion herausgefunden, springt es wie ein kleiner Flummi sofort ins nächste intensive Gefühl. Tatendrang zum Beispiel. »Jetzt muss ich unbedingt ein Floß bauen. Sofort, Mama!« Und wenn dieses Vorhaben dann scheitert – etwa an der schlichten Tatsache, dass gerade kein Holz da ist –, ist für die nächsten anderthalb Stunden wieder Holland in Not.

Sind so viele Tränen, so viel Verzweiflung, so viel Wut noch normal? Viele Eltern zweifeln daran: Wenn die Vierjährige ihren Kopf voller Zorn gegen den Fußboden knallt, wieder und wieder und wieder. Wenn der Fünfjährige fast vom Balkon gesprungen wäre, vor lauter Abenteuerlust und Übermut. Wenn das Vorschulkind seinen Freund im Kindergarten so stürmisch umarmt, dass dieser vor Schreck hintenüber fällt – und der kleine Wirbelwind daraufhin so betroffen und bestürzt ist, dass er wochenlang nicht mehr in den Kindergarten gehen will.

So sind andere Kinder doch nicht?!

Doch. Es gibt hunderttausende solcher Kinder, die die Welt intensiver wahrnehmen als andere und tagtäglich von extrem starken Emotionen überrollt werden. Sie leben überall auf dem Globus, in armen und reichen, großen und kleinen Familien, in Industrienationen ebenso wie in traditionellen Kulturen. Sie unterscheiden sich in ihrer Art und ihrem Wesen oft stark von ihren Altersgenossen. Aber nicht, weil sie unnormal wären, sondern weil die normale Entwicklung von Menschenkindern sehr viel vielfältiger ist, als wir oft meinen.

Ist das noch normal?

»Es ist normal, verschieden zu sein« – dieser Ausspruch Richard von Weizsäckers könnte auch als Motto der Entstehung unserer menschlichen Art herhalten. Evolutionär betrachtet ist Vielfalt unsere Stärke, Verschiedenheit unser Überlebensgarant. Denn wo ganz unterschiedliche Persönlichkeiten aufeinander treffen, gibt es zwar die meisten Konflikte, aber auch den größten Fortschritt, weil die Temperamente sich in ihren Stärken und Schwächen ergänzen.

So kommt es, dass wir alle mit einer individuellen Persönlichkeitsstruktur zur Welt kommen – die einen scheuer, die anderen neugieriger, die einen robuster, die anderen sensibler. Die Kinder, um die es in diesem Buch gehen soll, wurden dabei mit einem besonders explosiven Mix ausgestattet: Sie sind einerseits extrem verletzlich, andererseits aber auch extrem lebhaft. Das heißt: Sie sind von der Wut, Trauer oder Empörung anderer schnell tief verletzt – teilen selbst aber scheinbar ohne Rücksicht auf Verluste aus, weil sie ständig von ihren eigenen Gefühlen überwältigt werden.

Wenn wir uns die verschiedenen angeborenen, ganz normalen Persönlichkeitsmerkmale eines Menschen als ein Spektrum vorstellen, in dem die meisten sich selbst und ihre Kinder irgendwo leicht rechts oder links der Mitte einordnen würden, stehen die Kinder, von denen dieses Buch handelt, mit ihrem Fühlen und Erleben jeweils am alleräußersten Rand dieses Spektrums: Sie sind extrem feinfühlig und gleichzeitig extrem impulsiv, extrem neugierig und extrem schnell von neuen Reizen überfordert, extrem nähebedürftig und extrem freiheitsliebend, extrem mutig und extrem ängstlich, extrem begeisterungsfähig und extrem schnell am Boden zerstört.

Worte schaffen Wirklichkeit

Jungen und Mädchen mit so einem intensiven Gefühlsleben und so einem ausufernden Temperament bezeichnen wir oft als

- schwierig
- wild
- ungestüm
- fordernd
- anstrengend
- widerspenstig
- rebellisch
- unruhig
- stur
- dickköpfig
- trotzig
- aufbrausend
- überempfindlich
- hyperaktiv
- weinerlich
- unentspannt

Wir nennen sie

- Träumer
- Mimosen
- Monster
- Tyrannen
- Diktatoren
- Zappelphilippe
- Zerstörer
- Drama Queens
- Troublemaker
- Terrormacher
- Heulsusen
- Wutzwerge
- Stinkstiefel
- Motzbacken
- Zicken

Wir bemängeln ihre

- fehlende Impulskontrolle
- geringe Selbstregulationsfähigkeit
- Starrköpfigkeit
- Lautstärke
- Hibbeligkeit

- Rücksichtslosigkeit
- Überschwänglichkeit
- Hypersensibilität
- Aggression
- übertriebene Emotionalität

Wir haben also einen ganzen Strauß an Worten und Begrifflichkeiten zur Verfügung, um die problematischen Seiten des besonderen Temperaments herauszustellen. Und keinen einzigen Begriff, der zum Ausdruck bringt, was für ein unglaubliches Potential in dieser ungewöhnlichen Persönlichkeitsstruktur steckt. Denn Kinder, die alle Emotionen besonders intensiv sowohl *er*-leben und *aus*-leben, sind meist auch

- kreativ
- begeisterungsfähig
- aufgeweckt
- neugierig
- ausdauernd
- durchsetzungsfähig
- mutig
- ehrgeizig
- sprachgewandt
- ehrlich
- meinungsstark
- mitreißend
- leidenschaftlich
- stark
- klug

Sie sind oft

- Weltverbesserer
- Streitschlichter
- Forscher
- Entdecker
- Erfinder
- hingebungsvolle Fans
- Künstler
- Sportler
- Verfechter von Fairness und Gerechtigkeit
- Diskussionstalente
- Führungspersönlichkeiten
- Visionäre
- Revolutionäre

Sie verfügen häufig über auffallend viel

- Energie
- Konzentration
- Mitgefühl
- Perfektionismus

- Zielstrebigkeit
- Nachdenklichkeit
- rhetorisches Geschick
- Traditionsbewusstsein
- Ausdrucksstärke
- Wissbegierde
- Standhaftigkeit

Das Brisante an diesen ganz unterschiedlichen Begrifflichkeiten: Mit Worten erschaffen wir Wirklichkeit.

Für ein Kind, das wir als schwierig, widerspenstig und übermäßig anstrengend wahrnehmen, prägen genau diese Zuschreibungen auch sein Selbstbild und sein Verhalten. Sehen wir hingegen seine Leidenschaft, seine Energie, seine funkensprühende Kreativität und Klugheit, werden diese Attribute nicht nur unser Kind entscheidend beeinflussen, sondern auch unsere Beziehung zu ihm.

Deshalb ist es mir so wichtig, von der Beschreibung dieser Jungen und Mädchen als schwierige, stets fordernde, nie zufriedene Problemkinder wegzukommen und für sie einen neuen Namen zu finden, der die ganze Kraft und den ganzen Reichtum ihres besonderen Temperaments zum Ausdruck bringt: **gefühlsstarke Kinder**.

Noch ein Label?

Jedem Kind ein eigenes Label: Vielen Eltern geht der Trend, jeder Abweichung von einer wie auch immer definierten Norm kindlicher Entwicklung gleich einen eigenen hochtrabenden Namen zu verpassen, gehörig auf den Keks. Marlies ist nicht einfach zart besaitet, sie ist *hochsensibel*. Jan ist nicht einfach ein bisschen ungeschickt, sondern hat eine *sensitive Wahrnehmungsstörung*. Und Moritz ist kein kleiner Rabauke, sondern *ein Kind mit gestörter Impulskontrolle*. »Geht's auch eine Nummer kleiner?«, fragen sich Mütter und Väter angesichts solcher Wort-Ungetüme, die zwar wie medizinische Diagnosen klingen, jedoch oft einfach nur ganz normale Charakterzüge beschreiben. Und jetzt also *gefühlsstark* als noch eine neue Mode-Diagnose, mit der wir Kinder in Schubladen einsortieren können? Nein, im Gegenteil: Ich verstehe den Begriff »gefühlsstarke Kinder« als Gegenentwurf zu all den Etiketten, mit denen unsere Gesellschaft besonders sensible, impulsive Kinder oft belegt. Ich halte Gefühlsstärke eben *nicht* für eine Anomalie, *nicht* für eine behandlungsbedürftige Problematik, sondern für eine zwar herausfordernde, aber letztlich ganz normale Spielart der Persönlichkeitsentwicklung. Den Ausdruck »gefühlsstarke Kinder« begreife ich deshalb nicht als Diagnose, sondern als eine Art Schlagwort, das zwei wichtige Funktionen erfüllt: Zum einen gibt es Familien einen Begriff an die Hand, mit dem sie ihr Kind wertschätzend beschreiben können, und der ihren Blick auf die Stärken und Potentiale ihres Kindes lenkt. Zum anderen ermöglicht eine einheitliche Bezeichnung Eltern gefühlsstarker Kinder, sich untereinander zu finden und zu vernetzen und die Gemeinsamkeit, ein gefühlsstarkes Kind zu haben, zum Ausgangspunkt für Austausch und gegenseitige Unterstützung zu nehmen. Im englischsprachigen Raum ist diese Entwicklung bereits weit vorangeschritten: Seit die US-amerikanische Erziehungswissenschaftlerin Mary Sheedy Kurcinka 1992 in ihrem Buch *Raising Your Spirited Child* erstmals den Begriff »Spirited Children« für Kinder verwendete, die in jeder Hinsicht einfach »mehr« sind (mehr Emotion, mehr Energie, mehr Impulsivität, mehr Sensibilität), verbreitete sich der positive Name für bis dahin auch im Englischen immer als »schwierig« bezeichnete Kinder wie ein Lauffeuer. Kein Wunder: Kurcinka zufolge ist jedes siebte bis zehnte Kind ein gefühlsstarkes Kind.

Heute gibt es in Nordamerika in jeder größeren Stadt Elterngruppen, in denen sich Mütter und Väter gefühlsstarker Kinder zum Austausch treffen, und in einer »Raising Your Spirited Child«-Facebook-Gruppe stärken sich über 10 000 Eltern gegenseitig den Rücken. Mein Wunsch ist es, ein ähnliches Netz gegenseitiger Unterstützung auch im deutschsprachigen Raum zu knüpfen.

Den Blick auf die Stärken richten

Wenn wir unsere besonderen Kinder mit einem liebevollen Begriff wie »Gefühlsstärke« neu betrachten, nutzen wir damit ein beliebtes Werkzeug in der Psychotherapie: das so genannte »Re-Framing«, was wörtlich übersetzt »neu einrahmen« bedeutet. Die Grundidee dabei ist, eine bestimmte, in unserem Denken und Fühlen fest verankerte Sichtweise oder Erfahrung sinnbildlich aus ihrem angestammten Rahmen zu nehmen und aus einem anderen Blickwinkel neu zu betrachten. Vergleichbar ist das mit einem Gemälde in einer Galerie, dem wir bewusst einen neuen, anderen Rahmen verleihen, der uns das Bild aus einer ganz neuen Perspektive wahrnehmen lässt. Was auf den ersten Blick wie ein billiger Psycho-Trick wirken mag – schließlich ist und bleibt das Bild trotz neuem Rahmen ja dasselbe –, ist in Wirklichkeit nachweislich ein kraftvolles Instrument, das es selbst schwer traumatisierten Menschen ermöglichen kann, die Deutungshoheit über ihr eigenes Erleben und Empfinden (wieder) zu erlangen. Doch auch für uns Eltern eröffnet ein neuer, bewusst anderer Blick auf unsere Kinder ungeahnte Möglichkeiten: Wenn wir aufhören, unsere Söhne und Töchter als fordernd, anstrengend und problematisch zu betrachten und zu beschreiben und anfangen, sie als feinfühlig, ausdrucksstark und besonders zu sehen und zu benennen, verändert sich allein dadurch unser gesamtes Familiengefüge. Ein liebevoller Blick und eine wertschätzende Sprache beeinflussen nämlich nicht nur, wie wir mit unserem Kind umgehen – sie prägen auch das Selbstbild unseres Kindes sowie die Art und Weise, wie andere Menschen es wahrnehmen. Denn ein positiver Blickwinkel und Wortschatz sind ansteckend: Wir fühlen, was wir hören und was wir sehen.

Mit diesem Buch möchte ich Eltern deshalb dazu einladen, ihr Kind in neuem Licht zu sehen, ohne dabei die eigenen dunklen oder schwierigen Gefühle unter den Teppich zu kehren. Ja, das Leben mit einem gefühlsstarken Kind ist anstrengend. Ja, die ständigen Hochs und Tiefs zu begleiten, lässt uns manchmal in unsere eigenen emotionalen Abgründe blicken. Doch all das ändert nichts daran, dass unsere gefühlsstarken Kinder einfach wunderbar sind. Genau so, wie sie sind.

»Als ich meine Therapeutin mal wieder vollheulte, was für ein schwieriges, forderndes, auslaugendes Kind Max ist, schlug sie mir vor, doch für jede seiner anstrengenden Eigenschaften einen positiven Begriff zu finden – die andere Seite der Medaille sozusagen. Nicht Zappelphilipp, sondern Bewegungstalent. Nicht ungezogen, sondern selbstbewusst. In den darauf folgenden Wochen war es für mich eine total erstaunliche Erfahrung, zu merken, was für eine große Veränderung alleine durch die Wahl meiner Worte passierte. Wenn ich mich über Max' Verhalten ärgerte, suchte ich bewusst nach einem wertschätzenden Begriff für das, was er gerade tat: ›Er sorgt gut für sich‹ statt ›Er ist rücksichtlos!‹ – und schon konnte ich viel freundlicher und verständnisvoller mit ihm umgehen. Das funktionierte sogar bei anderen! Als seine Erzieherin mir seufzend berichtete, Max sei im Kindergarten wieder so wild und ungestüm gewesen, antwortete ich: ›Er ist wirklich ein süßer kleiner Wirbelwind, nicht wahr?‹ Da lächelte sie und sagte: ›Ja, das ist er, und das ist ja eigentlich auch gut so.‹«

Karina, Mutter von Svea, 5 Jahre, und Max, 3 Jahre

Ist mein Kind ein gefühlsstarkes Kind?

Um herauszufinden, ob ein Kind hochbegabt ist, gibt es standardisierte Intelligenztests. Für Eltern, die sich fragen, ob ihr Nachwuchs hochsensibel ist, werden Fragebögen zum Selberbeantworten im Internet angeboten. Um zu sagen, ob ein Kind gefühlsstark ist oder nicht, braucht es keine solchen Tests. Denn wenn Gefühlsstärke keine Diagnose darstellt, sondern vielmehr ein Erkennungsmerkmal für betroffene Eltern und unter betroffenen Eltern, ist es letztlich vollkommen unerheblich, welche Kriterien ein Kind nun ganz objektiv auf einer Skala von 1 bis 10 erfüllt. Es gibt für Gefühlsstärke zum Glück keine standardisierten Testverfahren und keine medizinischen oder psychologischen Autoritäten, die unseren Kindern eine entsprechende Bezeichnung verleihen oder verwehren könnten. Nein, beim Erkennen gefühlsstarker Kinder zählt letztlich vor allem eins: das subjektive Empfinden der Familien. Sie kennen ihr Kind schließlich am besten.

»Wenn ich an meine älteste Tochter denke, sehe ich ein klares Bild vor mir: ein kluges, sanftmütiges, aufgewecktes Mädchen, das stundenlang Lego spielt, gern zur Schule geht, manchmal wütend und manchmal traurig ist, aber meist eine gut gelaunte Leichtigkeit ausstrahlt, die das Zusammenleben mit ihr ziemlich einfach macht. Denke ich an ihre kleine Schwester, ist es, als fange sich in meinem Kopf ein Karussell an zu drehen: so viele Gefühle, so viele Eigenschaften, so viele Extreme vereinigen sich in diesem einen kleinen Menschen. Sie ist so laut, und so still. Sie ist so witzig, und so ernst. Sie kann unfassbar wild sein, mich regelrecht umhauen mit ihrer Energie. Um dann abends im Bett nahezu in mich hineinzukriechen, wenn sie sich an mich kuschelt, als wäre ihr alle Nähe dieser Welt nicht genug. Sie kämpft viel, mit sich, mit uns, mit der Tatsache, dass sie in den Kindergarten gehen muss und dass die Nacht zum Schlafen da ist. Von ihren Gefühlen wird sie oft

völlig übermannt, dann weiß sie nicht mehr ein noch aus vor lauter Traurigkeit und Zorn. Dann beißt und schreit und spuckt sie wie ein wildes Tier, ihre Wut kennt keine Grenzen. Sie ist das Kind, das die Krabbelgruppe sprengt und den Musikkurs, das mir skeptische Blicke im Supermarkt einbringt und Zweifel an meinen Fähigkeiten als Mutter sowieso. Sie ist das Kind, das mich mit einer Heftigkeit braucht und liebt, wie ich sie bisher nicht kannte, und dem all die Liebe und Aufmerksamkeit und Nähe, die ich ihr gebe, niemals zu reichen scheinen, um einfach einmal ruhig zu werden und loszulassen und wirklich zu entspannen. Und ich habe oft das Gefühl: Niemand sonst auf der Welt hat so ein intensives, forderndes, über alle Maßen anstrengendes und trotzdem wunderbares Kind wie ich.«
Carola mit Wilma, 8, und Emma, 6

Wenn Sie sich beim Lesen dieses Erfahrungsberichts der Mutter eines gefühlsstarken kleinen Mädchens immer wieder dabei ertappt haben, heftig mit dem Kopf zu nicken und »Genau so ist es, genau so fühlt es sich an« zu denken, wenn Ihnen vielleicht sogar Tränen in die Augen gestiegen sind angesichts der Tatsache, dass Sie mit Ihren Gedanken und Gefühlen Ihrem besonderen Kind gegenüber nicht alleine sind – dann sind Sie höchstwahrscheinlich die Mutter oder der Vater eines gefühlsstarken Kindes.

Acht typische Eigenschaften gefühlsstarker Kinder

Die Pädagogin Mary Sheedy Kurcinka benennt in ihrem Buch *Raising Your Spirited Child* acht typische Charaktereigenschaften, die bei gefühlsstarken Kindern übermäßig stark ausgeprägt sind. Nicht jedes verkörpert alle diese Eigenschaften, doch sie geben Aufschluss darüber, woran wir alle gefühlsstarke Kinder besonders gut erkennen können.

1. Mein Kind erlebt Gefühle unglaublich intensiv.

Gefühlsstarke Kinder verhalten sich oft schon als Babys nicht wie andere Neugeborene. Sie quäken nicht – sie schreien. Sie schmatzen nicht leise, wenn sie Hunger bekommen, sondern brüllen von jetzt auf gleich los. Sie haben eine unglaubliche Angst vor dem Alleingelassenwerden und weinen panisch, sobald sie keinen Körperkontakt haben. (Sie hassen deswegen auch oft den Kinderwagen und das Babybett und lieben das Tragetuch.) Werden sie älter, bleibt das Auf und Ab intensiver Gefühle ihr stetiger Wegbegleiter: Jedes umgeschüttete Saftglas ist ein Drama, die falsche Mütze kann einen ganzen Nachmittag ruinieren. Belanglose Kleinigkeiten gibt es für diese Kinder nicht. Jede Sache ist eine große Sache, und jede emotionale Reaktion geht bei ihnen ganz, ganz tief. Die meisten gefühlsstarken Kinder tragen diese intensiven Emotionen relativ ungefiltert nach außen: Sie schreien und weinen laut und schrill, wenn es ihnen mit etwas schlecht geht (und das ist oft der Fall). Ihre Wutanfälle sind deshalb lang und gefürchtet. Es gibt allerdings auch gefühlsstarke Kinder, die Emotionen ebenso heftig erleben, diese jedoch nicht nach außen, sondern nach innen hin verarbeiten. Diese Kinder werden in den vielen für sie herausfordernden Situationen im Alltag ganz still und in sich gekehrt und versuchen angestrengt, die über sie hineinbrechende Flut der Gefühle mit sich selbst abzumachen.

2. Mein Kind ist extrem ausdauernd und hartnäckig.

Wenn gefühlsstarke Kinder sich etwas in den Kopf gesetzt haben, lassen sie sich davon oft nicht mehr abbringen. Papas Smartphone durch ein singendes Spielzeughandy ersetzen? Nicht mit einem gefühlsstarken Kleinkind! Es will genau dieses Handy, das es gerade hatte, und wird diesen Wunsch auch nicht durch kreative Ablenkungsmanöver aufgeben, sondern schreit und tobt mit unfassbarer Ausdauer bis zur totalen Erschöpfung. Gefühlsstarke Kinder wirken dadurch oft sehr starrsinnig, in Wirklichkeit sind sie aber einfach sehr determiniert: Wenn sie sich in den Kopf gesetzt haben, alleine ein Vogelhaus zu bauen oder in sämtlichen Hauptfächern mindestens eine Zwei zu schaffen, lassen sie von diesen Zielen ebenso wenig ab wie einst von Papas Telefon.

3. Mein Kind ist überdurchschnittlich sensibel.

Gefühlsstarke Kinder nehmen sämtliche Sinneseindrücke besonders stark wahr und lassen sich von einem unwillkommenen oder unerwarteten Geruch, Geräusch oder Gefühl auf der Haut oder im Mund leicht aus der Ruhe bringen. Typisch für gefühlsstarke Babys ist, dass sie unglaublich empfindliche Schläfer sind und beim kleinsten Geräusch weinend hochschrecken. Später sind gefühlsstarke Kinder oft sehr wählerisch, sowohl was Essen als auch was Kleidung angeht, die sie auf ihrer Haut ertragen können (Wolle empfinden sie oft als zu kratzig, Jeans als zu steif und eng, Knöpfe als drückend, Socken als unangenehm ...). Besonders tricky für Eltern ist, dass gefühlsstarke Kinder oft ganz besonders feine Antennen für die Emotionen der Erwachsenen im Raum haben (auch die, die den Menschen selbst gar nicht bewusst sind). Gefühlsstarke Kinder neigen sehr stark dazu, ihren Eltern diese Emotionen unbewusst zu »spiegeln«, also in ihrem eigenen Verhalten die Gefühle auszuleben, die sie unbewusst wahrgenommen haben. Sie legen dementsprechend beeindruckende Wutanfälle hin, wenn sie unterdrückte Wut spüren, weinen ohne ersichtlichen Grund, wenn jemand in ihrer Nähe – möglicherweise, ohne es selbst zu wissen – traurig ist, und beantworten jede Unsicherheit und jeden Selbstzweifel von Mutter oder Vater, indem sie selbst alles in Frage stellen und ganz viel Rückversicherung brauchen.

4. Mein Kind ist außergewöhnlich offen für alle Eindrücke.

Gefühlsstarke Kinder sind häufig geborene Detektive. Durch ihre rasche Auffassungsgabe und ihr Auge fürs Detail bemerken sie jede kleine Veränderung und ziehen ihre Schlüsse daraus: »Du riechst heute anders, nach Parfum – gehst du etwa nachher noch weg?« Viele Eltern fühlen sich dadurch beobachtet und überwacht, dabei achten gefühlsstarke Kinder gar nicht bewusst auf solche Kleinigkeiten – diese springen sie regelrecht an und lenken sie oft von anderen Dingen ab. Typisches Beispiel: Für gefühlsstarke Kinder ist es häufig geradezu unmöglich, die simple Aufforderung umzusetzen, rasch in die Küche zu gehen und dort das Salz zu holen. Denn auf dem Weg dorthin bannen so viele Dinge ihre Aufmerksamkeit, dass sie darüber nach kurzer Zeit ihren ursprünglichen Auftrag komplett vergessen. Nach einer halben Stunde kann man sie dann auf halbem Weg zur Küche im Flur vorfinden, wo sie fasziniert beobachten, wie eine Stubenfliege einen Brotkrümel verspeist.

5. Mein Kind kann Abweichungen von Routinen kaum aushalten.

Gefühlsstarke Kinder fühlen sich oft völlig überfordert, wenn vertraute Routinen unverhofft durchbrochen werden. Als Gegenpol zu ihrem von Natur aus chaotischen und überwältigenden Innenleben schätzen sie nämlich häufig klare und berechenbare Strukturen, an denen sie sich im Alltag entlang hangeln können. Ferien und Feiertage stellen für sie deshalb oft nur schwer zu bewältigende Herausforderungen dar, auf die sie sich zwar einerseits freuen, die aber andererseits oft in Wutanfällen und Tränen enden. Ein unklarer Tagesablauf plus viele Menschen plus ein hoher Geräuschpegel plus unzählige weitere Sinneseindrücke führen oft dazu, dass gefühlsstarke Kinder das Gefühl haben, ihr Kopf stünde kurz vorm Explodieren. Unkontrollierte Zornausbrüche, heftige Aggressionen und provozierendes Verhalten sind oft der Ausdruck dieser Überforderung – und lassen Eltern oft wütend und enttäuscht zurück, weil der liebevoll vorbereitete Kindergeburtstag, die große Ostereiersuche im Familienkreis oder der feierliche Gottesdienst zur Kommunion der Cousine wieder mal vom eigenen Kind gesprengt wurden.

oder

Mein Kind empfindet jede äußere Struktur als Freiheitsberaubung. Während sich viele gefühlsstarke Kinder dankbar an Routinen und Strukturen orientieren, gibt es andere, die eine regelrechte Aversion gegen alles Regelmäßige, Immergleiche, Festgezurrte haben. Diese Kinder etwa an eine feste Bettgehzeit zu gewöhnen, ist ein aussichtsloses Unterfangen, ebenso wie das Einführen einer klaren Morgenroutine. Sie haben einen unglaublichen Freiheitsdrang und können nur dann kooperieren, wenn ihnen eine aktive Entscheidung ermöglicht wird, was sie in welcher Reihenfolge und zu welchem Zeitpunkt tun wollen.

6. Mein Kind hat scheinbar niemals endende Energie.
Gefühlsstarke Kinder werden oft als wilde Kinder beschrieben. Tatsächlich haben viele von ihnen einen immensen Bewegungsdrang, der dazu führt, dass sie ganz zappelig werden, wenn sie sich nicht genügend auspowern konnten. Ganz typisch ist das Bedürfnis, selbst beim Stillsitzen etwas mit den Händen zu tun: Papier in kleine Schnipsel zu reißen, an der eigenen Kleidung herumzufummeln, wieder und wieder die eigenen Buntstifte zu spitzen.

Doch die Zuschreibung, dass energiegeladene Kinder sich einfach nur müde turnen müssen wie Hütehunde, greift zu kurz. Gefühlsstarke Kinder sind weniger wild, sie haben vielmehr einen starken Selbstwirksamkeitsdrang. Das heißt: Dass sie so viel klettern, rennen und hüpfen, hat oft weniger mit einem unbändigen Bewegungsbedürfnis zu tun als mit der Hartnäckigkeit, mit der sie bestimmte Ziele verfolgen. Wenn sie aus dem Gitterbettchen klettern wollen, dann klettern sie aus dem Gitterbett, auch wenn sie dazu hundert Versuche brauchen. Wenn die Schokolade im obersten Regal der Speisekammer liegt, dann hieven sie eben einen Stuhl auf den Wäschetrockner und versuchen so lange, da hoch zu kommen, bis es klappt. Und wenn sie nicht nach Hause gehen wollen, bis sie den Basketball in den Korb geworfen haben, mobilisiert dieses Ziel in ihnen die Energie, es stundenlang weiter zu probieren.

7. Mein Kind tut sich sehr schwer mit Veränderungen.

Dass Mama eine neue Brille bekommt, kann für ein gefühlsstarkes Kind eine echte Katastrophe bedeuten – von einem Kindergartenwechsel oder gar dem Umzug in eine andere Wohnung ganz zu schweigen. Die Schwierigkeit, mit neuen Situationen klarzukommen, wächst dabei mit jeder Beteuerung der Eltern, dass das doch alles nicht so schlimm sei, weil das gefühlsstarke Kind dann den Eindruck hat, seiner eigenen Wahrnehmung nicht vertrauen zu können. Gefühlsstarke Kinder brauchen deshalb Gelegenheit, sich langsam, schrittweise und mit viel einfühlsamer Begleitung an neue Situationen zu gewöhnen.

8. Für mein Kind ist das Glas oft halbleer.

Gefühlsstarke Kinder können sich unglaublich freuen, aber sie sind oft auch sehr grüblerische, nachdenkliche Menschen, die sich auf das Schwierige, Problematische, Negative fokussieren. Für Eltern ist das nur schwer zu ertragen, wenn die prägendste Erinnerung an den Ausflug in den Zoo das heruntergefallene Eis ist. Doch gefühlsstarke Kinder entscheiden sich nicht bewusst dazu, die Welt durch diese Brille zu sehen. Sie sind vielmehr ständig auf der Suche nach Problemen, weil sie durch ihren wachen Geist auch an deren Lösung interessiert sind, erforschen also gewissermaßen das Verbesserungspotential in jeder Situation, das, was man noch verändern könnte. Auch wenn sie oft skeptisch und grummelig wirken, sind sie also mit ihrer manchmal defizitorientierten Sicht auf die Dinge keine Schwarzmaler, sondern eher auf dem Weg dahin, kluge Skeptiker und konstruktive Kritiker zu werden.

Ihr seid nicht allein!

Ein gefühlsstarkes Kind ins Leben zu begleiten, ist eine tierisch anstrengende, extrem herausfordernde, absolut nervenaufreibende Angelegenheit. Die Kraft, die es kostet, jeden Tag aufs Neue Beifahrer einer niemals endenden emotionalen Achterbahnfahrt zu sein, ist mit der Anstrengung normaler Elternschaft nicht zu vergleichen. Und so ist es nicht weiter verwunderlich, dass Mütter und Väter gefühlsstarker Kinder immer wieder an einen Punkt tiefer Verzweiflung kommen, an dem sie nicht wissen, wie sie weitermachen sollen im Umgang mit diesem so heiß geliebten, aber eben auch so verflixt anstrengenden Kind, mit dem nichts einfach mal leicht, unkompliziert, *easy-going* sein kann.

Meine wichtigste Botschaft an all diese Eltern ist: **Ihr seid nicht allein.** Es mag euch so vorkommen, als kämpfe niemand jeden Tag denselben Kampf wie ihr. Aber in Wirklichkeit sind wir Tausende.

Wir alle lieben unsere Kinder – und könnten sie trotzdem manchmal auf den Mond schießen. Wir würden sie um keinen Preis jemals eintauschen wollen – und tagträumen trotzdem manchmal von einem Familienleben, in dem der Tagesablauf sich nicht nach den komplizierten Emotionen unserer Kleinen richtet. Wir beneiden manchmal still die Eltern jener Kinder, die uns im Vergleich oft schon geradezu unheimlich ausgeglichen erscheinen. Und sind unglaublich verletzt, wenn die Mütter und Väter dieser Kinder uns gut gemeinte Ratschläge geben, die mit unseren Kindern ohnehin nie funktionieren würden. Wir zweifeln ständig an uns selbst und fragen uns, was wir falsch gemacht haben, dass unsere Kinder so sind, wie sie sind. Und sehen gleichzeitig, dass sie von Anfang an einfach *anders* waren als andere Babys, oft auch als ihre Geschwister, mit denen wir doch auch nicht anders umgegangen sind.

Wir sehen die Kraft und die Stärke, die in dem besonderen Temperament unserer Kinder liegen. Und wünschen uns doch manchmal, ein Kind zu haben, mit dem man nicht überall heraussticht, das nicht alle Blicke auf sich zieht, das uns nicht als inkompetente, überforderte Eltern dastehen lässt.

Wir sind glücklich und dankbar über unser Kind. Aber wir sind auch unfassbar erschöpft.

Und wir denken immer wieder: Wer es nicht selbst erlebt hat, der kann sich schlicht nicht vorstellen, was es bedeutet, so ein Kind zu haben.

Die Grundbedürfnisse gefühlsstarker Kinder

Wir alle brauchen Luft zum Atmen, genügend zu essen und zu trinken, eine sichere Umgebung sowie ausreichend Schlaf, um zu überleben. Doch neben diesen *körperlichen Grundbedürfnissen* haben wir Menschen auch *seelische Grundbedürfnisse*, die erfüllt sein müssen, damit es Kindern wie Erwachsenen auf Dauer gut gehen kann. Zu diesen gehören

- das Bedürfnis nach Nähe und Bindung,
- das Bedürfnis nach Halt und Orientierung,
- das Bedürfnis nach Selbstwirksamkeit und Autonomie,
- das Bedürfnis nach Wertschätzung und Akzeptanz.

Anders als bei unseren körperlichen Grundbedürfnissen liegt es in der Natur unserer seelischen Grundbedürfnisse, dass diese sich in einem ständigen Widerstreit befinden und niemals alle gleichzeitig komplett erfüllt sein können: Völlige Verbundenheit ist schließlich das Gegenteil vollkommener Autonomie, und begrenzender Halt von außen steht der freien Entfaltung in totaler Selbstwirksamkeit entgegen. Doch genau aus diesem Spannungsfeld entsteht jene gesunde Balance der Bedürfnisse, die für unsere seelische Gesundheit so wichtig ist. In Bezug auf gefühlsstarke Kinder heißt das: Es kann *nicht* unser Ziel als Eltern sein, ihren inneren Konflikt zwischen Nähebedürfnis und Freiheitsdrang, Sehnsucht nach Strukturen und Rebellion gegen Grenzen aufzulösen. Denn genau diese Spannung gehört zum menschlichen Dasein untrennbar dazu. Wir *können* unseren Kindern aber zeigen, wie aus den widerstreitenden Impulsen in ihrem Inneren ein kraftvoller Motor werden kann, der sie in ihrer persönlichen Entwicklung nach vorne bringt. Denn wo Spannung ist, da ist auch Energie, und innere Konflikte sind *der* Treibstoff für Veränderung. Schauen wir uns also die seelischen Grundbedürfnisse unserer Kinder etwas genauer an – und sehen, wie wir sie unter einen Hut bekommen können.

»Ich brauche deine Nähe«

Wir Menschen sind von Natur aus soziale Wesen und haben ein biologisch tief in uns verankertes Bedürfnis nach liebevollen Beziehungen mit anderen Menschen. Das macht evolutionär auch Sinn, denn in der Geschichte unserer Art war klar: Ohne Bindung kein Überleben. Das gilt insbesondere für Kinder – sie brauchen Erwachsene, die sich über viele Jahre für sie verantwortlich fühlen, bis sie für sich selbst sorgen können. Das so genannte Bindungssystem eines jeden Menschen – also die innere »Blaupause« dafür, wie jemand Beziehungen angeht und gestaltet – entwickelt sich in der frühen Kindheit auf Grundlage unserer Erfahrungen mit unseren ersten Bezugspersonen – also in den meisten Fällen mit den Eltern. Entscheidend für die Entstehung einer sicheren, vertrauensvollen Bindung ist dabei zum einen die körperliche

Nähe, mit der Eltern ihrem Kind Sicherheit und Geborgenheit schenken – und zum anderen die *Feinfühligkeit*, mit der sie insbesondere auf die Stresssignale des Kindes reagieren. Weint oder schreit das Kleine und wird dann sofort liebevoll, angemessen und prompt getröstet, entwickelt es ein tiefes Vertrauen in andere Menschen und die Welt, das es fürs Leben stark macht: das so genannte Urvertrauen. Gefühlsstarke Kinder kommen mit einem besonders ausgeprägten Bindungsbedürfnis zur Welt und brauchen überdurchschnittlich viel körperliche Nähe und feinfühlige Rückversicherung, um sich sicher und geborgen zu fühlen – auch weit über die Babyzeit hinaus.

»Ich brauche deinen Halt!«

Vor seiner Geburt erfährt jedes Baby im Bauch der Mutter ganz unmittelbar das Gefühl von Halt und Begrenzung: Die Wände der Gebärmutter beschränken seine Bewegungen und markieren die Grenze seiner eigenen kleinen Welt. Typisch für gefühlsstarke Kinder ist es, auch nach der Geburt ein besonders starkes Bedürfnis nach Enge und Halt zu haben: Sie lieben es, eng im Tragetuch eingebunden herumgetragen oder fest in ein Pucktuch eingewickelt zu werden und schlafen oft besser, wenn das Stillkissen wie ein Nest um sie herumliegt. Werden gefühlsstarke Kinder älter, haben sie immer noch ein starkes Bedürfnis nach Begrenzung – aber nun ist es nicht mehr vorrangig körperlicher Natur. Stattdessen treten Klarheit und Berechenbarkeit an die Stelle von Puck- und Tragetuch: Verlässliche Strukturen im Tagesablauf sowie Eltern, die freundlich und gleichzeitig bestimmt ihre persönliche Grenzen aufzeigen, geben gefühlsstarken Kindern Halt und Orientierung.

»Ich bestimme über mich!«

Wer genau hinsieht, kann erkennen, dass schon kleinste Kinder das Bedürfnis haben, ihren Babyalltag aktiv mitzugestalten: Sie zeigen deutlich, welche Rassel sie gerade interessiert, ob sie lieber spielen oder lieber in Ruhe gelassen werden wollen, ob sie auf den Arm mögen oder herunter wollen. Mal helfen sie beim Anziehen mit, indem sie ihre Arme selbstständig durch die Ärmel fädeln, mal wehren sie sich vehement gegen das Wickeln. Mit Beginn der so genannten Autonomiephase entdecken sie ihren eigenen Willen dann mit Wucht – und fordern ihr Recht auf Freiheit und Selbstbestimmung fortan mit viel Elan ein. Gefühlsstarke Kinder kämpfen dabei typischerweise besonders stark für ihre Selbstbestimmtheit und stellen auch im späteren Leben immer wieder Autoritäten und Hierachien in Frage, vor allem, wenn diese sie in ihrer persönlichen Freiheit beschränken. Für ihre seelische Gesundheit ist es sehr wichtig, diesen immensen Drang nach Freiheit und Selbstwirksamkeit ausleben zu können in einer Umgebung, in der ein eigener starker Wille als etwas Kostbares und Schützenswertes angesehen wird, und in einer Umgebung, in der Eltern und Erzieher viel häufiger Ja als Nein zum Selbermachen und Entdecken sagen können.

Gefühlsstark oder etwas anderes?

Die Kernbotschaft dieses Buches ist, dass wir unser Bild vom »normalen Kind« erweitern müssen, dass normales kindliches Verhalten also ein viel breiteres Spektrum umfasst, als wir oft meinen. Längst nicht jeder Junge, jedes Mädchen kann mit einem Jahr ohne Hilfe in den Schlaf finden, lässt sich mit zwei Jahren problemlos in der Krippe eingewöhnen, hat mit drei Jahren keine Wutanfälle mehr und mit sechs die Fähigkeit, fünf Stunden am Stück still zu sitzen und zu lernen. Dass gefühlsstarke Kinder all dies oft nicht bewältigen, heißt nicht, dass sie unnormal oder therapiebedürftig wären, sondern dass es sehr viele unterschiedliche Wege gibt, ein ganz normales Kind zu sein. Was für eine Erleichterung!

Doch auch, wenn all die eingangs beschriebenen Verhaltensweisen oft völlig normale und gesunde Ausprägungen kindlichen Temperaments sind – es gibt Fälle, da verweisen extreme Unruhe, unkontrollierte Wutanfälle, heftiges Schwarzmalen oder massive Schwierigkeiten mit der Impulskontrolle auch auf ein medizinisches oder psychologisches Problem, das genauerer Diagnostik und Behandlung bedarf. Spüren Eltern also, dass ihr Kind unter seinem Anderssein dauerhaft leidet, oder haben sie das Gefühl, dass es Verhaltensweisen zeigt, die ihnen Sorgen bereiten, ist es selbstverständlich immer eine gute Idee, dies von entsprechenden Fachleuten abklären zu lassen. Wenn sie dann eine Diagnose haben, können sie ja immer noch entscheiden, wie sie damit umgehen. So gibt es beispielsweise Schlaflabore, die Babys und Kleinkindern großzügig behandlungsbedürftige Schlafstörungen attestieren, wenn sie nicht im Alter von wenigen Monaten (!) alleine ein- und durchschlafen, was gefühlsstarke Kinder so gut wie nie tun. Von solchen Befunden sollten sich betroffene Eltern tunlichst nicht ins Bockshorn jagen lassen: Nicht jede medizinisch klingende Etikette bedeutet auch einen tatsächlichen Therapiebedarf.

Andersherum ist es jedoch selbstverständlich möglich, dass gefühlsstarke Kinder *zusätzlich* zu ihrem sensiblen, impulsiven, reizoffenen, empathischen Grund-Temperament noch eine weitere »Baustelle« haben: eine Wahrnehmungsstörung, eine Hochbegabung, eine Teilleistungsschwäche, ein Aufmerksamkeitsdefizitsyndrom, eine Form von Autismus. Fachkundige medizinische sowie therapeutische Begleitung ist in solchen Fällen Gold wert – doch auch dann kann dieses Buch eine wertvolle Ergänzung sein. Denn selbst wenn ein gefühlsstarkes Kind einen besonderen Förder- oder Therapiebedarf hat, ist es immer noch ein gefühlsstarkes Kind, das von seinen Eltern Verständnis, Begleitung und bedingungslose Liebe auf dem Weg durch den wilden Dschungel seiner Emotionen braucht. Die Anregungen, die dieses Buch dafür bereithält, helfen dabei den Eltern kranker Kinder genauso wie den Eltern gesunder.

Gefühlsstark, hochsensibel, High Need?

Auf der Suche nach einer Erklärung für das besondere Temperament ihres Kindes sind viele Eltern bislang häufig bei zwei Begriffen gelandet: Besonders nähebedürftige, anspruchsvolle Babys und Kleinkinder werden manchmal als High Need beschrieben, also als besonders bedürfnisstark – ein Begriff, der auf den US-amerikanischen Kinderarzt William Sears zurückgeht. Ältere Kinder mit einem besonders intensiven Gefühlsleben wurden von ihren Eltern häufig als »hochsensibel« erkannt. Ist »gefühlsstark« nun einfach ein Synonym für diese Begriffe? Nein: Als »High Need« definiert Sears Babys und Kleinkinder mit einem unruhigen Temperament und einem immensen Nähebedürfnis. Diese Babys wollen besonders häufig gestillt werden und schlafen nachts nicht durch. Auf ältere Kinder sind seine Kriterien deshalb kaum anwendbar.

Insofern gilt: Ja, es gibt sicherlich Überschneidungen, und viele gefühlsstarke Kinder erfüllen in der Baby- und Kleinkindzeit auch sämtliche Kriterien für ein High-Need-Kind. Doch nicht jedes gefühlsstarke Kind war ein High-Need-Baby, und nicht aus jedem High-Need-Baby wird später ein gefühlsstarkes Kind.

Und was den Begriff der Hochsensibilität angeht: Dieser beschreibt tatsächlich einen Persönlichkeitszug, den fast alle gefühlsstarken Kinder gemeinsam haben. Aber: Gefühlsstärke, wie ich sie definiere, geht weit über Hochsensibilität hinaus. Denn zu der immensen Feinfühligkeit kommen bei gefühlsstarken Kindern noch all die anderen Charakteristika hinzu: das Energiegeladene, das Wilde, das Rebellische, das »nur« hochsensible Menschen oft gar nicht verkörpern. Es ist also tatsächlich ein Großteil aller gefühlsstarken Kinder auch hochsensibel – aber längst nicht jeder hochsensible Mensch ist oder war ein gefühlsstarkes Kind.

Gefühlsstärke als Ausrede?

Ob in der Schule oder im Supermarkt: Wenn das eigene Kind irgendwo unangenehm auffällt, sind für uns Eltern Scham und Schuldgefühle niemals weit. Und so ist es verständlich, dass Mütter und Väter von Kindern, die mit ihrem Verhalten regelmäßig anecken, manchmal Labels und Diagnosen wie Schutzschilde vor sich her tragen: »Mein Kind kann nichts dafür, es ist eben gefühlsstark!« Aussagen wie diese haben in den USA bereits dazu geführt, dass insbesondere Lehrerinnen und Lehrer sowie Erzieherinnen und Erzieher mittlerweile manchmal reichlich genervt darauf reagieren, wenn eine Familie ihnen ihr Kind als »spirited« vorstellt. Denn auch wenn wohl kaum jemand von ihnen anzweifeln würde, dass es Kinder gibt, die durch ihr intensives Gefühlsleben vor besonderen Herausforderungen stehen, haben viele von ihnen den Eindruck, individuelle Besonderheiten im Temperament müssten heute als Entschuldigung für alles herhalten. Zugespitzt formuliert: Kann ein gefühlsstarkes Kind wirklich nichts dafür, wenn es im Rausch seiner Gefühle einen Klassenkameraden vermöbelt?

Um echtes Verständnis für die besonderen Herausforderungen ihres Kindes zu wecken, ist es deshalb wichtig, dass Eltern den Begriff der Gefühlsstärke als *Erklärung*, aber nicht als *Entschuldigung* für jedes unangemessene Verhalten heranziehen. Konkret heißt das: Gefühlsstarke Kinder verdienen Rücksichtnahme und Verständnis, aber sie haben genauso wenig wie jedes andere Kind das Recht, im Überschwang ihrer Emotionen die Grenzen anderer Menschen zu übertreten. Wir Eltern sind deshalb herausgefordert, unsere Kinder einerseits verständnisvoll und einfühlsam zu begleiten, ihnen andererseits aber auch ein ganz konkretes Rüstzeug mit an die Hand zu geben, wie sie insbesondere ihre aggressiven und destruktiven Impulse in zivilisierte Bahnen lenken können, auch wenn ihnen das sehr viel schwerer fällt als anderen Kindern.

ZWEITES KAPITEL

Angeboren oder anerzogen: Wieso ist unser Kind so anders?

Was haben wir falsch gemacht?

17 kleine Nachwuchs-Ballerinas stehen brav nebeneinander und üben Pliés – nur mein Kind hängt kopfüber an der Stange und zieht Grimassen. Alle Cousins und Cousinen lächeln fürs Familienfoto adrett gekleidet in die Kamera – nur unser Sohn weigert sich, sein orangenes Bob-der-Baumeister-Shirt auszuziehen, und in die Kamera guckt er erst recht nicht.

Für sämtliche Kindergartenkinder scheint die Regel klar zu sein, dass im Gruppenraum und im Flur nicht gerannt werden soll – nur unser Kleines springt allen Ermahnungen zum Trotz wie ein Flummiball durch die Garderobe.

Von drei Geschwisterkindern freuen sich zwei auf den Nikolaus. Aber eins weint seit einer halben Stunde angesichts der Tatsache, dass an diesem Abend die Stiefel *vor* und nicht *hinter* der Türe stehen, wo sie hingehören.

Wenn der eigene Sohn, die eigene Tochter so heraussticht, sich so anders verhält als gefühlt alle anderen Kinder, fragen sich Eltern unweigerlich: Warum ist das so?

In unserer Gesellschaft ist die Ansicht weit verbreitet, dass die Schuld für unangemessenes oder schwieriges Verhalten bei Kindern eigentlich immer bei den Eltern zu suchen ist. Sie sind schließlich für die Erziehung verantwortlich. Und mit der richtigen Erziehung, so die landläufige Meinung, kann man doch wohl dafür sorgen, dass ein Kind sich an Regeln hält, sich in Gruppen einfügt, still sitzen und warten lernt.

Für Eltern gefühlsstarker Kinder liegt in dieser Annahme ein unglaubliches Stresspotential. Denn wenn Eltern jedes Fehlverhalten ihres Nachwuchses angelastet wird, fühlen sie sich jeden Tag viele Male schlicht als schlechte Eltern bloßgestellt. Jeder Wutanfall, jede Heulattacke, jede Empfindlichkeit fällt dann letztlich auf sie zurück: Warum habt ihr euer Kind auch nicht besser im Griff?

Tragischerweise haben wir Mütter und Väter die gesellschaftliche Zuschreibung, dass wir Eltern letztlich für alles was unsere Kinder tun und lassen, unmittelbar verantwortlich sind, so verinnerlicht, dass wir uns oft selbst dann für das Verhalten unserer Kinder schämen, wenn überhaupt niemand zuguckt. Es sind also nicht nur die Skeptiker im Supermarkt mit ihren hochgezogenen Augenbrauen, die uns als schlechte Eltern verurteilen, weil unser Kind nicht wie erwartet funktioniert – es sind vor allem wir selbst.

Und so kommt es, dass Eltern gefühlsstarker Kinder oft nächtelang wach liegen und sich das Hirn zermartern, was um alles in der Welt sie falsch gemacht haben, dass ausgerechnet ihr Kind so werden musste.

War es Stress in der Schwangerschaft, der irgendwie geschadet hat? Hätte ich mehr ausruhen, früher in Mutterschutz gehen, mir weniger zutrauen müssen?

Ist vielleicht irgendwas bei der Geburt schiefgelaufen? War sie zu lang, zu belastend, zu anstrengend für unser Baby, hätten wir lieber einen Kaiserschnitt planen sollen?

Oder umgekehrt: Liegt es am Kaiserschnitt, dass unser Kind so ist wie es ist, fehlt ihm die Erfahrung einer natürlichen Geburt?

Liegt es an der Babyzeit, hat unserem Kind da irgendwas gefehlt? War ich da zu unsicher, zu gestresst, zu überfordert mit allem? Haben andere Eltern dieses Baby-Ding einfach besser drauf?

Oder versagen wir schlicht bei der Erziehung? Setzen zu wenig Grenzen, sind wir zu inkonsequent, zu weich, zu lasch?

»Stop!«, möchte ich all diesen Eltern zurufen. Haltet dieses selbstzerstörerische Gedankenkarussel an, hört auf, euch mit der Suche nach dem einen entscheidenden Fehler zu quälen und die Verantwortung bei euch zu suchen! Denn auch wenn wir Eltern hierzulande oft den Eindruck vermittelt bekommen:

Ihr seid nicht schuld!

Ein angeborenes Merkmal

Gefühlsstärke ist keine Eigenschaft, die herbeigeführt oder verhindert werden kann – sondern ein angeborenes Persönlichkeitsmerkmal.

Aus der modernen Persönlichkeitsforschung wissen wir, dass jedes Neugeborene mit einer gewissen Grundeinstellung des Gehirns zur Welt kommt, die bestimmt, wie es die Welt um sich herum wahrnimmt. Diese individuell unterschiedliche Art und Weise, wie wir äußere Reize registrieren und verarbeiten, begründet unser angeborenes Temperament. Dieses Temperament bestimmt, wie erregbar unsere Nervenzellen im Gehirn sind, wie schnell wir also in Aufregung zu versetzen sind und wie leicht oder schwer wir uns wieder beruhigen können. Es beeinflusst außerdem, wie intensiv wir Sinneseindrücke wie Gerüche, Geschmäcker und Geräusche wahrnehmen. Auch unser persönlicher Energielevel hängt mit unserem angeborenen Temperament zusammen: Manche Menschen brauchen von Natur aus nur wenig Bewegung, um sich gut zu fühlen, andere sind auf viel körperliche Aktivität programmiert. Und schließlich prägt unser angeborenes Temperament auch, wie intensiv wir mit den Gefühlen anderer »mitschwingen« – manche Menschen erspüren jede Emotion ihres Gegenübers, als sei sie ihre eigene, andere tun sich grundsätzlich eher schwer damit, sich in andere hineinzuversetzen.

Der US-amerikanische Persönlichkeitsforscher Jerome Kagan hat seine gesamte wissenschaftliche Karriere der Frage verschrieben, wie unser angeborenes Temperament unsere Persönlichkeitsentwicklung prägt.[1] Er setzte viele tausend Neugeborene unterschiedlichen Reizen aus, um zu sehen, wie sie darauf reagieren, und stellte fest: Schon im Alter von vier Monaten lassen sich Babys zuverlässig einem von drei Grundtemperamenten zuordnen. So sind vierzig Prozent aller Neugeborenen extrem entspannt und kaum aus der Ruhe zu bringen – die typischen Anfängerbabys eben, die wenig weinen, super schlafen, alle anlächeln und es ihren Eltern wirklich leicht machen, sich als äußerst kompetente Erziehungsberechtigte zu fühlen. Weitere vierzig Prozent sind da schon anspruchsvoller: Sie zeigen zwar eine gewisse Grundzufriedenheit, sind aber leichter aus der Bahn zu werfen – zum Beispiel, wenn Mama aus dem Zimmer geht. Sie können zwar durchaus nervös werden, lassen sich aber auch gut wieder beruhigen. Und dann gibt es noch jene zwanzig Prozent aller Babys, die Kagan als »hoch reaktiv« bezeichnet und deren Grundtemperament Eltern gefühlsstarker Kinder bekannt vorkommen dürfte: Sie sind ungeheuer reizoffen und sensibel, können mit Stress nur schlecht umgehen und weinen deshalb viel mehr als andere – sie sind aber gleichzeitig auch besonders aktiv und neugierig und haben ein unglaubliches Durchhaltevermögen, weshalb sie in ihrer motorischen Entwicklung oft alle anderen Babys abhängen.

Für diese Säuglinge hatte Kagan eine besondere Schwäche. In aufwändigen Langzeitstudien verfolgte er, was aus den hoch reaktiven Babys seiner Studien wurde, und stellte fest: Wer hochsensibel und besonders reizoffen zur Welt kommt, bleibt das auch ein Leben lang. Doch während manche an ihrer Anlage fast zerbrechen, wachsen andere gerade wegen ihrer Feinfühligkeit, ihrer Auffassungsgabe, ihrer Leidenschaft und ihrer Liebe zum Detail über sich hinaus. »In meinen 40 Jahren als Harvard-Professor stellte ich bestimmt 200 wissenschaftliche Assistenten ein, und ich suchte dabei immer nach den hoch reaktiven Kandidaten«, erzählte Kagan einmal in einem Interview. »Sie sind gründlich, sie machen keine Fehler, sie sind sorgsam im Umgang mit den gemessenen Daten.« Außerdem gehe er jede Wette ein: »Wenn die USA einen Weltraumflug planen, sind die unerschütterlichen, mutigen Astronauten die ehemaligen tiefenentspannten Babys, und die Einsatzleiter unten am Boden, die im Hintergrund dafür sorgen, dass das Raumschiff oben bleibt – das sind die erwachsen gewordenen hoch reaktiven Babys!«[2] Nun war nicht jedes gefühlsstarke Kind ein hoch reaktives Baby, und nicht jedes hoch reaktive Baby wird ein gefühlsstarkes Kind. Doch Kagans Forschungsergebnisse zeigen: Besonders sensible, reizoffene Kinder gab es schon immer und wird es auch immer geben. Ihr herausstechendes Temperament ist eine Spielart der Natur, so wie rote Haare oder grüne Augen – auffällig, aber nicht unnormal.

Ihr seid nicht schuld!

Das angeborene Temperament unseres Kindes können wir Eltern also genauso wenig beeinflussen wie seine Haar- oder Augenfarbe. Es entsteht aus dem Zusammenspiel der Gene. Doch unsere Persönlichkeit ist mehr als unser Temperament – sie ist das, was entsteht, wenn unsere angeborene Art und Weise, die Welt zu sehen, mit den Erfahrungen zusammentrifft, die wir im Lauf unseres Lebens machen.

Bezogen auf gefühlsstarke Kinder heißt das: Die besondere Grundeinstellung ihres Gehirns, die sie so sensibel, impulsiv und reizoffen macht, ist bei ihnen von Anfang an einfach *da*. Doch in welche Richtung sich schlussendlich ihre Persönlichkeit entwickelt, ob sie unter ihrem Temperament leiden oder es als echte Stärke empfinden – all das wird nicht von ihren Genen bestimmt, sondern von all den großen und kleinen Erlebnissen auf ihrem Lebensweg. Dass wir Eltern unsere Kinder nicht durch unser Verhalten gefühlsstark *gemacht* haben, bedeutet also nicht, dass wir nicht einen immensen Einfluss darauf hätten, wie es unseren Kindern mit ihrem besonders intensiven Gefühlsleben letztlich ergeht. Im Gegenteil: Für viele Jahre sind wir Eltern für unser Kind die wichtigsten Menschen auf der Welt. Ja, in den ersten Lebensjahren *sind* wir seine Welt.

Was wir sagen, gilt.

Was wir fühlen, stimmt.

Was wir über unser Kind denken, hat Macht darüber, wie unser Kind sich selbst sieht.

Wir Eltern haben deshalb keinen Grund, uns dafür *schuldig* zu fühlen, dass unser Kind anders ist als andere Kinder.

Aber wir haben allen Grund, uns dafür *verantwortlich* zu fühlen, dass unser gefühlsstarkes Kind an seinem besonderen Temperament nicht zerbricht, sondern mit ihm wachsen, reifen und glücklich werden kann.

Gefühlsstarke Berühmtheiten: Jane Goodall

Ein wildes, kleines Mädchen, das am liebsten auf Bäume klettert, wie besessen Bücher liest und den großen Wunsch hegt, einmal in Afrika unter wilden Tieren zu leben: Die kleine Jane entspricht nicht gerade dem Bild einer bescheidenen, wohlerzogenen Tochter, wie sie sich die meisten Mütter im England der Dreißigerjahre wünschen. Doch ihre Mutter Vanne, eine Schriftstellerin, ermutigt ihre ambitionierte Tochter: »Jane, wenn du etwas wirklich willst, und hart dafür arbeitest, und die Möglichkeiten nutzt, die sich dir bieten, und niemals aufgibst – dann wirst du irgendwie einen Weg finden, deinen Traum zu verwirklichen.« Um ihrem dschungelbegeisterten Kind eine Freude zu machen, lädt die Mutter Jane ins Kino ein. In *Tarzan*, denn das Buch hat Jane verschlungen. Doch als der Vorgang aufgeht und Jane den weißen Darsteller Johnny Weissmuller in der Hauptrolle sieht, bricht sie hysterisch in Tränen aus und wird von so heftigen Gefühlen geschüttelt, dass ihre Mutter mit ihr den Kinosaal verlassen muss. In der Ruhe des Foyers rückt Jane schließlich mit dem Grund für ihren Gefühlsausbruch heraus: Der Tarzan im Film war nicht der Tarzan, den sie sich beim Lesen immer vorgestellt hatte.

Weil Jane sich als junge Frau ein Studium nicht leisten kann, arbeitet sie als Sekretärin und Kellnerin und spart sich so das Geld zusammen für eine Bootsüberfahrt nach Kenia. Dort trifft sie den berühmten Anthropologen und Paläontologen Louis Leakey und beeindruckt ihn mit ihrem Afrika-Wissen so, dass er sie einlädt, ihn als seine persönliche Forschungsassistentin zu begleiten. Weil die britischen Behörden Einwände dagegen erheben, eine junge Frau allein in Afrika Schimpansen erforschen zu lassen, erklärt sich Janes Mutter bereit, ihre Tochter auf ihrer ersten Forschungsexpedition zu begleiten. Mit ihrer Feinfühligkeit und Geduld gelingt es Jane, zu den zunächst scheuen Schimpansen ganz langsam so eine vertrauensvolle Beziehung aufzubauen, dass sie die Tiere genauer beobachten kann als je ein Mensch zuvor. Sie begibt sich mit den Tieren auf Augenhöhe, teilt mit ihnen ihr Essen, klettert auf Bäume, imitiert ihre Sprache – und wird so mit ihrer gleichzeitig wilden und wagemutigen, aber auch sensiblen und emotionalen Art zu einer der angesehensten Primatenforscherinnen.

Gefühlsstark durch eine stressige Schwangerschaft?

Gefühlsstarke Kinder werden in ganz unterschiedliche Familiensituationen hineingeboren: in behütende Elternhäuser ebenso wie in prekäre Lebensverhältnisse. Lang ersehnte Wunschkinder sind darunter, aber auch Babys, die es ohne eine Verhütungspanne nie gegeben hätte. Und aus entspannten Traumschwangerschaften gehen ebenso gefühlsstarke Kinder hervor wie aus emotional sehr belasteten Schwangerschaften. Für betroffene Mütter ist es deshalb ganz wichtig, sich nicht verrückt machen zu lassen von all denen, die meinen, ein dauergestresstes Baby habe wohl einfach schon im Bauch zu viel Stress gehabt: Jede Menge Babys kommen auch nach wirklich schwierigen Schwangerschaften *nicht* gefühlsstark zur Welt.

Gleichzeitig lässt sich natürlich nicht leugnen, dass Ungeborene insbesondere in der zweiten Schwangerschaftshälfte auch schon viel mitbekommen davon, was außerhalb des Bauchs passiert. Unkontrolliertes Brüllen und Türenknallen stresst Babys auch schon im Mutterleib, und verbringt die Mutter die Schwangerschaft in einem permanenten Angst- und Alarmzustand, spürt diese Anspannung auch das Ungeborene. Die Vermutung, dass diese innere Anspannung sich direkt auf das Wesen eines Babys überträgt, wird von Geburtshelfern und Kinderärzten immer wieder formuliert, ließ sich jedoch nie wissenschaftlich sauber nachweisen. Gleichzeitig lässt sich aus neueren Untersuchungen durchaus ein gewisser Zusammenhang ablesen. So zeigte etwa die Psychiaterin Alina Rodriguez im Jahr 2008 in einer viel beachteten Studie, dass Kinder von Müttern, die während der Schwangerschaft eine schlimme Trennung von ihrem Partner erlebt hatten, im Alter von acht Jahren in der Schule häufiger mit rebellischem Verhalten und Hitzköpfigkeit auffielen als ihre Altersgenossen.[3] Doch solche Studien sind insofern mit Vorsicht zu genießen, als dass sie letztlich wenig Aussagekraft über den Effekt von Stress *während der Schwangerschaft* haben: Der Trennungsschmerz und die Belastungen alleinerziehender Mütter sind ja mit der Geburt nicht vorbei. Dazu kommt, dass nicht jedes verhaltensauffällige, hitzköpfige Kind automatisch auch gefühlsstark ist – oft zeigen Kinder mit ihrem schwierigen Verhalten ja auch schlicht, dass es ihnen in ihrer akuten Lebenssituation nicht gut geht.

Aufschlussreicher ist insofern eine Studie der Psychologieprofessorin Elysia Davis von der Universität Denver, die den Wert des Stresshormons Cortisol im Blut von Schwangeren und später von deren Kindern untersuchte und feststellte: Frauen, die ihre Schwangerschaft aufgrund anhaltender schwerer psychischer Belastungen dauerhaft (!) mit einem erhöhten Cortisolwert durchleben, bekommen häufiger Babys, die ebenfalls mit einem hohen Cortisolpegel im Blut ins Leben starten und deshalb besonders sensibel auf Stress reagieren. Im Alter von sechs Jahren zeigte sich in Hirnscans bei vielen dieser Kinder außerdem eine überdurchschnittlich große, besonders aktive Amygdala – also jener »Gefahrendetektor« des Gehirns, der auch bei gefühlsstarken Kindern besonders großen Einfluss auf ihr intensives Erleben hat.[4]

Dass augenscheinlich der Stresshormonlevel der Mutter während der Schwangerschaft Einfluss darauf hat, wie das Gehirn ihres Kindes später auf bestimmte Reize reagiert, verweist darauf, dass Gefühlsstärke zwar angeboren ist, vermutlich aber auch epigenetische Anteile hat. Das würde bedeuten: Gefühlsstarke Kinder tragen die genetische Disposition zur Gefühlsstärke zwar von Anfang an bereits in sich. Ob dieses Gen »angeschaltet« wird oder nicht und wie stark es seine Wirkung entfaltet, hängt auch von äußeren Faktoren während der Schwangerschaft ab. Schuld an der besonderen Persönlichkeit ihres Kindes sind Mütter trotzdem nie. Denn so dauerhafter Stress wie der, der nötig ist, um sich tatsächlich in den Hirnstrukturen eines Kindes niederzuschlagen, ist kein normaler Alltagsstress, den Schwangere reduzieren können, indem sie einfach mal ein bisschen öfter abschalten und die Füße hochlegen. Verantwortlich für einen permanent zu hohen Cortisolspiegel sind vielmehr schwere psychische Belastungen wie der Tod eines nahen Angehörigen, eine traumatische Trennung oder Gewalterfahrungen – also Situationen, für die keine Schwangere etwas kann und unter denen sie selbst am allermeisten leidet. Deshalb ist es so wichtig, dass sich Mütter gefühlsstarker Kinder nicht den Schuh anziehen, irgendetwas falsch gemacht zu haben, weil ihr Kind so ist, wie es ist. Denn selbst wenn seine Grundanspannung aus der schwierigen Zeit der Schwangerschaft herrührt, heißt das nicht, dass das Kind nun »kaputt« wäre oder auch nur schlechter dran, weil sein Gehirn anders arbeitet als das anderer Menschen. Im Gegenteil: Gefühlsstärke kann auch ein Geschenk sein, das zeigt: Wir haben den schlimmen Stress während der Schwangerschaft zusammen durchgestanden und sind daraus nicht nur mit einer hohen Stressempfindlichkeit, sondern auch mit einer großen Feinfühligkeit hervorgegangen, die es uns nun ermöglicht, auch die schönen und leichten Seiten des Lebens ganz intensiv zu spüren und zu genießen. Mütter, die ihr Kind trotz so schwieriger Ausgangsbedingungen mit viel Liebe und Verständnis großziehen, verdienen deshalb keine Schuldzuweisungen und Selbstvorwürfe, sondern im Gegenteil alle Anerkennung dieser Welt. Während einer emotional extrem belastenden Zeit auch noch eine Schwangerschaft zu stemmen und ein Kind zur Welt zu bringen, ist eine schier übermenschliche Leistung. Und nun dieses Kind in all seiner Sensibilität und Stressempfindlichkeit und mit all seinen intensiven, überschießenden Gefühlen ins Leben zu begleiten, macht jede Mutter zu einer echten Heldin.

Wenn das Gehirn anders funktioniert

Von außen betrachtet ist das Gehirn eines jeden Menschen gleich aufgebaut. In der Mitte befindet sich das Stammhirn, der aus evolutionärer Sicht älteste Teil des Gehirns, der alle lebensnotwendigen Körperfunktionen kontrolliert: unser Hunger- und Sättigungsgefühl, unsere Durchblutung, unsere Atmung und unsere Körpertemperatur, aber auch unseren Bewegungsdrang und unseren Gleichgewichtssinn. In extremen Stresssituationen übernimmt unser Stammhirn die Kontrolle, indem es in den »Fight-or-Flight«-Modus schaltet, der seit der Steinzeit in lebensbedrohlichen Lagen unser Überleben sichern sollte und der deshalb nur zwei Reaktionsmuster kennt: Angriff oder Flucht.

Um den Hirnstamm herum liegt das limbische System, also der Teil des Gehirns, in dem unsere Gefühle zu Hause sind. Von hier aus überschwemmen Wut, Angst und Traurigkeit, aber auch Freude und Lust unseren Körper, wobei die positiven Gefühle vorwiegend auf der linken Seite des Gehirns, die dunklen Gefühle auf der rechten Seite zu Hause sind. Ein besonderes Verbindungsstück zwischen Stammhirn und limbischem System bildet das Emotionszentrum: die Amygdala, ein kleines mandelförmiges

Hirnareal, das besonders empfindlich auf Angst und Wut reagiert und bei einer entsprechenden Bedrohungslage dem Stammhirn das Signal gibt, in den »Kampf-oder-Flucht«-Modus zu schalten. Gleichzeitig ist die Amygdala eng mit dem Vagusnerv verbunden, der vom Gehirn aus vorbei an Lunge, Herz und Magen führt und so die Gefühle in den ganzen Körper leitet.

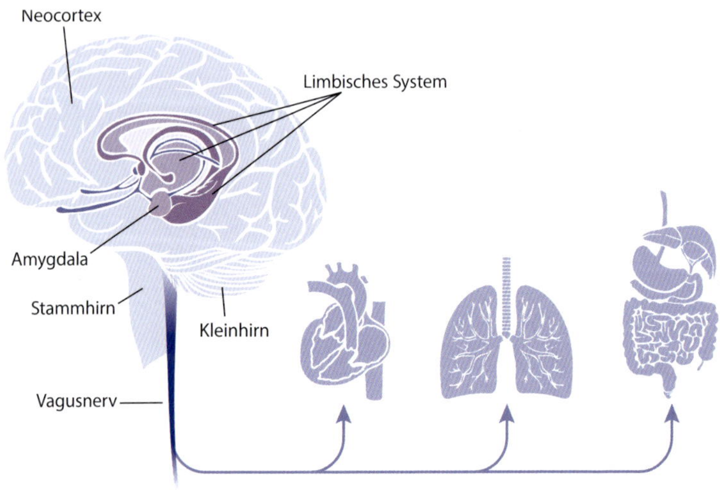

Bei gefühlsstarken Kindern ist die Amygdala, die »Alarmanlage des Gehirns«, überempfindlich. Die Selbstberuhigung über den Vagusnerv benötigt deshalb mehr Unterstützung von außen.[5]

Oberhalb des limbischen Systems liegt der Neocortex, der evolutionär betrachtet jüngste, rationale Gehirnbereich, mit dem wir denken und reflektieren sowie Entscheidungen treffen.

Doch auch wenn unser menschliches Gehirn immer gleich aufgebaut ist, sind doch bei jedem Menschen die einzelnen Nervenzellen dort unterschiedlich »verdrahtet«. So stellte Jerome Kagan, der Persönlichkeitsforscher und »Entdecker« hoch reaktiver Babys, fest, dass das empfindsame, schnell überreizbare Temperament dieser Kinder von einer besonders empfindlichen Amygdala herrührt, die bereits bei verhältnismäßig geringen Stressleveln das Signal ans Stammhirn gibt, in den Notfallmodus zu schalten. Das ist der Grund dafür, dass gefühlsstarke Kinder aus Sicht ihrer Eltern oft überreagieren: Sie *tun* nicht nur so, als sei irgendeine Kleinigkeit eine Katastrophe, sie haben eine Amygdala, die auf jede Kleinigkeit *reagiert* wie auf eine Katastrophe. Und wenn dann ihr Stammhirn in den »Kampf-oder-Flucht«-Modus schaltet, haben die Kinder tatsächlich keine andere Chance mehr als entweder um sich zu schlagen, zu schreien und zu toben wie von Sinnen oder wegzulaufen und sich zu verstecken – auch wenn der Auslöser der Krise vielleicht nur ein kaputter Reißverschluss an der Lieblingsjacke war und ihre Reaktion darauf völlig maßlos, unlogisch und übertrieben scheint. Ein weiterer Grund dafür, dass gefühlsstarke Kinder auf Stress besonders sensibel reagieren, scheint laut Kagans Forschungsergebnissen außerdem zu sein, dass sie permanent einen leicht erhöhten Level der Stresshormone Cortisol und Norepinephrin im Blut haben. So erreicht bei einem weiteren Anstieg der beiden Hormone die Gesamtdosis schnell ein kritisches Maß, das im limbischen System zu heftigen Gefühlsreaktionen führt, während jene achtzig Prozent aller Kinder, die in Sachen Stresshormonspiegel bei der Nulllinie starten, in einer akuten Stresssituation deutlich mehr Luft nach oben haben.

Besonders interessant ist jedoch, dass bei gefühlsstarken Kindern auch die Verbindungen von der Amygdala zur linken und rechten Gehirnhälfte unterschiedlich stark zu sein scheinen. So vermutet Kagan, dass die Amygdalas seiner hoch reaktiven Babys eine besonders schnelle und starke Verbindung in die rechte Gehirnhälfte haben, in der das Furcht-, das Stress-, und das Panikzentrum sitzen, während die Verbindung zur linken Gehirnhälfte, in der Freude, Interesse und Zuneigung entstehen, deutlich schwächer ausgeprägt ist. Hirnstrommessungen, die an vierjährigen Kindern mit unterschiedlichen Grundtemperamenten durchgeführt wurden, scheinen diese These zu unterstützen.[6]

Die Kraft der Berührung und Nähe

Bei Eltern gefühlsstarker Kinder löst ein solcher Blick ins Gehirn ihrer Sprösslinge verständlicherweise meist gemischte Reaktionen aus: Einerseits ist es natürlich entlastend, zu wissen, dass die oft unverständlich erscheinenden emotionalen Ausbrüche einen handfesten körperlichen Grund haben. Andererseits ist der Gedanke, dass die Gehirne gefühlsstarker Kinder deutlich stärker auf Angst- und Stressreaktionen als auf Freude und Zuneigung gepolt sind, auch ganz schön entmutigend. Deshalb ist es mir so wichtig, zum Schluss dieses kleinen Ausflugs in die Neurobiologie noch einmal auf die Rolle des Vagusnervs zurückzukommen, jenes weit verzweigten Nervensystems also, das die Gefühle vom Gehirn in den Körper trägt und so etwa dafür sorgt, dass unser Herzschlag vor Angst immer schneller wird, unser Magen sich zusammenkrampft und unsere Atmung immer flacher wird. Denn der Vagusnerv transportiert nicht nur Emotionen vom Gehirn in den Rest des Körpers – er leitet auch umgekehrt Signale aus dem Körper zurück ins Gehirn und trägt so ganz entscheidend dazu bei, dass sich die hoch erregten Nervenzellen dort wieder beruhigen. Ganz praktisch heißt das: Alles, was dazu beiträgt, einen aufgewühlten Körper zur Ruhe zu bringen, sorgt auch im Gehirn für Entspannung. Deshalb ist es so wichtig, ein von seinen Gefühlen übermanntes Kind niemals mit seinem Schmerz, seiner Angst, seiner Wut oder seiner Verzweiflung alleine zu lassen. Denn ohne Hilfe kann kaum ein Kind seinen eigenen Vagusnerv so stimulieren, dass er Körper und Seele in die Ruhe bringen kann – und gefühlsstarke Kinder, deren Emotionen noch um ein Vielfaches heftiger ausfallen, können das erst recht nicht. Sie brauchen deshalb besonders viel liebevolle Begleitung, die sich weniger in Worten als in achtsamen, zärtlichen Berührungen ausdrückt – denn genau diese körperlichen Signale sind es, die beim Vagusnerv ankommen und seine beruhigende Kraft auslösen. Ein aufgelöstes Kind allein zu lassen, damit es lernt, sich selbst zu beruhigen, bewirkt also genau das Gegenteil: Ohne Trost von außen steigt der Stresshormonpegel im Körper immer mehr an, ohne dass der Vagusnerv seine erlösende Wirkung zeigen kann. Bleiben Eltern hingegen bei jedem Wutanfall, jedem Heulkrampf, jedem emotionalen Zusammenbruch ihres Kindes an seiner Seite, bieten Trost und Zärtlichkeit an, nehmen in den Arm, streicheln über den Kopf, halten das bebende Kind ganz fest oder zeigen einfach, dass sie da sind, stärken sie damit den Vagusnerv nicht nur in diesem Moment, sondern auch langfristig. Denn Menschen, die als Kinder stets liebevoll durch ihre Gefühlsstürme begleitet werden, bilden mit der Zeit einen so kräftigen Vagusnerv aus, dass dieser nach und nach immer weniger Hilfe von außen braucht, um seine beruhigende Wirkung zu entfalten. Auf diese Weise entsteht die so genannte Selbstregulationsfähigkeit, die für ein gesundes und glückliches Leben so wichtig ist – also das Vermögen, sich in Krisensituationen selbst aus dem größten Stress herauszuholen, durchzuatmen, runterzufahren, in die Ruhe zurückzufinden. Gefühlsstarke Kinder tun sich oft schwerer als andere, diese Fähigkeit zu entwickeln, und brauchen dementsprechend mehr Begleitung, mehr Unterstützung, mehr Trost, bis sie irgendwann dazu in der Lage sind, sich in Stresssituationen selbst zu helfen. Auf diesem Weg kann es manchmal vorkommen, dass Eltern das Gefühl haben, dass es doch eigentlich egal ist, ob sie ihr Kind bei einem Wutanfall zu trösten versuchen oder nicht – schließlich werden die Ausbrüche dadurch weder verkürzt, noch kommen sie seltener vor oder fallen weniger heftig aus. Doch auch wenn es von außen nicht sichtbar ist: Im Körper und im Gehirn des Kindes macht es einen Riesenunterschied, ob wir es mit seinen überwältigenden Gefühlen alleine lassen oder ob wir es da durch begleiten, wieder und wieder und wieder. Das ist es, was die britische Hirnforscherin Dr. Margot Sunderland »die Wissenschaft des Tröstens« nennt.[7]

Gefühlsstarke Kinder sind kein neues Phänomen

Gefühlsstarke Kinder gab es schon immer, und oft ist es ihnen nicht besonders gut ergangen. Sie galten als schwierig und widerspenstig, als Heulsusen und Unruhestifter, und vor allem: als schwer erziehbar, was in den vergangenen Jahrhunderten in unserer westlichen Erziehungskultur eine absolute Todsünde darstellte. Grausame Maßnahmen kamen zum Einsatz, um aus der Reihe tanzende Kinder auf Linie zu bringen. Viele wurden sowohl in der Schule als auch zu Hause beschämt und bestraft, beleidigt und gequält, und gingen aus diesem Martyrium als gebrochene Menschen heraus.

In den vergangenen gut siebzig Jahren seit dem Ende der Nazi-Diktatur hat sich der Umgang mit »schwierigen Kindern« in Deutschland zum Glück nach und nach zum Positiven gewandelt: Nach Kriegsende nahm der Einsatz so genannter Körperstrafen in allen vier Besatzungszonen bereits signifikant ab. In der DDR war Lehrerinnen und Lehrern das Schlagen ihrer Schützlinge bereits ab dem Jahr 1949 verboten, in der Bundesrepublik verschwand die Prügelstrafe 1973 unter dem Einfluss der Neuen Sozialen Bewegungen im Gefolge der 68er endgültig aus den Schulen. Doch vor körperlicher und seelischer Gewalt durch die eigenen Eltern waren widerspenstige Kinder dadurch noch lange nicht geschützt. Und so kam es, dass das Schlagen »ungehorsamer« Kinder zwar öffentlich zusehends gesellschaftlich geächtet, hinter verschlossenen Türen bis in die 1990er-Jahre hinein aber immer noch weit verbreitet war. Gleichzeitig etablierten sich nichtkörperliche Strafen als augenscheinlich kinderfreundliche Alternative zum Verhauen: Kinder wurden jetzt zusehends mit Ausschluss von der Gemeinschaft, Wegnahme von Privilegien und Liebesentzug bestraft. Diese Form seelischer Gewalt – für jedes Kind belastend und schlimm – hat für Mädchen und Jungen mit einer hoch sensiblen, impulsiven Grundpersönlichkeit besonders gravierende seelische Folgen: Sie werden dadurch nicht nur zutiefst verletzt, sondern müssen auch eine schier übermenschliche Härte gegen sich selbst entwickeln, um die intensiven Gefühle, die die Bestrafung in ihnen auslöst, nicht sichtbar zum Ausdruck zu bringen – sonst würden sie dafür ja erneut bestraft.

Seit dem Jahr 2000 garantiert das Bürgerliche Gesetzbuch der Bundesrepublik Deutschland nun das Recht jedes Kindes auf gewaltfreie Erziehung. »Körperliche Bestrafungen, seelische Verletzungen und andere entwürdigende Maßnahmen sind unzulässig«, so steht es dort klipp und klar geschrieben. Das ist ein Meilenstein, gerade für Kinder mit überschießenden Gefühlen, die überproportional oft Opfer gewaltvoller Erziehungsmaßnahmen wurden. Und doch nur ein Anfang, denn: So lange wir in Kindern, die in kein Raster passen, ein Problem sehen, werden diese Kinder auch in dem Gefühl groß, so wie sie sind, nicht richtig zu sein. Kein Gesetz der Welt kann daran etwas ändern.

Deshalb ist es mir so ein Herzensanliegen, über diese Kinder zu schreiben, die so anders und gleichzeitig so normal sind. Die sich angenommen und geliebt und richtig fühlen wollen wie jedes Kind. Die ihre gesamte Umwelt und allen voran natürlich uns Eltern durch ihre besondere Persönlichkeit und ihr intensives Temperamt aber auch vor spezielle Herausforderungen stellen, die es uns manchmal ganz schön schwer machen, unsere Kinder so zu lieben und anzunehmen, wie sie sind, und ihnen und uns selbst dabei das Rüstzeug zu organisieren, das wir alle für einen guten gemeinsamen Weg als Familie brauchen.

Der Blick in unsere jüngste Vergangenheit zeigt jedoch auch: Wenn Gefühlsstärke ein vererbbares Persönlichkeitsmerkmal ist – und aktuelle Erkenntnisse aus der Persönlichkeitsforschung legen genau diesen Schluss nahe –, dann haben viele von uns Eltern gefühlsstarker Kinder höchstwahrscheinlich eine ganze Reihe von Familienmitgliedern, die selbst als gefühlsstarke Babys zur Welt kamen, dies aber zu ihrer Zeit und in ihrer Lebenswirklichkeit nicht sein durften. Ja, womöglich waren wir sogar selbst einmal ein gefühlsstarkes Kind, das nicht oder nur in Teilen sein angeborenes Temperament ausleben durfte. Mit einer solchen Geschichte im Gepäck kann es besonders schmerzhaft und herausfordernd sein, ein gefühlsstarkes Kind (oder mehrere, es gibt ja auch gefühlsstarke Geschwisterkinder) achtsam und liebevoll ins Leben zu begleiten.

»Still zu sitzen war für mich schon immer eine Qual. Tatsächlich ist eine meiner frühesten Kindheitserinnerungen, am gedeckten Tisch zu sitzen und wirklich meiner Mutter den Gefallen tun zu wollen, die Beine ruhig zu halten – und es einfach nicht zu schaffen. Das Zappeln war stärker als ich, da half alles nichts. Ich kassierte eine Ohrfeige rechts und eine links für meinen Ungehorsam, und ich weiß noch, wie furchtbar ungerecht sich das anfühlte, weil ich doch wirklich versucht hatte zu gehorchen. Als würde ich dafür bestraft, dass ich einfach ich bin. Da war ich vielleicht drei, vier Jahre alt.

In der ersten Klasse entdeckte ich dann mein persönliches Geheimrezept gegen die Zappeligkeit: Ich musste mich vor der Schule einfach so richtig verausgaben, dann konnte ich die Stunden in der Schulbank aushalten. Also machte ich meinen Schulweg zu einem richtigen Fitnessparcours mit Liegestützen, Sprints, Klimmzügen. Und auf dem Rückweg dasselbe Spiel – dann konnte ich beim Mittagessen auch ruhig sitzen.

Dieser Trick hat mir mein Leben lang geholfen: An jedem Arbeitstag stand ich morgens um fünf auf, ging anderthalb Stunden stramm Radfahren und danach erst ins Büro. So konnte ich die Zeit am Schreibtisch gut schaffen. Danach musste ich aber mindestens noch mal zwei Stunden Sport machen, um mich vom Nicht-Bewegen zu erholen.

Mittlerweile bin ich im Ruhestand und kann den ganzen Tag im Haus und im Garten werkeln, richten und räumen, wie ich will.

Dadurch wird der immense Bewegungsdrang tatsächlich weniger, mittlerweile mache ich nur noch eine große Radtour pro Tag. Es ist, als könnte ich zum ersten Mal in meinem Leben die Tage tatsächlich genau so verbringen, wie es mir entspricht.

Als ich neulich meiner Hausärztin davon erzählt habe, wie der Sport mich gerettet hat, meinte sie, das sei ein Riesenglück. Sie erlebe in ihrer Praxis so viele Männer und Frauen in meinem Alter mit ebenso großem angeborenen Bewegungsdrang, die als Kind schon verinnerlicht hätten, das mit ihnen irgendwas nicht stimmt. Sie hätten sich zeitlebens mit Medikamenten und Alkohol selbst ruhig gestellt, auf Kosten nicht nur ihrer Gesundheit, sondern letztlich auch ihrer Lebensfreude.«

Joachim, 66 Jahre

Gefühlsstarke Kinder gibt es überall

Wenn Kinder besonders offen für Reize sind, schnell von Emotionen überwältigt werden und deshalb besonders viel Begleitung brauchen, stehen in unserer Gesellschaft oft ihre Eltern unter dem Verdacht, den Befindlichkeiten ihrer Kleinen einfach zu viel Aufmerksamkeit beizumessen. Neben der Behauptung, Kinder seien früher doch auch nicht so kompliziert gewesen, bekommen Mütter und Väter gefühlsstarker Mädchen und Jungen außerdem oft zu hören, besonders bedürfnisstarken Nachwuchs zu haben, sei ein neuzeitliches Phänomen, das ausschließlich in wohlstandsgesättigten Industriegesellschaften vorkomme: »Bei Naturvölkern gibt es auch keine Schreibabys!«

Doch auch für diese gefühlte Wahrheit gibt es aus wissenschaftlicher Sicht keinen Beleg, im Gegenteil: Die Verhaltensforscherin Heidi Keller und ihr Team konnten nachweisen, dass in sämtlichen von ihr untersuchten Kulturen etwa jedes siebte Kind anders tickt als seine Altersgenossen. Auch in Jäger- und Sammlerfamilien, die in afrikanischen Wüstengebieten ähnlich wie unsere Vorfahren in Stämmen zusammenleben, gibt es also Babys, die von Geburt an sensibler und reizoffener sind als andere. Sie weinen mehr, lassen sich schwerer beruhigen, sind aber gleichzeitig oft auch besonders aktiv, neugierig und ausdauernd.

Der Hauptunterschied zwischen uns und anderen Kulturen ist also nicht, dass es anderswo keine gefühlsstarken Kinder *gibt* – sondern dass überall unterschiedlich mit ihnen umgegangen wird. So gibt es Stämme, in denen Babys, die viel weinen, als von Dämonen besessen gelten. Und andere, in denen die Menschen davon ausgehen, dass sehr feinfühlige Säuglinge in einer besonderen Verbindung mit der Welt der Götter und Geister stehen. In einigen Kulturen nicht nur in der westlichen Welt sind teilweise grausame Praktiken verbreitet, mit denen Eltern versuchen, ihre gefühlsstarken Kinder abzuhärten und so fürs Leben zu stählen. Es gibt aber auch Kulturen, deren grundsätzlich sehr nähebetonter, einfühlsamer Umgang mit Babys und Kleinkindern den Bedürfnissen gefühlsstarker Kinder besonders entgegenkommt.

Dass überall auf der Welt gefühlsstarke Kinder geboren werden, legt jedoch einen Schluss sehr nahe: Aus evolutionärer Sicht ist ein besonders gefühlsintensives Temperament kein Handicap, keine Schwäche, kein Überlebensnachteil – sonst hätte sich dieses Temperament in der Entwicklung unserer Art nicht durchgesetzt. Unsere Kinder mögen uns manchmal benachteiligt erscheinen gegenüber anderen, die sich mit den Herausforderungen des täglichen Lebens offensichtlich leichter tun, doch die »Superfühlkraft« (Petra Neumann) unserer Kinder hat durchaus einen tieferen Sinn. »Die Natur sorgt bei allen Arten gezielt für eine gewisse Unterschiedlichkeit – und der Mensch mit seinem hoch entwickelten Gemeinschaftsleben treibt es da auf die Spitze«, erklärt der Kinderarzt und Evolutionsforscher Herbert Renz-Polster dieses Phänomen. »Denn unsere Gemeinschaft profitiert davon, dass wir eine Gruppe von Spezialisten sind: unsere Unterschiede sind es gerade, die uns stark machen. Schließlich war es für unser Überleben immer wichtig, dass unser Clan durch seine unterschiedlichen Mitglieder flexibel ist und sich auf vielfältige Art bewähren kann.«[8]

Stellen wir uns das Leben unserer Vorfahren einmal konkret vor – dreißig bis fünfzig Menschen unterschiedlichen Alters leben in einem Nomadenstamm zusammen und müssen gemeinsam Kinder großziehen, Essen organisieren, Feinde abwehren, die Gruppe zusammenhalten –, dann wird schnell ersichtlich, dass es dafür ganz unterschiedliche Typen braucht: Ausgeglichene, emotional stabile Frauen und Männer, die der Gruppe Beständigkeit und Halt geben und sich in Gefahrensituationen nicht aus der Ruhe bringen lassen. Aber auch besonders mutige, ausdauernde und unerschrockene Späher, die auf eigene Faust neue Lagerstätten erkunden, charismatische und leidenschaftliche Anführerinnen und Anführer sowie besonders feinfühlige Kümmererinnen und Kümmerer, die sich der Schutzbedürftigen in der Gemeinschaft annehmen.[9]

Gefühlsstarke Kinder werden vermutlich nie zu jenen ruhigen, ausgleichenden Stammesmitgliedern werden, die nicht anecken und sich überall problemlos einfügen. Aber sie können gerade dank ihres besonderen Temperaments Rollen einnehmen, die Menschen mit einer anderen emotionalen Grundausstattung viel weniger gut erfüllen könnten – Rollen, die viel Herzblut und Leidenschaft, Energie und Empathiefähigkeit erfordern. Ein Stamm, der *nur* aus gefühlsstarken Menschen besteht, könnte wahrscheinlich nicht funktionieren. Doch in einem Stamm gänzlich *ohne* gefühlsstarke Mitglieder würde etwas fehlen. Es hat deshalb vermutlich schon seinen Grund, dass ein gefühlsstarkes Grundtemperament zwar seltener ist als andere angeborene Persönlichkeitsmerkmale, aber auch nicht so selten, dass eine Gemeinschaft gänzlich ohne gefühlsstarke Mitglieder bleiben könnte. Es scheint, als habe die Natur eine ziemlich genaue Vorstellung davon, wie viele gefühlsstarke Kinder die Menschheit braucht: Sie sind gewissermaßen das Salz in der Suppe menschlichen Zusammenlebens.

Gefühlsstarke Berühmtheiten: Steve Jobs

Ein kleiner Junge, als Neugeborenes adoptiert von einem netten amerikanischen Durchschnittspaar, sie Hausfrau, er Mechaniker. Ihnen schwebt ein ruhiges Leben mit ihrem süßen Sohn und seiner kleinen Adoptivschwester vor. Doch Steve tickt anders: Er rebelliert gegen jede Grenze, hat ein Problem mit Autoritäten, muss immer in Bewegung sein. Er fühlt anders als andere, denkt anders als andere, und eckt damit immer wieder an. Mehrfach fliegt er von der Schule, Freunde hat er kaum, am liebsten schraubt er in seiner Freizeit irgendwelche Elektrogeräte auseinander. Doch seine unkonventionelle und unerschrockene Art öffnet ihm auch Türen: Seinen ersten Ferienjob bekommt er, indem er sich am Telefon unter falschem Namen kurzerhand zu Hewlett-Packard-Gründer Bill Hewlett durchstellen lässt. Seine Suche nach Sinn, nach einem größeren Rahmen für seine intensiven Gefühle und tief gehenden Gedanken, führt ihn in die spirituell angehauchte Hippie-Szene. Er experimentiert mit LSD und anderen Drogen, beginnt ein Kunststudium und bricht es gleich wieder ab, reist nach Indien auf der Suche nach Erleuchtung. Seine Eltern unterstützen ihn bedingungslos und verschulden sich dabei sogar, auch wenn sie nicht wirklich verstehen, was genau ihren Sohn so antreibt. Und dann, 1976: Apple. Ein Unternehmen, gegründet mit keinem geringeren Ziel als dem, die Welt zu verändern. Jobs ist nicht nur ein Technik-Freak wie viele andere in der Computerbranche, ihn interessieren das sinnliche Erleben, die Gefühle, die ein Gerät transportiert. Seine Erfindungen sollen nicht nur durch intelligente Technik überzeugen, sondern auch auf emotionaler Ebene: weil sie schön aussehen, sich gut anfühlen, angenehm klingen. Aufgeräumt sollten Apple-Computer sein, kein Kabelsalat darf hervorragen. Keine grauen Kästen, sondern Design-Stücke. Schönheiten. Und genau diese Verbindung zwischen technischem Sachverstand und ganzheitlichem Denken und Fühlen führte ihn zum Erfolg. Heute ist Apple eins der erfolgreichsten und beliebtesten Unternehmen der Gegenwart, und Steve Jobs Vorbild und Leitfigur für Querdenker auf der ganzen Welt – eine Rolle, die er gerne angenommen hat, wie dieser berühmte Text einer Apple-Werbekampagne aus dem Jahr 1997 zeigt, den Jobs maßgeblich mit verfasst haben soll: »Das hier geht an die Verrückten, die Außenseiter, die Rebellen, die Unruhestifter, an die, die aus dem Muster fallen. Diejenigen, die die Dinge anders sehen … . Sie bringen die Menschheit weiter und obwohl sie andere als die Verrückten sehen, sehen wir sie als Genies. Denn diejenigen, die verrückt genug sind, zu denken, dass sie die Welt ändern könnten, werden diejenigen sein, die es tatsächlich tun.«

Werden die gefühlsstarken Kinder immer mehr?

Wenn Gefühlsstärke ein angeborenes Grundtemperament ist, mit dem ein bestimmter Prozentsatz aller Babys einfach zur Welt kommt, müsste der Anteil gefühlsstarker Menschen in der Gesamtbevölkerung konstant sein. Das deckt sich aber nicht mit dem Eindruck vieler Erzieherinnen und Erzieher, Lehrerinnen und Lehrer sowie anderer Menschen, die in ihrem beruflichen Alltag ständig mit Kindern zu tun haben. Viele von ihnen haben nämlich den Eindruck, dass gefühlsstarke Kinder zur Zeit gewissermaßen auf dem Vormarsch sind: in Kindergärten und Schulen scheinen seit Jahren mehr und mehr besonders sensible, empathische, reizoffene, aber auch impulsive und freigeistige Jungen und Mädchen aufzukreuzen. Wie kann das sein?

Nun: Wenn unsere Persönlichkeit sich aus einer Kombination von genetisch in uns angelegten Wesenszügen und unseren Sozialisationserfahrungen in Familie und Umwelt entwickelt, dann liegt der Schluss nahe, dass die Art und Weise, wie wir Eltern in Deutschland und vielen anderen Teilen der westlichen Welt heutzutage unsere Kinder ins Leben begleiten, ihre angeborene Gefühlsstärke eher fördert als unterdrückt. Und das ist tatsächlich ein neues Phänomen: Keine Elterngeneration vor uns hat sich so viele Gedanken darüber gemacht, wie sie ihre Kinder großziehen kann, ohne sie in ihrer Würde und Integrität zu verletzen. Noch nie stand der unbedingte Schutz der Einzigartigkeit und Besonderheit eines jeden Kindes so hoch im Kurs wie heute. Und zu keinem Zeitpunkt wussten Eltern so viel über die kindliche Entwicklung, über die Reifungsprozesse des menschlichen Gehirns, über die Entstehung einer sicheren Bindung und die Bedeutung einer vertrauensvollen Eltern-Kind-Beziehung für die Persönlichkeitsentwicklung wie heute.

Und auch wenn Experten aller möglichen Fachgebiete den Elan, die Ernsthaftigkeit und das Engagement der heutigen Elterngeneration, ihre Kinder mit Achtsamkeit und Respekt ins Leben zu begleiten, manchmal verlachen oder kritisch beäugen, weil sie fürchten, wir zögen eine Heerschar lebensuntüchtiger Tyrannen heran: Für unsere Kinder, und ganz besonders für die gefühlsstarken, ist diese Entwicklung ein Riesenglück. Zum ersten Mal in der jüngeren Menschheitsgeschichte stoßen sie auf Erwachsene, die sie nicht um jeden Preis auf Linie bringen wollen, sondern die ihnen und ihrem besonderen Temperament mit Verständnis und bedingungsloser Liebe begegnen. Sie werden in eine Welt geboren, die langsam erkennt, dass sie Empathie und Gefühlsstärke in den vor uns liegenden Jahren vermutlich dringender braucht als alles andere. Unsere gefühlsstarken Kinder haben es noch oft schwer mit sich und ihrem überschießenden Temperament, doch immer weniger von ihnen werden kleingehalten und gebrochen, und immer mehr dürfen und können – vielleicht zum ersten Mal überhaupt in unserer modernen Welt – ihr angeborenes Potential voll entfalten.

Gefühlsstarke Berühmtheiten: Astrid Lindgren

»Ich spüre das Leben in mir!«, ruft *Madita* in dem gleichnamigen Kinderbuch, und aus ihr spricht das Kind, das Astrid Lindgren war: Sensibel, durchsetzungsstark, abenteuerlustig – und voller großer Gefühle. Sie saugt alle Eindrücke tief in sich ein, empfindet die Natur um sich herum wie eine große, lebende Freundin, weint beim Singen in der Kirche und hat an Weihnachten das Gefühl, das Herz müsse ihr im Leib zerspringen vor so viel Aufregung, und Freude, und Glück.

Als junge Frau verliebt Astrid Lindgren sich Hals über Kopf in einen verheirateten, viel älteren Mann und bekommt ein uneheliches Kind, das sie bei Pflegeeltern aufwachsen lässt. Um dem übergroßen Schmerz Herr zu werden, beginnt sie zu schreiben – und hört ein Leben lang nicht mehr damit auf. In ihren Büchern und Geschichten reist sie zurück in das Reich ihrer Kindheit, in der ihr intensives Gefühlsleben für sie vor allem Gutes bedeutete. Sie schafft es, diese intensiven Emotionen in ihren Kinderbuchcharakteren wieder auferstehen zu lassen, in dem frechen Michel, der rebellischen Pippi, dem störrischen Karlsson vom Dach, in der widerspenstigen und gleichzeitig so feinfühligen Madita. Und weil die Geschichten dieser Kinder mit ihren großen, tiefen Gefühlen so echt, so tief, lebensnah sind, werden die Bücher Astrid Lindgrens zu Bestsellern und sie zur beliebtesten Kinderbuchautorin der Welt. Kraft gegeben, erzählt sie später, hätten ihr immer ihre Erinnerungen an ihre glückliche Kindheit, insbesondere an ihre riesige Freiheit sowie an die Liebe ihrer Eltern sowohl zueinander als auch zu ihren Kindern, die sie sie jeden Tag ganz deutlich spüren ließen.

Abschied vom Traumkind

Wenn Eltern ein Kind erwarten, machen sie sich ein inneres Bild von diesem Kind. Sie rätseln, ob sie wohl einen Jungen oder ein Mädchen bekommen werden, ob ihr Baby blonde oder braune

Haare haben und wem aus der Familie es wohl ähnlich sehen wird. Viele fassen gute Vorsätze (»Unser Kind schläft von Anfang an im eigenen Bett!«) und malen sich aus, was sie mal für Eltern sein werden (»Liebevoll, aber klar und deutlich.«). Vor allem aber stellen sie sich bestimmte Situationen vor, auf die sie sich jetzt schon freuen: Das Baby stolz zum ersten Mal im Kinderwagen ausfahren. Mit ihm schmusen, kuscheln, singen und spielen. Den ersten selbst gekochten Brei füttern. Mit der süßen Tochter oder dem niedlichen Sohn basteln, Kaufladen spielen, Enten füttern. Zöpfchen flechten, Kleider kaufen, ein Baumhaus bauen, klettern gehen. Der erste Urlaub, der erste Schultag. Erinnerungen fürs Leben, festgehalten auf schönen Fotos mit glücklich lachendem Kind.

Es gibt Eltern, für die werden diese Träume wahr. Und andere, die sich von dem Kind und dem Familienleben, das sie sich ausgemalt haben, verabschieden müssen. Weil ihr Baby den Kinderwagen hasst und höchstens auf dem Arm zufrieden ist. Weil es nicht schmusen und kuscheln will und den mit viel Liebe gekochten Brei verweigert. Weil es sich mit Veränderungen so schwertut, dass der erste gemeinsame Urlaub am Meer zu purem Stress ausartet. Für viele Eltern gefühlsstarker Kinder ist das oft das Schwerste überhaupt: Das Bild vom Traumkind loszulassen, das es so niemals gab und das doch schon so einen festen Platz in ihrem Herzen hatte. Und stattdessen das Kind bedingungslos zu lieben und anzunehmen, das da ist. Das klingt logisch und leicht – und ist trotzdem oft schwer. Denn es ist ja nicht nur die Babyzeit, die mit einem gefühlsstarken Kind oft anders verläuft als erwartet. Sondern auch all die Jahre danach. Für Außenstehende ist es oft schwer nachzufühlen, wie schlimm es für Eltern ist, kein einziges Familienfoto zu haben, auf dem einfach mal alle in die Kamera lächeln. »Es ist doch nur ein Bild«, sagen sie. »Es ist doch völlig egal, wie er guckt.« Aber es ist natürlich nicht nur ein Bild. Sondern ein Abschied in vielen tausend Schritten. Von friedlichen Bastelnachmittagen am Küchentisch, weil das Kind dabei weder stillhalten kann noch die Geduld hat, irgendetwas auszuschneiden oder zusammenzukleben. Von Zopffrisuren, weil das Ziepen beim Kämmen un-er-träg-lich ist. Von Kindergeburtstagen mit Topfschlagen, weil die garantiert in einem völligen Nervenzusammenbruch enden. Und so weiter. Und so weiter.

Anstatt solche Gefühle mit schlechtem Gewissen zu verdrängen, ist es für betroffene Eltern hilfreich, sich selbst die Trauer zuzugestehen um das Kind, das sie niemals hatten, und die Kindheit, die sie sich mit ihm erträumt hatten.

- Es ist okay, enttäuscht zu sein.
- Es ist normal, sich manchmal zu fragen, was gewesen wäre wenn.
- Es ist menschlich, bestimmte Wünsche und Hoffnungen zu haben.
- Es ist nur natürlich, manchmal andere Eltern um ihre vermeintlichen Traumkinder zu beneiden.
- Doch all diese Gefühle haben nichts mit unserem eigenen Kind zu tun.
- Es kann nichts dafür, dass es anders ist, als seine Mutter oder sein Vater es vielleicht erwartet haben.
- Es war nie das Kind, das sie sich ausgemalt hatten.
- Es trägt keine Verantwortung für ihre Enttäuschung und ihren Schmerz.
- Es ist genau so richtig, wie es ist.

Damit der geplatzte Traum vom Traumkind einer tragfähigen, liebevollen Beziehung zu unserem tatsächlichen Kind nicht im Weg steht, ist es wichtig, sich der eigenen Gefühle bewusst zu sein, sie nicht zu verdrängen oder zu verurteilen, sie aber aus der Beziehung zu unserem Kind herauszulassen. Nicht dieses Kind hat uns enttäuscht – unsere eigenen Erwartungen haben das getan. Wenn wir diese erst betrauern und dann loslassen, wird an ihrer Stelle Platz frei für das Glück und die Dankbarkeit über unser Kind, das kein Traum ist, sondern wundervolle Wirklichkeit.

Fünf wichtige Botschaften für Eltern gefühlsstarker Kinder:

1. **Ihr seid nicht allein!**
2. **Ihr seid nicht schuld!**
3. **Euer Kind ist nicht schuld!**
4. **Es ist normal, verschieden zu sein!**
5. **Gefühlsstärke und Familienglück schließen sich nicht aus!**

Von Anfang an ist alles anders

Gefühlsstarke Kinder unterscheiden sich oft schon als Babys von ihren Altersgenossen: Sie sind besonders sensibel und dementsprechend schnell überreizt, sie weinen und schreien mehr als andere Neugeborene, finden schwerer in den Schlaf, wollen am liebsten nie abgelegt werden und immer auf dem Arm sein. Sie sind aber auch erstaunlich wach, aufmerksam und motorisch oft besonders fit und aktiv.

Ein so bedürfnisstarkes Baby zu haben ist zweifelsohne viel, viel anstrengender als ein Baby zu versorgen, das von Geburt an über ein unkomplizierteres Temperament verfügt.

Durch ihre angeborene hohe Empfindlichkeit gegenüber allen äußeren Reizen, ihr ausgeprägtes Nähebedürfnis bei gleichzeitig geringem Schlafbedarf sowie ihre praktisch nicht vorhandene Selbstregulationsfähigkeit können diese Babys ihren Eltern nämlich von Geburt an kaum je eine Pause gönnen – die Zeiten, in denen andere Säuglinge auch mal friedlich auf der Krabbeldecke mit ihren eigenen Füßen spielen oder allein mehrere Stunden in ihrem Bettchen schlafen, gibt es mit ihnen nämlich schlicht nicht. Um die vielen neuen Eindrücke verarbeiten zu können, brauchen diese Babys nämlich stetige Co-Regulation, also enge körperliche Begleitung durch alle Gefühle. Es gibt deshalb häufig nur vier Orte, an denen besonders liebesbedürftige, gefühlsstarke Babys sich wirklich wohl fühlen: auf dem Arm, in der Trage, mit Mama oder Papa im großen Bett oder an der Brust.

Widerstand zwecklos

Vielen Eltern fällt es schwer, das anspruchsvolle Temperament ihres Babys von Anfang an einfach zu akzeptieren. »Wenn wir nur konsequent genug sind, wird es sich schnell daran gewöhnen, auch mal alleine zufrieden zu sein«, denken sie. Oder: »Wenn wir jetzt bei jedem Pieps springen und es immer auf den Arm nehmen, wird es sich daran gewöhnen und nur immer noch fordernder und anspruchsvoller werden.« Solche Annahmen sind in unserer Gesellschaft auch deswegen noch sehr weit verbreitet, weil sie unseren Eltern, Großeltern und Urgroßeltern seit Jahrzehnten höchst effektiv eingebläut wurden: Seit dem Kaiserreich, also seit über hundert Jahren, rieten Erziehungsratgeber und Ärzte jungen Eltern einhellig, bloß achtzugeben, das neugeborene Menschenkind nicht mit zu viel Nähe zu verwöhnen. Abhärtung und unbedingter Gehorsam waren von da an die obersten Erziehungsziele schlechthin und gipfelten zur Zeit des Nationalsozialismus in der großflächigen Aufklärung junger Mütter durch die Nazi-Ikone und Lungenärztin Johanna Haarer und andere Ratgeber-Autorinnen und Autoren, Neugeborene bloß ja genug schreien zu lassen – das stärke die Lungen und den Charakter.

Heute wissen wir: für eine gesunde körperliche und seelische Entwicklung brauchen Menschenbabys genau das Gegenteil.

Wenn wir Eltern einfühlsam auf ihre Signale reagieren und ihre Bedürfnisse zuverlässig und prompt erfüllen, werden sie dadurch nicht verzärtelt, sondern können ein stabiles Urvertrauen und eine sichere Bindung zu uns Eltern entwickeln, die sie fürs Leben stärkt. Dass es schlichtweg unmöglich ist, ein Baby mit zu viel Liebe und Nähe im negativen Sinne zu verwöhnen, gilt dabei nicht nur für jene unkomplizierten Neugeborenen, die von sich aus gar nicht so viel kuscheln wollen. Sondern auch und gerade für all jene, die von Mamas Milch und Papas Arm augenscheinlich nie genug bekommen.

Natürlich können auch diese Babys sich daran gewöhnen, ihre starken Bedürfnisse *nicht* erfüllt zu bekommen, also *nicht* getröstet zu werden, wenn sie weinen, *nicht* gestillt zu werden, wenn sie das Bedürfnis danach haben, *nicht* in den Schlaf begleitet zu werden. Irgendwann hören alle Babys auf zu weinen – nicht, weil sie gelernt hätten, sich selbst zu beruhigen, sondern weil sie resigniert haben. Hunderttausende von uns sind so groß geworden, und nicht jeder hat einen seelischen Schaden davongetragen. Wir Menschen sind oft erstaunlich widerstandsfähig und resilient. Doch rechtfertigt das, mit Babys so umzugehen? Aus entwicklungspsychologischer, vor allem aber aus moralischer Sicht lautet die Antwort: Nein, das tut es nicht. Kein Mensch verdient es, dass ihm seine Grundbedürfnisse abgesprochen und verweigert werden. Auch kein ganz kleiner.

Der einfachste und gleichzeitig schwierigste Weg, ein besonders nähebedürftiges Baby ins Leben zu begleiten, besteht deshalb darin, den Weg des geringsten Widerstands zu gehen. Aufzuhören, das Kleine verändern zu wollen, und es stattdessen anzunehmen, wie es ist. Seine Bedürfnisse zu erfüllen, so gut es eben geht, ohne sich zu sorgen, damit irgendwie zu viel des Guten zu tun. Ein besonders anhängliches Baby kann überhaupt nicht zu viel getragen, gestillt, gekuschelt und getröstet werden. Es gibt keine Obergrenze für Liebe. Und es gibt auch keine für Liebesbedürftigkeit. Besonders bei gefühlsstarken Kindern nicht.

Dem weinenden Baby zuhören

Als unsere Großeltern Kinder bekamen, war für sie klar: Babys weinen eben. Das gehört einfach dazu und ist gewiss kein Grund, jedes Mal aufzuspringen und sich zu kümmern. Gelegentliches oder auch anhaltendes Babyweinen galt in dieser Generation als unvermeidliches Hintergrundgeräusch des Kinderhabens. Heute wissen wir: Babys weinen nicht einfach so, sie haben immer einen Grund. Das macht Eltern einerseits das Leben leichter, weil sie mit dieser Erklärung im Kopf ohne schlechtes Gewissen ihrem Impuls folgen, ihr weinendes Kind hochzunehmen und zu trösten. Andererseits macht das Wissen, dass hinter jedem Weinen ein unerfülltes Bedürfnis steht, vielen Müttern und Vätern den Babyalltag auch schwerer. Heißt das denn nicht im Umkehrschluss, dass die Eltern irgendetwas falsch machen, wenn ihr Kleines ständig weint?

Nein, denn: Es stimmt zwar, dass Babys im Schnitt weniger weinen, wenn ihre Eltern feinfühlig, liebevoll und prompt auf ihre Signale reagieren. Doch es gibt eine Ausnahme von dieser Regel. Und das sind die gefühlsstarken Babys. So konnte der Verhaltensbiologe Joachim Bensel in seiner bekannten Freiburger Säuglingsstudie klar nachweisen, dass nähebetonte, liebevolle Betreuungspraktiken wie das Stillen nach Bedarf, das Tragen am eigenen Körper sowie das gemeinsame Schlafen im Familienbett die Schreizeiten bei fast allen Babys deutlich verringert. Bei einer Gruppe zeigte all diese Zuwendung jedoch keinen signifikanten Einfluss auf die Dauer und Intensität des Weinens – und das waren die Säuglinge, die ohnehin schon leichter überreizt waren und von vornherein mehr schrien als ihre Altersgenossen.

Für Eltern gefühlsstarker Kinder bedeutet das: Es ist gut und wichtig, sich darum zu bemühen, die Bedürfnisse des eigenen Babys zu erkennen und zu verstehen. Doch während andere Mütter und Väter dadurch die Chance haben, einen Alltag nahezu ohne Schreien und Weinen zu erreichen, ist das mit einem gefühlsstarken Baby in den meisten Fällen kein realistisches Ziel. Denn das Weinen dient hier nicht nur dazu, auf ein Bedürfnis aufmerksam zu machen – es ist auch ein wirkungsvolles Instrument zum Stressabbau. Gefühlsstarke Babys, die die Welt von Geburt an viel intensiver wahrnehmen, haben ein viel größeres Bedürfnis als andere Kinder, all diese Reize und all ihren Stress irgendwie wieder loszuwerden. Und das gelingt ihnen im Säuglingsalter oft nur, indem sie ihn lautstark herausschreien.

Eltern gefühlsstarker Babys tun sich deshalb einen großen Gefallen damit, wenn sie sich von der Vorstellung verabschieden, gute Eltern erkenne man an einem stets zufriedenen Kind, oder gute Eltern könnten ihr Kleines immer trösten. Denn die Wahrheit ist: All die krampfhaften Versuche, das Baby zu beruhigen, all das Singen und Rasseln und Hopsen, all die Handyvideos und anderen Ablenkungsmanöver bewirken bei einem überreizten Kind letztlich nur, dass es sich *noch* überforderter fühlt von der Welt – selbst wenn es zwischendurch vor Überraschung vielleicht wirklich kurz aufhört zu schreien.

Die wirkungsvollste und wertschätzendste Strategie im Umgang mit viel weinenden Babys ist deshalb, all ihre Bedürfnisse liebevoll zu erfüllen – auch das, sich in Mamas oder Papas Armen ausweinen zu dürfen. Dazu halten Eltern ihr weinendes Baby ganz ruhig im Arm, hören ihm zu, sprechen leise mit ihm, und warten ansonsten einfach ab. Entscheidend dabei ist der innere Perspektivwechsel: Unser Job ist nicht, unser Baby ruhigzubekommen. Unsere Aufgabe ist, da zu sein. Können Eltern sich darauf einlassen, passiert oft etwas Erstaunliches: Das Baby weint und schreit zunächst zwar wie von Sinnen, wird mit der Zeit jedoch stetig ruhiger und sucht den direkten Blickkontakt, als wollte es sagen:

»Danke, dass du mich siehst und mir zuhörst!« Irgendwann wird das Schluchzen immer leiser, das Baby schmiegt sich vertrauensvoll an und schläft meistens ein.

Ein weinendes Baby so durch seinen Stressabbau zu begleiten, bedeutet für Eltern eine große emotionale Anstrengung. Zu tief sitzt das innere Bild, dass eine gute Mutter, ein guter Vater doch etwas *tun* muss, wenn das eigene Kind weint. Da hilft vielen der Gedanke, dass auch aktives Zuhören eine Tätigkeit ist – selbst wenn es von außen nach Nichtstun aussehen mag. Viele Eltern kämpfen auch sehr damit, dass ihr Kleines in ihren Armen so verzweifelt schreit, so dass sie den Eindruck haben, es sei völlig egal, ob sie da sind oder nicht: »Allein in der Wiege würde es genauso laut schreien.« Umso wichtiger ist es, dass Eltern wissen: Ob ein Baby alleine weint oder in den Armen seiner Eltern, macht für seinen Körper und seine Seele einen riesigen Unterschied. Auch wenn es anders wirken mag – selbst völlig aufgelöste Babys sind auf dem Arm ihrer Eltern nicht halb so gestresst, wie sie es ohne Körperkontakt wären. Denn während das Weinen in Mamas oder Papas Armen letztlich Stress *abbaut*, *erhöht* Alleinsein den Stresspegel eines weinenden Kindes dramatisch. Ein Baby, das alleine weint und irgendwann damit aufhört, hat resigniert. Ein Baby, das in Mamas oder Papas Armen zur Ruhe kommt, hat hingegen erfahren, dass es mit seinem Stress und seinem Schmerz nie alleine ist. Und dass es einen Ort gibt, an dem es willkommen und geborgen ist, mit seinen starken, dunklen Gefühlen genauso wie mit den leichten und schönen.

Herausforderung gefühlsstarkes Baby

Ein gefühlsstarkes Baby ins Leben zu begleiten, ist eine unglaublich intensive Erfahrung. Selten liegen Stolz und Freude, aber auch Erschöpfung und Überforderung so nah beieinander wie in dieser Zeit. Denn mit diesen Kindern ist jeder Tag ein Abenteuer. Sie laufen nicht einfach so nebenher, sie drücken jedem Moment ihren ganz eigenen Stempel auf. Sie sind die Babys, die den Rückbildungskurs sprengen, weil sie einfach nicht liegen bleiben wollen, während Mama ihre Übungen macht. Und die Babys, die sich mit acht Wochen schon auf den Bauch drehen und die mit fünf Monaten anfangen zu krabbeln, weil sie immer in Aktion und dabei so zielstrebig wie ausdauernd sind. Gefühlsstarke Babys geben ihren Müttern oft das Gefühl, absolut unersetzlich zu sein, was ziemlich schmeichelhaft, aber auch echt herausfordernd sein kann. Ihr Bedürfnis nach Körperkontakt ist schier grenzenlos, ihr Appetit auf Muttermilch oft auch. Ihr mitreißendes Lachen und ihre unbändige Freude beim gemeinsamen Spielen und Quatschmachen ist unnachahmlich, aber eine Pause, in der sie sich einfach auch mal mit sich selbst beschäftigen, scheint in ihrem Betriebssystem nur selten vorgesehen. Gefühlsstarke Babys sind Plänedurchkreuzer und Weichenversteller: Unsere Vorstellungen von einem ganz normalen Baby- und Kleinkindalltag mit Mittagsschläfchen im Kinderwagen auf der Terrasse, problemloser Kita-Betreuung ab dem ersten Geburtstag und ab und zu einer Nacht bei Oma rücken mit ihnen in weite Ferne. Sie zeigen uns mit aller Macht, wie unverzichtbar wir für sie sind. Und lassen uns letztlich nur zwei Optionen: dagegen ankämpfen. Oder annehmen, dass unser Baby anders ist.

Die Babys der anderen

Krabbelgruppen und Babykurse sind für Eltern gefühlsstarker Kinder kein ganz einfaches Pflaster. Denn während die meisten Mütter und Väter sich im Alltag zu Hause ganz gut auf das Temperament ihres individuellen Babys einlassen können, verlockt jedes Setting, in dem mehrere ungefähr gleich alte Säuglinge aufeinandertreffen, beinahe unvermeidbar zum Vergleichen. Für Eltern gefühlsstarker Babys ist das oft ein harter Realitätsschock: in der unmittelbaren Begegnung mit anderen Familien wird ihnen oft erst so richtig bewusst, *wie* anders ihr Kind und wie viel anstrengender ihr Alltag ist. Da gibt es Babys, die liegen einfach so zufrieden auf einer Krabbeldecke und spielen mit ihren Händen. Babys, die gerne im Kinderwagen ausgefahren werden. Babys, die alleine eine und mehrere Stunden am Stück durchschlafen. Babys, die auch mal bei der netten Nachbarin bleiben. Babys, die mit sechs Monaten Brei vom Löffel essen, anstatt zaghaft an Dinkelzwieback zu lutschen und ansonsten nach wie vor alle halbe Stunde an die Brust zu wollen. Babys, die man mit auf ein Stadtfest nehmen kann. Babys, die so gut wie nie weinen.

Es ist nur menschlich, dass solche Begegnungen Eltern bedürfnisstarker Kinder neidisch und voller Selbstzweifel zurücklassen. Wie kann es sein, dass andere Babys es ihren Eltern so viel leichter machen? Liegt es vielleicht doch an uns, dass unser Nachwuchs so viel fordernder ist? Waren wir vielleicht doch zu lasch, zu weich, zu wenig konsequent? Müssten wir einfach mal andere Saiten aufziehen?

Die ehrliche Antwort ist: Babys sind nun mal verschieden. Das ist das Urprinzip der Evolution. Größtmögliche Vielfalt ist unsere Stärke, und wir haben nun mal ein Kind bekommen, das auf der Gefühlsintensitätsskala ganz am äußersten Rand steht. Das kostet zweifelsohne viel Kraft und bringt besondere Herausforderungen mit sich, vor allem, so lange unser Baby so klein ist und uns so unglaublich braucht. Es birgt aber auch die Chance, ein ganz besonders feinfühliges, kluges, kreatives, energiegeladenes, liebesfähiges Kind ins Leben zu begleiten. Der erste Schritt dahin ist, ihm zu vertrauen. Auch in ihm schlummert der Wunsch, groß und selbstständig werden, wie in allen anderen auch. Es nimmt nur einen anderen Weg dorthin, und braucht dafür ein anderes Rüstzeug. Vor allem aber benötigt es besonders viel Nestwärme und Rückversicherung als kleines Kind, um als größeres seine Flügel auszubreiten und zu fliegen. Hören wir also auf mit dem unseligen Vergleichen, gönnen den anderen Eltern ihre ruhigen Kinderwagen-Spaziergänge und ihre durchgeschlafenen Nächte, und konzentrieren uns auf uns und unser Kind. Lassen wir uns von ihm den Weg zeigen, ganz gleich, ob es ums Schlafen, ums Essen oder ums Unterwegssein geht. Es zeigt uns ganz genau, was es zum glücklichen und gesunden Großwerden braucht: wie viel Nähe und wie viel Distanz, wie viel Milch und wie viel Möhre, wie viel Tragetuch und wie viel Kinderwagen. Verwöhnen ist dabei unmöglich! Denn gestillte Bedürfnisse verschwinden irgendwann. Ungestillte aber bleiben für immer.

»Besonders liebesbedürftige Babys können die besten und die schlimmsten Seiten in uns zum Vorschein bringen.«

Dr. William Sears, US-amerikanischer Kinderarzt

Raus aus dem Haus!

Eltern gefühlsstarker Babys und Kleinkinder neigen oft dazu, sich zu Hause einzuigeln – weil sie die Krabbelgruppen-Vergleiche satt haben, weil sie sich schämen, dass ihr Kleines nicht so friedlich und pflegeleicht ist wie die anderen Kinder, oder schlicht, weil ihr Alltag so anstrengend ist, dass sie es nicht aus dem Haus schaffen. So leben nicht wenige Mütter und Väter mit ihrem Nachwuchs in einer regelrechten Parallelwelt, in der alles auf die Bedürfnisse des jüngsten Familienmitglieds abgestimmt ist: Es kann schlafen, wenn es müde ist, kuscheln, wann es mag, und niemand nimmt ihm seine Bauklötze weg oder patscht ihm auf den Kopf. Das bringt natürlich erstmal Entlastung, ist aber auf längere Sicht auch sehr einsam, für die Großen ebenso wie für die Kleinen. Dazu kommt, dass es für kleine Kinder zwar wunderbar ist, Eltern zu haben, die sich ganz auf sie und ihre Bedürfnisse einlassen können – dass es ihre Entwicklung aber erst so richtig beflügelt, gleichzeitig auch Menschen zu begegnen, die ganz anders mit ihnen umgehen. Denn die Fähigkeit, mit Gleichaltrigen Freundschaften zu schließen, können wir Eltern unseren Kindern nicht beibringen. Dafür braucht es andere Kinder. Es lohnt sich deshalb, ganz gezielt nach Gelegenheiten zu suchen, mit anderen Familien Zeit zu verbringen – und zwar möglichst in einem Setting, das dem Temperament des eigenen Kindes entgegenkommt. Wenn der kleine Wirbelwind den Musikkreis sprengt, ist vielleicht eine Turngruppe das richtige für ihn. Wenn das Kleine beim Babyschwimmen nur weint, hat es vielleicht mehr von einem Besuch in der Krabbelgruppe der Kirchengemeinde. Besonders geeignete Orte für Eltern mit bedürfnisstarken Babys und Kleinkindern sind außerdem Stillgruppen sowie Babykurse mit explizit bindungsorientiertem Profil, wie zum Beispiel »Einfach Eltern BabySteps«- und Fabel-Kurse.

Wenn ich das gewusst hätte!

Viele Eltern erfahren von gefühlsstarken Kindern erst lange nach der Babyzeit. Sie versuchen zu verstehen, warum ihr Kindergarten- oder Schulkind so anders tickt, und begreifen plötzlich: mein Kind war doch eigentlich schon immer so! Diese Erkenntnis ist häufig sehr schmerzhaft, vor allem, wenn Eltern im Nachhinein merken, dass sie ihrem Kind als Baby ganz schön viel zugemutet haben in ihrer Überzeugung, dass Babys manche Dinge eben einfach lernen müssen: im eigenen Bett schlafen, nicht dauernd an der Brust trinken, auch mal woanders bleiben als bei Mama und Papa. Dann zu lesen, wie wichtig es gerade für gefühlsstarke Babys ist, in ihren Bedürfnissen nicht ignoriert zu werden, löst bei betroffenen Müttern und Vätern oft schlimme Schuldgefühle aus: Wenn wir das nur früher gewusst hätten! Was hätten wir alles anders gemacht!

Für diese Eltern ist es wichtig, sich klarzumachen: Gefühlsstarke Kinder sind zwar besonders sensibel. Sie sind aber trotz allem auch mit einer inneren Widerstandskraft ausgestattet, ihrer so genannten Resilienz. Diese Widerstandskraft sorgt dafür, dass sie auch an suboptimalen Erfahrungen nicht zerbrechen, sondern die innere Stärke haben, weiter für sich und ihre Bedürfnisse einzustehen, auch wenn diese vielleicht nicht von Anfang an gesehen und erfüllt wurden. Dass nicht ausreichend gestillte Bedürfnisse nach der Babyzeit nicht einfach verschwinden, sondern von Kindern weiter eingefordert werden, ist für uns Eltern deshalb letztlich ein Glück. Denn wenn die Dreijährige plötzlich unbedingt im Elternbett schlafen will, der Vierjährige wieder zum Baby wird und ganz viel herumgetragen werden muss, oder wenn der Achtjährige plötzlich wieder Wutanfälle hinlegt wie ein Kleinkind, sind all diese Verhaltensweisen auch Anlässe, eine andere Reaktion zu zeigen als damals in der Babyzeit und unseren Kindern dadurch die Bedürfnisse zu erfüllen, die wir ihnen damals mangels besserem Wissen versagten. So birgt jeder auf den ersten Blick vielleicht provokante oder schwierige Rückfall in baby- oder kleinkindhaftes Verhalten für uns Eltern eine absolut Mut machende Botschaft: Für Bindung ist es nie zu spät! Alte Wunden können heilen, und ungestillte Bedürfnisse können auch weit nach dem Babyalter noch erfüllt werden, wenn wir unsere Kinder verstehen und uns auf ihre Gefühls- und Erfahrungswelt einlassen. Anstatt uns also mit Selbstvorwürfen und Schuldgefühlen zu quälen, sollten wir Mütter und Väter unseren

Blick lieber darauf wenden, was wir hier und heute dafür tun können, dass unsere gefühlsstarken Kinder sich bedingungslos angenommen und geliebt fühlen.

»Do the best you can until you know better. Then when you know better, do better.«

Maya Angelou, Schriftstellerin und Bürgerrechtlerin

DRITTES KAPITEL

Mein Kind und ich: Authentische Eltern für gefühlsstarke Kinder

Vorsicht vor schnellen Lösungen

Wer ein Kind zu Hause hat, das ständig intensivste Gefühlsausbrüche hinlegt, seine Wut kaum im Griff hat und mit seiner Kompliziertheit die ganze Familie in den Wahnsinn treibt, ist oft auf der Suche nach einer schnellen, einfachen Lösung für dieses Problem. Irgendeinen Erziehungs-Trick muss es doch geben, um so ein superanstrengendes Kind in den Griff zu bekommen – oder? Nun, sagen wir es so: Es gibt eine ganze Reihe Erziehungsratgeber sowie mehrere aus der Verhaltenstherapie heraus entwickelte Trainingsprogramme, die genau so einen schnellen Fix versprechen. Sie alle basieren auf derselben Grundannahme: Dass Kinder zu »gutem« und »richtigem« Verhalten konditioniert werden können wie Zirkuspferde. Das zumindest auf den ersten Blick durchaus einleuchtende Wirkprinzip solcher Programme ist das jeder effektiven Dressur: Erwünschtes Verhalten wird belohnt, unerwünschtes Verhalten abgestraft. Ein typisches Beispiel dafür sind Sticker-Charts, bei denen das Kind für bestimmte, vorher festgelegte erwünschte Verhaltensweisen einen Aufkleber bekommt. *Keinen* Sticker zu bekommen, steht in einem solchen System dementsprechend dafür, sich *nicht* richtig verhalten zu haben. Manche Erziehungsprogramme für »schwierige Kinder« – etwa das in Australien entwickelte *Positive Parenting Program*, besser bekannt unter dem Namen *Triple P* – fordern Eltern zusätzlich dazu auf, unerwünschten Verhaltensweisen ihrer Kinder mit so genannten »natürlichen Konsequenzen« zu begegnen, was in diesem Kontext nichts anderes als ein nett klingendes Wort für Strafen ist. Denn anders als bei einer echten natürlichen Konsequenz (»Wenn ich im Regen ohne Schirm und Mütze aus dem Haus gehe, werde ich nass.«) wird im Zuge solcher Programme die Konsequenz für ein bestimmtes Verhalten von den Eltern ja überhaupt erst eingeführt, angekündigt und durchgesetzt – etwa eine »Auszeit«, in der das Kind für einige Minuten alleine an einem bestimmten Ort (oft als »stiller Stuhl«, »stille Treppe« oder ähnlich bezeichnet) bleiben muss. Diese Maßnahme hat das explizite Ziel, sich für das Kind unangenehm und schlecht anzufühlen – schließlich soll es dadurch dazu bewegt werden, sich in Zukunft anders zu verhalten. Und genau das ist es, was eine Strafe ausmacht: Sie soll weh tun, sie soll abschrecken und sie soll unerwünschtes Verhalten abstellen.

Verfechter solcher Erziehungsprogramme für »schwierige Kinder« brüsten sich natürlich damit, wie schnell und effektiv ihre Methoden funktionieren. Tatsächlich gibt es mittlerweile tausende Fallbeispiele, die belegen, dass sich widerspenstige Kinder mit »Zuckerbrot-und-Peitsche«-Methoden wie diesen zumindest kurzfristig auf Linie bringen lassen. Doch was ist der Preis dafür?

- Dass Eltern ihren Kindern sagen und zeigen, dass sie so, wie sie sind, nicht in Ordnung sind; dass sie vielmehr umgeformt und repariert werden müssen wie ein kaputtes Radio.
- Dass Kinder lernen, unerwünschte Gefühlsregungen zu unterdrücken und mit sich selbst auszumachen, um dafür nicht bestraft zu werden.
- Dass Kinder ihre Eltern als Chefankläger, Richter und Vollstrecker in Personalunion erleben.
- Dass Kinder die Erfahrung machen, in Momenten größter Not und emotionaler Überforderung alleine gelassen zu werden, damit sie lernen, sich selbst zu beruhigen – dabei können sie das nur mit Begleitung.
- Dass Kinder vermittelt bekommen, sie seien an sämtlichen schwierigen Gefühlsregungen und Verhaltensweisen selbst schuld und als müsste man nur genug Druck auf sie ausüben, damit sie sich verhalten wie erwünscht.

Dass erschöpfte und verzweifelte Eltern Hilfe und Unterstützung in Erziehungsberatungsstellen, in der Ratgeberliteratur oder in kinderpsychologischen Praxen suchen, ist absolut verständlich. Doch bevor sie sich dazu entschließen, Erziehungsprogramme anzuwenden, die auf Strafe und Konditionierung basieren, ist es eine gute Idee, vorher noch einmal gut in sich hineinzuhören:

- Was machen diese Methoden mit mir und meinem Kind?
- Welche Rolle schreiben sie mir zu, und will ich diese Rolle überhaupt haben?
- Welche Botschaft vermitteln sie meinem Kind, und deckt sich diese mit der Botschaft, die *ich* ihm vermitteln will?

Besonders wichtig ist jedoch, dass Eltern sich klarmachen: Dass sie überhaupt über solche Methoden nachdenken, zeigt, wie immens hoch ihr Leidensdruck ist. Der Alltag mit ihrem Kind bringt sie nicht nur an ihre Grenzen, sondern oft genug auch darüber hinaus. Klar, dass man sich in einer solchen Extremsituation an jeden Strohhalm klammert, vor allem, wenn er die einzige Möglichkeit zu sein scheint, das eigene Familienleben wieder in erträgliche Bahnen zu lenken. Doch genau diese Botschaft – dass strenge Trainingsprogramme die einzige Alternative zur völligen Anarchie sind – ist ein Mythos, mit dem die Verfechter solcher Programme verzweifelte Eltern ebenso unter Druck setzen, wie diese dann später ihre Kinder unter Druck setzen sollen.

Seien wir deshalb stets besonders wachsam, wenn uns eine Methode als die einzig mögliche Lösung für unser Problem verkauft werden soll. Denn so funktioniert unsere Welt nicht. Hinter jeder schwierigen oder belastenden Verhaltensweise eines Kindes steht ein ganzes Sammelsurium von Ursachen und Gründen: Da trifft sein angeborenes Temperament auf Situationen, die ihm besonders zu schaffen machen, unter Lebensbedingungen, die den Druck auf den Kessel erhöhen, in einer Familie, die gerade sowieso schon am Limit ist. Und nun soll eine »One-Size-fits-it-all«-Methode all diese Faktoren im Handumdrehen einfach verschwinden lassen? Nein: Sie kann höchstens Oberflächenkosmetik betreiben und dafür sorgen, dass ein Kind aus Angst vor Konsequenzen seine emotionale Reaktion auf all diese Stressfaktoren unterdrückt, so gut es kann.

Auf emotionale Erpressung zu verzichten, bedeutet jedoch nicht, tatenlos zuzusehen, wie das gefühlsstarke Kind sich selbst und seiner gesamten Familie das Leben schwermacht. Im Gegenteil: Wir Eltern sollten es unbedingt als unsere Aufgabe verstehen, unser Kind mit seinen überbordenden Emotionen nicht alleine zu lassen, sondern gemeinsam mit ihm nach einem Weg zu suchen, mit seiner intensiven Gefühlswelt besser klarzukommen.

Entscheidend ist, dass wir dabei nicht auf Druck setzen. Sondern auf Beziehung.

Gefühlsstarke Berühmtheiten: Thomas Edison

»Faul und verdorben« – das waren die Worte, mit denen Lehrer und Schulleiter den kleinen Thomas beschrieben. Denn der Junge war unruhig und zappelig, wissbegierig und willensstark. Er litt immens unter der Lautstärke und der Unruhe in dem kleinen Schulhaus, in dem 38 Kinder verschiedener Altersstufen zusammen unterrichtet wurden, und nervte seinen Lehrer mit seinen ständigen Zwischenfragen. »Ein schwieriges Kind, nicht wert, weiter hier unterrichtet zu werden«, lautete das harte Urteil nur zwölf Wochen nach seiner Einschulung, das Thomas, damals sieben Jahre alt, tief verletzt und in Tränen aufgelöst nach Hause rennen ließ. Doch seine Mutter, selbst Lehrerin von Beruf, ließ das nicht auf sich sitzen. Sie schnappte sich ihren kleinen Sohn und ging mit ihm postwendend zum Schulhaus zurück, wo sie dem Lehrer eine wütende Standpauke hielt: Er habe ja keine Ahnung, ihr Sohn sei schlauer als der Lehrer selbst, und die Welt werde schon noch sehen, was für ein kluger Geist ihr Thomas sei. Von diesem Moment an unterrichtete Nancy Edison ihren Sohn zu Hause und ließ sich dabei von seinen breitgefächerten Interessen leiten: Er konnte sich für Lyrik ebenso begeistern wie für Technik. Mit zwölf Jahren gründete er seine erste eigene kleine Zeitung, mit 15 lernte er zu telegraphieren, und mit Anfang zwanzig hängte er seinen Bürojob an den Nagel, um Erfinder zu werden. Über 1000 Patente gehen auf ihn zurück, darunter natürlich die Kohlefaden-Glühbirne mit ihrem berühmten Edison-Gewinde. Nach dem Geheimnis seines Erfolgs gefragt, sagte Edison, es sei der unerschütterliche Glaube seiner Mutter an ihn gewesen, der ihn immer angetrieben habe.

Wer bin ich und wer bist du?

Vor der Veränderung steht das Verständnis: Auf diese simple Formel lässt sich das Geheimnis glückender Eltern-Kind-Beziehungen bringen. Für Eltern gefühlsstarker Kinder gilt das ganz besonders: Erst wenn wir verstehen, wie unser individuelles Kind wirklich tickt und – ganz wichtig! – wie *wir selbst* ticken, können wir unserem Familienleben eine positive Wendung geben.

Der Grund dafür ist, dass wir uns in einer Situation nur dann fair und angemessen verhalten können, wenn wir sie auch richtig wahrnehmen. Und das ist im ganz normalen Familienalltag sehr häufig nicht der Fall.

»Jetzt bockt er schon wieder rum und will sich seine Socken nicht anziehen! Wenn wir ihn damit jetzt durchkommen lassen, zieht er sich irgendwann überhaupt nichts mehr an!« Gedanken wie diese kennen alle Eltern, und sie sorgen oft dafür, dass wir mit unseren Kindern grob und genervt umgehen, getrieben von dem Gefühl, dass nun aber wirklich auch mal Schluss sein muss mit diesen nervtötenden, völlig unnötigen Mätzchen. Schauen wir einmal, was passiert, wenn wir zwei Grundsätze beherzigen:

Jeder Mensch hat einen Grund für sein Handeln, auch wenn uns dieser nicht immer ersichtlich ist.

Jede unserer heftigen Gefühlsreaktionen hat ihre Wurzel nicht in unserem Gegenüber, sondern in uns selbst.

Wir sehen also: Einen kleinen Jungen, der sich weigert, seine Socken anzuziehen. Er muss einen Grund dafür haben, auch wenn wir ihn nicht sehen. Und er *hat* auch einen Grund: Durch seine besondere Sensibilität nimmt er jeden Reiz auf seiner Haut viel stärker wahr als andere Menschen. In den vergangenen Wochen hat er immer wieder die Erfahrung gemacht, dass Socken ihm unangenehm sein können: Ihr Bund kann einschneiden, sie können die Zehen einengen, und manchmal bilden sich im Trockner kleine Knubbel im Stoff, die dann beim Gehen an den Fußsohlen drücken. All das ist dem kleinen Jungen im Detail gar nicht so bewusst. Er spürt nur eine tiefe innere Abneigung dagegen, jetzt seine Socken anzuziehen. Und gleichzeitig einen tiefen Wunsch, den alle Kinder in sich tragen: mit den eigenen Eltern zu kooperieren und sie glücklich zu machen. Dass er keinen Weg sieht, diese beiden Bedürfnisse unter einen Hut zu kriegen – also keine Socken anzuziehen, Mama und Papa aber auch nicht zu enttäuschen –, sorgt bei ihm für Stress. Und weil sein Gehirn auf Stress ohnehin sehr sensibel reagiert, findet er sich schnell inmitten eines hochemotionalen Nervenzusammenbruchs wieder, der sich in verzweifeltem Schreien und Weinen äußert. In diesem Notfallmodus kann er weder klar denken noch formulieren, was er jetzt braucht. Das einzige, was er noch rufen kann in diesem Zustand völliger Überforderung, ist: »Nein, nein, nein, nein!«

Bekommen Sie beim Lesen auch sofort Mitleid mit dem armen kleinen Kerl? Halten wir dieses Mitgefühl fest und schauen uns nun die Mutter dieses kleinen Jungen genauer an.

Sie hat schlecht geschlafen, weil das Baby so oft wach war. Sie hat heute noch tausend Dinge zu tun. Und sie fürchtet sich jetzt bereits vor dem Kaffeeetrinken bei den Schwiegereltern am kommenden Wochenende, bei dem sie sicher wieder zu hören bekommen wird, dass ihre Schwägerin sich von ihrem Kind gewiss niemals so auf der Nase herumtanzen lassen würde. Sie bleibt in solchen Momenten stark, weint nicht, schreit nicht, alles für ihr Kind. So wie sie ja auch sonst alles für ihn tut: Aus dem Musikkurs hat sie ihn abgemeldet, obwohl es ihr selbst so gut tat, mal unter andere Eltern zu kommen. Aber nachdem der Kleine sich dort immer nur weinend die Ohren zuhielt ... Und auch was die Klamotten angeht, ist sie ihm doch wirklich entgegengekommen. Hat die kratzigen, selbstgestrickten Wollpullover aussortiert (das darf ihre Schwägerin nie erfahren!) und seine Lieblingshose gleich noch drei Mal nachgekauft, damit er nicht so weinen muss, wenn eine in der Wäsche ist. Ihr Mann hat darüber schon die Augen gerollt: »Wo soll das denn noch hinführen? Ist Hose nicht gleich Hose?« Sie hat ihren Kleinen in Schutz genommen, wie immer. Er ist eben empfindlich, hat sie gesagt. Er wird mein Entgegenkommen nicht ausnutzen. Aber jetzt, wo er sich plötzlich auch noch weigert, seine Socken anzuziehen, fragt sie sich plötzlich: Und was, wenn doch?

Die arme Mutter. Und das arme Kind. Oder? Keiner von beiden will dem anderen etwas Böses. Beide rackern sich auf ihre Weise ab, um den anderen glücklich zu machen. Und trotzdem kommen sie in diesem Moment einfach nicht zusammen. Weil jeder mit seinen eigenen Dämonen kämpft. Der Weg da raus? Führt über Verständnis, und zwar von uns Erwachsenen: für unser Kind und für uns selbst. Wenn wir sehen, woher unser eigener Stress rührt, und dass nie (!) unser Kind etwas dafür kann, dass wir unter solchem inneren Druck stehen, und wenn wir es dann noch schaffen, uns von unserem Kind anrühren zu lassen, das gerade offensichtlich von seinen Gefühlen völlig überwältigt ist – dann werden plötzlich ganz neue Wege frei, anstrengende Situationen zu lösen. Dann steigen wir aus dem Kampfmodus aus und gehen stattdessen in den Beziehungsmodus, in dem es nicht um die Sache geht, sondern darum, wie wir miteinander umgehen.

Welche Lösung wir in diesem Modus letztlich finden, ist eigentlich egal: Vielleicht kann unser Kind erstmal ohne Socken, dafür in warmen Schuhen aus dem Haus gehen. Oder wir finden doch noch ein Paar Socken, das sich gut anfühlt – vielleicht wenn es auf der Heizung kurz angewärmt wurden? Oder wir besorgen stattdessen kuschelweiche Hausschuhe. Oder was auch immer.

Entscheidend ist, dass wir Verständnis haben, und zwar sowohl mit unserem Kind als auch mit uns selbst – selbst dann, wenn wir wirklich beim besten Willen nicht verstehen, was jetzt gerade das Problem ist.

Jeder Mensch hat einen Grund, sich so zu verhalten, wie er sich verhält.
Jeder Mensch hat einen Grund, so zu fühlen, wie er fühlt.
Es geht nie ums Prinzip.
Es geht immer darum, wie wir miteinander umgehen.

»Wir versuchen immer wieder, die Menschen zu verändern, die wir am meisten lieben; und wenn uns das nicht gelingt, entstehen Reibung und Konflikte. Doch Menschen sind nun mal nicht besonders veränderbar. Eine der größten Tragödien menschlicher Beziehungen ist, dass wir glauben, mit unserer schieren Willenskraft Veränderung erzwingen zu können. Das können wir nicht.«

Jerome Kagan, Persönlichkeitsforscher an der Uni Harvard, übersetzt und zitiert nach Mary Sheedy Kurcinka, Raising Your Spirited Child, S. 60

Was können wir wann erwarten?

Wenn unser Kind sich mit Händen und Füßen gegen das Anziehen wehrt, oder abends im Bett immer wieder nach uns ruft und einfach nicht einschlafen will, oder unvermittelt der kleinen Schwester einen Duplostein gegen den Kopf donnert, haben wir oft das Gefühl: Da kann man doch nur Nerven verlieren.

Stellen wir uns jedoch vor, dass ein Baby genau dieses Verhalten an den Tag legen würde, reagieren wir intuitiv ganz anders: Das arme Mäuschen kann ja nichts dafür! Es ist ja noch so klein, es weiß ja noch gar nicht, was es tut!

Dass wir mit unseren gefühlsstarken Kindern immer wieder die Geduld verlieren, liegt also nicht primär an ihrem Verhalten an sich, sondern an unseren eigenen Erwartungen daran, was ein Kind in diesem Alter *kann* und dementsprechend *mit Absicht nicht tut*, wenn es sich schlecht benimmt.

Dabei neigen wir Eltern häufig dazu, die sozialen und emotionalen Fähigkeiten von Kindern massiv zu überschätzen und ihnen Motive zuzutrauen, von denen sie von ihrer Entwicklung her noch meilenweit entfernt sind.

So sind gefühlsstarke Kinder zwar von Natur aus besonders empathisch und haben feine Antennen für die Gefühle anderer Menschen, trotzdem können sie – wie alle anderen Kinder auch – in ihren ersten Lebensjahren kaum bis gar nicht auf die Befindlichkeiten anderer Menschen Rücksicht nehmen. Denn dazu fehlt ihnen die Fähigkeit zum Perspektivwechsel, die sich erst zwischen dem fünften und dem neunten Geburtstag herausbildet. Das heißt: Unsere Kinder können zwar *spüren*, wie es uns geht – aber sie können deshalb noch lange nicht voraussehen, was uns erfreuen und was uns ärgern wird, und haben große Schwierigkeiten, nachzuvollziehen, dass ein und dieselbe Sache sich für sie selbst gut und für einen anderen Menschen blöd anfühlen kann. Konkret heißt das: Bis weit in die Grundschulzeit hinein können

Kinder nur sehr begrenzt Rücksicht nehmen auf die Menschen um sie herum, weil sie erst nach und nach die Fähigkeit entwickeln, ihr eigenes Verhalten aus verschiedenen Perspektiven zu beleuchten und zu reflektieren. Dieser Perspektivwechsel ist jedoch die grundlegende Voraussetzung dafür, Impulskontrolle zu erlangen, also zwischen Fühlen und Handeln eine Pause zum Überlegen einzubauen.

Bei gefühlsstarken Kindern kommt erschwerend hinzu, dass sie zwar oft sehr weit für ihr Alter sind, in emotionalen Stresssituationen jedoch auf den Entwicklungsstand eines Kleinkinds zurückgeworfen werden. Deshalb können selbst Zehnjährige in solchen Momenten das Prinzip der Gewaltfreiheit zwar in einer ruhigen Minute in all seinen Facetten beleuchtet, verstanden und verinnerlicht haben – inmitten eines Wutanfalls ist dieses Wissen für sie aber nicht mehr abrufbar, genauso wenig wie ihre Impulskontrolle. Ihr Schreien und Um-sich-Schlagen erfolgt aus einem solch verzweifelten Stresszustand heraus, dass alles Gelernte vorübergehend wie ausgelöscht ist.

Anstatt uns also über unser ungezogenes Kind zu empören, stutzen wir besser unsere Erwartungen auf ein realistisches Maß zurecht: Ja, Kinder können und sollen lernen, fair und rücksichtsvoll mit anderen Menschen umzugehen. Und ja, es ist erstrebenswert, dass Menschen ihrem Ärger mit Worten Luft machen, und nicht mit Fäusten und Gebrüll. Doch Schuldzuweisungen und Vorwürfe bringen jetzt, in dieser akuten Überforderungssituation, keinen weiter.

Was unser Kind nun braucht, ist die Möglichkeit, sein überreiztes Nervensystem runterzufahren, durchzuatmen und wieder zu Sinnen zu kommen. Dafür benötigt es Begleitung statt Vorwürfe, Verständnis statt Schuldzuweisungen, Zugewandtheit statt Ablehnung. Denn Selbstregulationsfähighkeit zu erlernen, ist ein Reifeprozess, den wir durch Druck nicht beschleunigen, sondern nur verlangsamen oder ganz ausbremsen. Passen wir unsere Erwartungen hingegen dem tatsächlichen Entwicklungsstand unseres Kindes an, wird es irgendwann über sich hinauswachsen.

Gefühlsstarke Berühmtheiten: Albert Einstein

Der kleine Albert war ein seltsamer Junge: Weil er mit zwei Jahren noch kein Wort sprach, hielt ihn das Dienstmädchen der Familie für einen »Depperten«. Dafür sprach er dann, als er mit drei Jahren endlich damit begann, gleich in ganzen Sätzen. Anstatt mit den anderen Jungen zu raufen und Ball zu spielen, blieb Albert lieber zu Hause, spielte Geduldsspiele, puzzelte und baute komplizierte Konstruktionen mit seinen Bauklötzen.

In die Schule ist Albert nie gerne gegangen: Das rigide Schulsystem der Kaiserzeit, das auf Drill und unbedingtem Gehorsam aufbaute, war ihm zutiefst zuwider. Er wollte selber denken und kritische Fragen stellen und galt deshalb unter seinen Lehrern als widerspenstiger und anstrengender Schüler. Weil er außerdem sehr aufbrausend war, legte er sich als Jugendlicher häufiger mit seinen Lehrern und schließlich auch mit dem Rektor seiner Schule an. Nach einem solchen Streit verließ er die Schule schließlich ganz – ohne Abschluss. Abitur machte Albert Einstein dann schließlich trotzdem, an einem Schweizer Gymnasium, und zwar mit Bestnoten. Im Studium der Mathematik und Physik gab er sich dann allerdings damit zufrieden, ein eher mittelguter Student zu sein, und so gestaltete sich die Jobsuche für ihn nach dem Examen zunächst eher schleppend. Seine unglaubliche Begabung wurde dementsprechend erst in seinem späteren Erwachsenenleben erkannt, als er als theoretischer Physiker unter anderem die Relativitätstheorie entwickelte. Sein kritischer, widerspenstiger Geist ist Albert Einstein lebenslang erhalten geblieben: Kurz vor seinem Tod unterzeichnete der Physik-Nobelpreisträger noch das so genannte Russel-Einstein-Manifest, in dem er sich gemeinsam mit zehn weiteren Wissenschaftlern für Abrüstung zugunsten des Weltfriedens starkmachte.

Gemeinsamkeiten und Unterschiede ermitteln – mit Persönlichkeitsskalen

Sehen wir uns noch einmal die acht typischen Eigenschaften gefühlsstarker Kinder aus dem ersten Kapitel an. Welche dieser Wesenszüge sind bei unserem eigenen Kind besonders stark ausgeprägt? Und welche bei uns selbst?

Stellen wir uns jede dieser Eigenschaften wie eine Skala vor, die von »schwach ausgeprägt« bis »extrem stark ausgeprägt« reicht, in Stufen von 1 bis 10. Versuchen wir nun herauszufinden, wo auf dieser Skala unser Kind bei jeder dieser Eigenschaften steht. Ist es extrem sensibel? 10 Punkte! Hat es einen hohen Energielevel? Veränderungen bereiten ihm keine Probleme? 1 Punkt. So erstellen Sie nach und nach ein ganzes kleines Persönlichkeitsprofil. Und jetzt wirds spannend: Legen Sie noch ein zweites solches Persönlichkeitsprofil an – aber diesmal von sich selbst. Wie sensibel, reizoffen, flexibel oder festgelegt sind Sie denn so auf einer Skala von 1 bis 10?

Ich werde von Gefühlen (z.B. Wut) oft regelrecht überwältigt.

1 2 3 4 5 6 7 8 9 10

trifft überhaupt nicht zu (1) geht so (5) trifft extrem zu (10)

Ich bin ausdauernd und hartnäckig.

1 2 3 4 5 6 7 8 9 10

trifft überhaupt nicht zu (1) geht so (5) trifft extrem zu (10)

Ich bin sehr sensibel und fühle stets mit anderen mit.

1 2 3 4 5 6 7 8 9 10

trifft überhaupt nicht zu (1) geht so (5) trifft extrem zu (10)

Ich fühle mich oft überreizt von lauten Geräuschen und anderen starken Sinneseindrücken.

1 2 3 4 5 6 7 8 9 10

trifft überhaupt nicht zu (1) geht so (5) trifft extrem zu (10)

Ich tue mich schwer mit Überraschungen und Veränderungen.

1 2 3 4 5 6 7 8 9 10

trifft überhaupt nicht zu (1) geht so (5) trifft extrem zu (10)

Regelmäßigkeit und Struktur sind mir sehr wichtig.

1 2 3 4 5 6 7 8 9 10

trifft überhaupt nicht zu (1) geht so (5) trifft extrem zu (10)

Ich habe viel Bewegungsdrang und bin ein ziemlich unruhiger Typ.

1 2 3 4 5 6 7 8 9 10

trifft überhaupt nicht zu (1) geht so (5) trifft extrem zu (10)

Ich bin ein nachdenklicher Typ, der zum Pessimismus neigt.

1 2 3 4 5 6 7 8 9 10

trifft überhaupt nicht zu (1) geht so (5) trifft extrem zu (10)

Sich auf diese Weise über Gemeinsamkeiten und Unterschiede im individuellen Temperament Gedanken zu machen, ist für viele Eltern ein regelrechter Augenöffner. »Eigentlich logisch, dass mich Klaras Bestehen auf die immergleichen Abläufe morgens im Bad so wahnsinnig macht – ich bin selbst schließlich ein total freiheitsliebender, flexibler Typ!« Oder auch: »Michel und ich scheinen beide extrem sensibel und empfindlich gegenüber lauten Geräuschen zu sein – kein Wunder, dass wir beide fast durchdrehen, wenn Luise schreit!«

Herauszufinden, wo auf der Temperamentsskala wir Eltern selbst (und möglicherweise auch die Großeltern oder die Geschwisterkinder unseres gefühlsstarken Kindes) liegen, kann unser Zusammenleben als Familie extrem erleichtern. Denn sowohl im Bewusstsein über ein sehr ähnliches als auch in dem eines sehr unterschiedlichen Temperaments kann der Schlüssel zu einem friedlicheren Familienleben liegen.

Sie würden sich bei den meisten Fragen irgendwo zwischen 1 und 4 einordnen? Dann gehören Sie zu den regulationsstarken Eltern, die ein besonders ausgeglichenes, in sich ruhendes Temperament haben – also genau das Gegenteil von Ihrem gefühlsstarken Kind!

Landen Sie bei den meisten Fragen ziemlich genau in der Mitte des Spektrums? Dann gehören Sie zur Gruppe der gefühlvollen Eltern, die zwar ein durchaus bewegtes Auf und Ab der Emotionen kennen, die jedoch auch einen hohen Grad an Selbstregulationsfähigkeit besitzen, so dass ihre Gefühle nicht völlig ins Kraut schießen.

Zeigen sich in Ihrer Persönlichkeit selbst extreme Ausschläge Richtung 8, 9 und 10? Dann sind Sie selbst ein gefühlsstarker Mensch, auch wenn diesem Wesenszug in Ihrer eigenen Kindheit vielleicht wenig Raum gegeben wurde und Sie eine gewisse Selbstkontrolle entwickeln mussten, um durchs Leben zu kommen.

Wenn ein regulationsstarkes Elternteil auf ein gefühlsstarkes Kind trifft

Jeder Mensch nimmt die Welt um sich herum anders wahr. Wenn innerhalb einer Familie ein gefühlsstarker und ein regulationsstarker Mensch aufeinandertreffen, wird das besonders deutlich: Sie können denselben Alltag teilen, sie werden ihn trotzdem komplett unterschiedlich erleben. Klar, dass das oft zu Unverständnis und Streit führt. Denn Menschen mit einem sehr ausgeglichenen Gefühlsleben können beim besten Willen nicht nachempfinden, wie sich das anfühlt, jene extreme Achterbahnfahrt der Emotionen zu durchleben, die für gefühlsstarke Menschen Normalzustand ist. Das bedeutet nicht, dass regulationsstarke Menschen nicht auch mitfühlend und empathisch sein könnten, allein: Sie sind es meist auf ihre Weise. Eine regulationsstarke Mutter kann sich also durchaus hineinversetzen in ihr Kind, das traurig ist, weil ihm gerade sein Eis heruntergefallen ist. Klar: Sie kennt ja selbst das Gefühl von Traurigkeit, wenn ihr etwas kaputt- oder verlorengeht. Doch sie kennt nicht den *Grad* von Traurigkeit und Verzweiflung, die Heftigkeit roher Emotionen, die ein gefühlsstarkes Kind in diesem Moment möglicherweise durchlebt. In ihrer eigenen Erfahrung übernimmt schließlich in solchen Situationen sehr schnell der rationale Teil des Gehirns die Führung und fährt das leicht erregte Emotionszentrum mit beruhigenden Informationen runter : »Das ist doch kein Weltuntergang. Es ist doch nur ein Eis.« Da liegt es nahe, das eigene, offensichtlich aufgelöste Kind genau mit diesen Worten trösten zu wollen. Doch im Gehirn dieses Kindes passiert gerade etwas völlig anderes: Der rationale Teil hat sich vor lauter Stress bereits ausgeklinkt, das Emotionszentrum funkt »Notfall!« in Richtung Stammhirn, der Vagusnerv schaltet in den Katastrophenmodus und lässt den ganzen Körper vor Stress zittern und beben. Für Worte und Erklärungen ist das erregte Nervensystem in diesem Zustand längst nicht mehr erreichbar. Was jetzt noch helfen kann, sind viel Verständnis, viel Geduld sowie beruhigende Berührungen, die dem Kind dabei helfen, aus dem Krisenmodus herauszufinden.

Doch was für viele Eltern erstmal erschreckend klingt – »Wie soll ich mein Kind verstehen, wenn ich sein Gefühlsleben offensichtlich nicht mal ansatzweise nachempfinden kann?« –, birgt im Grunde genommen eine große Chance. Denn gerade weil regulationsstarke Eltern ein auch in Krisensituationen noch sehr lange sehr gut funktionierendes, rationales Gehirn haben, können sie über diesen Umweg viel Verständnis und Empathie für ihr gefühlsgebeuteltes Kind entwickeln. Sie können sich selbst *erklären*, was gerade in dessen Innerem passiert, und daraufhin *aktiv beschließen*, den Wutanfall oder die Weinerlichkeit nicht als übertriebenes Theater, nicht als unangemessenes Drama zu sehen, sondern als eine Art Naturgewalt, die eine bestimmte ruhige, besonnnene Reaktion erfordert – genau diese Ruhe und Besonnenheit ist der Vorteil regulationsstarker Eltern. Anstatt also vergeblich zu versuchen nachzufühlen, was das eigene Kind gerade bewegt, oder ihm umgekehrt klarmachen zu wollen, warum es sich gerade gar nicht so fühlen muss, können regulationsstarke Eltern ganz sachlich festhalten, dass das Gehirn ihres gefühlsstarken Kindes offensichtlich anders »verdrahtet« ist als ihr eigenes und dementsprechend leichter in einen Krisenmodus gerät, in dem es eine bestimmte Form der Begleitung benötigt, die Eltern auswendig lernen können wie ein Kochrezept:

- Ruhig bleiben.
- Einfach da sein.
- Nichts erklären.
- Nichts negieren.
- Keine Gefühle absprechen.
- Keine Gefühle bewerten.
- Verständnis zeigen.
- Geduld haben.
- Zugewandt bleiben.
- Trost anbieten.
- Körperkontakt gewähren.
- Atmen.
- Abwarten, bis der Sturm vorüber ist.

Dieser kopfbetonte Zugang zum Gefühlsleben ihrer Kinder hilft regulationsstarken Eltern nicht nur in akuten, emotionalen Krisensituationen ihrer Kinder, sondern auch im Alltag. Anstatt sich darüber zu ärgern, dass das eigene Kind so viel komplizierter ist als man selbst (»Ich schmecke überhaupt keinen Unterschied zwischen diesen beiden Nudelsorten, das bildest du dir doch ein!«), können sie die Besonderheiten ihrer Kinder einfach ein für alle Mal unter »Ist so, muss ich nicht verstehen« abheften und sich die Kämpfe darum, ob es nun angemessen ist, so oder so zu empfinden, einfach sparen.

Das eigene Kind isst nur ausgewählte Lebensmittel? Dann ist das eben so.

Es akzeptiert nur wenige Klamotten? Dann ist das eben so.

Es will zum Kindergeburtstag nur zwei Freunde einladen? Dann ist das eben so.

Wir müssen das alles nicht verstehen. Wir müssen es nur akzeptieren. Wir haben unsere Art, die Welt zu sehen, und unser Kind hat seine. Keine ist besser oder schlechter als die andere, keine ist richtig oder falsch. Es geht nicht darum, wer recht hat. Es geht darum, wie wir miteinander umgehen.

Wenn ein gefühlvolles Elternteil auf ein gefühlsstarkes Kind trifft

Während regulationsstarke Eltern meist sehr schnell merken, dass ihr Kind so ganz anders tickt als sie selbst, haben gefühlvolle Eltern oft das Problem, dass sie *denken,* sie seien mit ihrem eigenen emotionalen Erleben doch eigentlich ganz nah an ihren Kindern dran – und dann verstehen sie sie *trotzdem* nicht! »Ich bin ja selbst ein sehr sensibler Mensch – aber so ein Theater mache ich deshalb noch nicht!« – Gedanken wie dieser dürften vielen gefühlvollen Eltern bekannt vorkommen. Dahinter steckt die oft tief verinnerlichte Überzeugung, dass es irgendwie unser eigener Verdienst sei, dass wir zwar gefühlvoll sind, aber eben *in Maßen. Übertriebene* Gefühlsäußerungen verbinden wir hingegen schnell mit Egoismus und mangelnder Selbstdisziplin: »Sie kann sich doch wohl auch mal ein bisschen zusammenreißen, sie ist schließlich nicht allein auf der Welt!«

Gefühlvolle Eltern stehen, was ihr gefühlsstarkes Kind angeht, also immer ein wenig zwischen den Stühlen. Einerseits können sie sein intensives Gefühlsleben durchaus in Ansätzen nachempfinden und auch entsprechend verständnisvoll sein. Andererseits sind sie es gewohnt, auch in schwierigen Situationen zumindest noch eine gewisse Kontrolle zu haben, die heftigen Emotionen zumindest die Spitze nimmt. Und das, so ihr Empfinden, müsste für ihr Kind doch wohl auch zu leisten sein – oder?

Was gefühlvollen Eltern helfen kann, ihr gefühlsstarkes Kind besser zu verstehen und liebevoller und geduldiger zu begleiten, ist eine Kombination ihrer beiden Stärken: Sie haben einen klugen Kopf und ein großes Herz. Das heißt: Sie können sich in das intensive Gefühlsleben ihrer Kinder hineinversetzen, indem sie sich an selbst erlebte, hoch emotionale Situationen erinnern. Und sich dann bewusst machen, dass ihr Kind jede dieser Emotionen hundertmal stärker fühlt als sie selbst.

Jede Glühbirne ein Scheinwerfer.

Jeder Laut ein Knall.

Jede Freude Euphorie.

Jede Angst Panik.

Jede Traurigkeit tiefste Verzweiflung.

Dass unsere Kinder ihre Gefühle nicht so gut im Griff haben wie wir selbst, liegt also nicht an ihrem fehlenden Willen. Sondern daran, dass sie schlicht noch nicht dazu in der Lage sind, ihre übermächtigen Emotionen mit jener Selbstregulationsfähigkeit im Zaum zu halten, die wir bereits haben. Doch das heißt nicht, dass das für immer so bleiben muss: Jedes Mal, wenn wir unser Kind trösten, beruhigen und begleiten, stärken wir schließlich diese Selbstregulationsfähigkeit in ihm. Und helfen ihm dabei, mit seinem überbordenden Temperament immer besser umgehen zu können.

Wenn ein gefühlsstarkes Elternteil auf ein gefühlsstarkes Kind trifft

Gleich und gleich gesellt sich gern? Für gefühlsstarke Eltern und Kinder gilt das nur bedingt. Denn während regulationsstarke sowie gefühlvolle Eltern in Stress- und Krisensituationen immer noch auf den rationalen Teil ihres Gehirns setzen können, der sie da durchbringen kann, werden gefühlsstarke Eltern von den emotionalen Stürmen ihrer Kinder genauso durchgeschüttelt wie diese selbst – so dass in solchen Momenten oft keiner mehr übrig bleibt, der die dringend benötigte Ruhe in die Situation bringen kann. Auf der anderen Seite haben gefühlsstarke Eltern einen immensen Vorteil: Nur sie können wohl wirklich nachempfinden, was ihr Kind selbst in extremen emotionalen Ausnahmesituationen fühlt und erlebt. Dabei kann sich Gefühlsstärke selbstverständlich auch bei diesen Eltern-Kind-Paaren in unterschiedlichen Temperamenten manifestieren. Es kommt vor, dass ein extrem sensibler, aber eher bewegungsscheuer gefühlsstarker Vater verständnislos vor seinem ebenfalls extrem sensiblen, aber zusätzlich noch total energiegeladenen Sohn steht!

Eine der größten Herausforderungen für gefühlsstarke Eltern im Umgang mit ihrem ebenso tickenden Kind besteht darin, nicht ständig selbst im Strudel der extremen Emotionen mitgerissen zu werden, sondern bei allem »Mitschwingen« in der Rolle des zumindest einigermaßen stabilen Erwachsenen zu bleiben, der das Kind ruhig und liebevoll durch seine intensiven Gefühle begleiten kann.

Wie das gelingen kann? Viele gefühlsstarke Eltern kommen der Antwort auf diese Frage näher, wenn sie sich zurückerinnern, was sie als Kinder in emotional herausfordernden Situationen gebraucht hätten, und so in ihrem Mitgefühl sozusagen einen Schritt weitergehen: Sie spüren nun nicht nur, wie ihr Kind sich in diesem Moment fühlt, sondern auch, was es jetzt braucht.

Darüber hinaus nutzen viele gefühlsstarke Eltern in akuten Stresssituationen vorher eingeübte Beruhigungstechniken. Mit diesen Techniken holen sie sich selbst aus dem Notfallmodus heraus, der in ihrem Gehirn ebenso schnell anspringt wie in dem ihres Kindes.

Sich selbst beruhigen: Was Eltern helfen kann

In akuten Stresssituationen cool zu bleiben, ist gar nicht so einfach. Doch es ist extrem wichtig, dass Eltern aus ihrem eigenen inneren Aufruhr herausfinden, bevor sie sich ihrem Kind widmen. Deshalb gilt bei emotionalen Krisen im Familienalltag derselbe Grundsatz wie bei Turbulenzen im Flugzeug: Helfen Sie *erst* sich selbst, und *dann* Ihrem Kind! Folgende Strategien haben sich dabei bewährt:

- Die Augen schließen und bewusst zehn Mal langsam ein- und ausatmen.
- Ein kühles Glas Wasser trinken.
- In ein Kissen boxen oder Eiswürfel in die Spüle krachen lassen, um die schlimmste Wut loszuwerden.
- Mit Zeige- und Ringfinger die eigenen Schläfen massieren.
- Mit Daumen und Zeigefinger der rechten Hand für einige Sekunden Druck auf die Fingerzwischenräume der linken Hand ausüben und umgekehrt.

- Ein Mantra wiederholen, zum Beispiel: »Ganz ruhig, alles wird gut.«

Von alten Gefühlen übermannt

Die langfristig wohl schwierigste Aufgabe von Müttern und Vätern gefühlsstarker Kinder ist es, mit ihren eigenen inneren Verletzungen umgehen zu lernen, die im Zusammenleben ständig angerührt werden und oft zu heftigsten impulsiven Kurzschlussreaktionen führen, vor denen wir Eltern selbst erschrecken. Insbesondere wer selbst ein gefühlsstarkes Kind war, das seine intensiven Emotionen nicht gefahrlos und angstfrei ausleben und zeigen konnte, hat zwar oft irgendwie gelernt, sich den Erwartungen anzupassen und seine Gefühle zu unterdrücken – doch der schlimme Eindruck, irgendwie falsch zu sein, so wie man ist, bleibt tief in uns gespeichert. Es liegt in der schützenden Natur unserer Psyche, dass sie solche Erfahrungen und Empfindungen abkapselt und aus unserem aktiven Erinnern und Erleben verbannt, damit wir im Alltag nicht davon belastet werden. Doch durch bestimmte, so genannte »Trigger« (englisch für »Auslöser«) werden diese im Unterbewusstsein sicher verwahrten Gefühle wieder ins Bewusstsein geholt, und das häufig unverhofft und heftig, was zu starken emotionalen Reaktionen führt. Das Leben mit einem gefühlsstarken Kind hält viele solcher Triggerpunkte bereit: Situationen, in denen sich unser Nachwuchs beträgt wie wir damals. Oder in denen er sich verhält, wie wir uns nie zu verhalten gewagt hätten. Und plötzlich ist es, als knalle in unserem Inneren eine Sicherung durch. Wir brüllen wie von Sinnen oder schlagen sogar zu. So stark ist der alte Schmerz, die Verzweiflung, die Wut. All die Gefühle, die wir nie leben durften, die wir zu unterdrücken gelernt hatten, sind ja nicht weg. Sie waren immer da, ungewollt, verdrängt. Und brechen nun plötzlich über uns herein, ausgerechnet unserem eigenen Kind gegenüber. Das ist schrecklich. Und gleichzeitig menschlich. Es passiert vielen Eltern, auch wenn kaum jemand darüber spricht. Und es gibt dagegen nur ein wirksames Gegenrezept: Wir müssen einen Weg finden, unsere eigenen schmerzvollen Erfahrungen zu verarbeiten, damit wir sie nicht an unsere Kinder weitergeben. Professionelle therapeutische Begleitung kann dabei eine große Hilfe sein. Sie müssen sich dafür keine Psychotherapie verschreiben lassen. In vielen Lebens- und Erziehungsberatungsstellen sowie psychotherapeutischen Praxen können Sie auch kurzfristig einige Sitzungen buchen, in denen Sie sich in einem geschützten Rahmen Ihren eigenen Kindheitsverletzungen widmen können, um sich selbst und Ihr Kind davor zu schützen, dass alter Schmerz zu neuen Wunden führt.

Mitfühlen, ohne mitgerissen zu werden

Dass wir Eltern bei den Gefühlsturbulenzen unserer Kinder so mitgehen, ist im Grunde genommen ein gutes Zeichen. Denn es zeigt, dass wir nah an unseren Kindern dran und eng mit ihnen verbunden sind – und das ist gut und wichtig so. Doch um natürliche Autoritäten sein zu können, die unseren Kindern einen gesunden Umgang mit ihren intensiven Gefühlen vorleben und zeigen können, ist es unerlässlich, dass wir den Beifahrersitz auf der Gefühlsachterbahn verlassen. Denn wenn wir uns von den intensiven Emotionen unserer Kinder genauso unkontrolliert beherrschen lassen wie sie selbst, geben diese Gefühlsstürme die Marschrichtung in unserem Familienleben vor – und nicht wir, die Erwachsenen, deren Job es ist, das Wohl aller Familienmitglieder im Blick zu behalten. Dafür brauchen wir eine gewisse emotionale Distanz. Zu groß darf diese Distanz jedoch auch nicht werden, sonst kapseln wir uns ab und werden hartherzig und verständnislos. Als natürliche Autoritäten brauchen wir jedoch unbedingt Empathie, also die Fähigkeit, emotional mit unseren Kindern in Verbindung zu bleiben und mit ihren Gefühlen mitzuschwingen – sonst fühlen sie sich schnell unverstanden und allein, und wir können sie von da, wo wir stehen, nicht mehr erreichen.

»Als meine Tochter Anja fünf Jahre alt war, machten wir zusammen Strandurlaub in Holland. Sie hatte riesigen Spaß daran, gemeinsam mit mir über die heranrollenden Wellen zu springen. Ihre Freude war so ansteckend, dass ich selbst übermütig wurde und mich immer weiter mit ihr hinauswagte, bis ich plötzlich selbst keinen Boden mehr unter den Füßen hatte. Plötzlich kam eine große Welle und riss uns beide mehrere Meter mit sich mit. Da trieben wir nun hilflos im Meer, Anja mit ihren Schwimmflügelchen auf meinem Arm. Ich konnte uns beide kaum über Wasser halten, und der Sog der Wellen zog uns immer weiter aufs offene Meer hinaus. Verzweifelt schrie ich um Hilfe, und zum Glück hörten uns zwei junge Männer und kamen angeschwommen, um uns zu retten. An diese Situation erinnere ich mich heute zurück, wenn Anjas heftige Gefühlsstürme mich mitzureißen drohen. Dann stelle ich mir ihre Traurigkeit, ihre Freude und ihre Wut wie Wellen vor, denen wir uns gemeinsam stellen. Aber während Anja an meiner Hand beim Wellenreiten durchaus mal gefahrlos die Bodenhaftung verlieren darf, muss ich sichergehen, dass ich mit beiden Beinen fest auf dem Meeresboden stehe, um nicht von der Wucht der Wellen weggeschwemmt zu werden.«
Katharina

Extrovertiert oder introvertiert? Wo wir Kraft schöpfen

Gefühlsstarke Kinder haben viele Gemeinsamkeiten, und doch hat jedes mit seinen ganz eigenen Herausforderungen zu kämpfen. Manche sind mutig und energiegeladen, aber schüchtern. Andere sind wild und hochsensibel, aber auch voller Ängste. Und wieder andere Kinder zeigen ihre Gefühlsstärke vor allem in ihrem einfühlsamen, grüblerischen Wesen, tun sich aber schwer im sozialen Miteinander. Doch woher nehmen gefühlsstarke Kinder eigentlich die Kraft, mit all diesen widersprüchlichen und intensiven Emotionen umzugehen? Um diese Frage zu beantworten, ist es wichtig, die Persönlichkeit unseres Kindes noch ein wenig genauer unter die Lupe zu nehmen und uns zu fragen: Ist mein Kind mit all seinen starken Gefühlen eigentlich ein introvertierter Mensch? Oder eher ein extrovertierter Mensch?

Denn anders als sich dies in unserem alltäglichen Sprachgebrauch oft widerspiegelt, ist die Frage nach der Introvertiertheit oder Extrovertiertheit eines Menschen nicht einfach ein weiteres Persönlichkeitsmerkmal unter vielen. Sondern die Antwort auf die Frage, woraus eine Person eigentlich Kraft schöpft – und was sie Kraft kostet.

Extrovertierte Menschen sind also nicht nur fröhliche, kontaktfreudige Zeitgenossen. Sie *brauchen* auch Abenteuer und Interaktion mit anderen Menschen, um sich gut zu fühlen, und tanken in solchen Situationen Energie für die Herausforderungen des alltäglichen Lebens. Längere Zeiten ohne Austausch und Abwechslung kosten sie viel Kraft und sorgen dafür, dass ihnen irgendwann die Energie für den Alltag fehlt. Etwa 75 Prozent aller Menschen sind extrovertiert.

Introvertierte Menschen hingegen sind nicht einfach nur zurückhaltend oder schüchtern. Sie *brauchen* Ruhe und Rückzug, um sich zu regenerieren und die Kräfte zu sammeln, die sie für ihren Alltag brauchen. Ständig Reizen und sozialen Interaktionen ausgesetzt zu sein, kostet sie viel Energie und sorgt dafür, dass sie sich irgendwann regelrecht innerlich ausgebrannt fühlen. Nur etwa 25 Prozent aller Menschen sind introvertiert, weshalb sie oft das Gefühl haben, dass mit ihnen irgendetwas nicht stimme, weil sie so anders ticken als die meisten Menschen um sie herum.

Niemand kann sich aussuchen, ob er als introvertierter oder extrovertierter Mensch durchs Leben gehen will. Wie viele andere Charaktereigenschaften ist auch dieses Persönlichkeitsmerkmal in unseren Genen festgeschrieben. Deshalb ist es auch müßig, introvertierte Kinder zu mehr Extrovertiertheit erziehen zu wollen oder umgekehrt. Zumal keiner der beiden Grundcharaktere besser ist als der andere: Extrovertiert zu sein, hat im Alltag ebenso Vor- und Nachteile, wie introvertiert zu sein. Entscheidend ist, dass wir Wege finden, unsere inneren Kraftquellen zu nutzen, indem wir unser Leben so gut es geht unseren angeborenen Bedürfnissen nach Spannung und Ruhe, Gemeinschaft und Einsamkeit anpassen.

Im alltäglichen Familienleben mit einem gefühlsstarken Kind kommt dem Wissen um die unterschiedlichen emotionalen Energiequellen eines jeden Menschen noch einmal besondere Bedeutung zu. Denn das Leben mit so großen, so intensiven Gefühlen ist verflixt anstrengend – für das gefühlsstarke Kind selbst ebenso wie für seine Eltern und Geschwister. Umso wichtiger ist es, dass jeder in der Familie genügend Zugang zu seinen persönlichen Kraftquellen hat, an denen er oder sie die inneren Akkus wieder aufladen kann.

Um herauszufinden, wer in der Familie introvertiert und wer extrovertiert ist, sind im Normalfall keine komplizierten Persönlichkeitstests nötig – sowohl Kinder als auch Erwachsene spüren und zeigen meist sehr klar, welche Situationen sie anstrengen und in welchen sie lockerlassen und entspannen können. Wir müssen nur wieder lernen, diese Signale zu lesen.

Extrovertierte Menschen

- haben gerne Menschen um sich und genießen es, in größeren Gruppen unterwegs zu sein.
- haben ein starkes Bedürfnis danach, anderen von ihren Gefühlen und Erlebnissen zu erzählen.
- neigen dazu, laut zu denken.
- haben oft die Tendenz, besser erzählen als zuhören zu können.
- unterbrechen oft andere im Gespräch.
- fühlen sich schnell zurückgewiesen, wenn sie nicht Teil einer Gruppe sein dürfen.
- tun sich oft schwer damit, nachzuvollziehen, dass es Menschen gibt, die gerne allein sind, und spüren deshalb den starken Impuls, Einzelgänger mit ins Gruppengeschehen einzubinden.
- sehnen sich nach Wertschätzung und Anerkennung von anderen Menschen.
- haben oft Schwierigkeiten mit dem Alleinsein.
- schaffen sich oft künstlich eine Geräuschkulisse, wenn sie allein zu Hause sind, damit die Einsamkeit nicht in ihnen hochkommt.

Introvertierte Menschen

- sind oft stille und konzentrierte Beobachter.
- beschäftigen sich gerne mit sich selbst.
- haben oft nur einen sehr kleinen Kreis enger Freunde.
- verbringen ihre Freizeit am liebsten nur mit ihrer Kernfamilie.
- empfinden Besuch schnell als anstrengend und lang.
- machen die meisten Gefühle und Ereignisse des Tages am liebsten mit sich alleine ab.

- haben ein starkes Bedürfnis nach Privatsphäre.
- fühlen sich schnell bedrängt, wenn andere Menschen ihnen im Gespräch körperlich nahekommen.
- hören im Gespräch oft lieber zu, als selbst viel zu erzählen.
- öffnen sich nur ihren engsten Vertrauten gegenüber.
- brauchen oft einen Moment Bedenkzeit, bevor sie eine Frage beantworten können.
- können oft stundenlang in der Stille mit sich allein sein und fühlen sich danach erholt wie nach einem langen Schlaf.

Wichtig ist jedoch, sich klarzumachen, dass nicht das Verhalten eines Menschen *in einer konkreten Situation* Aufschluss über seine Introvertiertheit oder Extrovertiertheit gibt, sondern die Frage, wie es ihm *danach* geht. Hat ihn die Situation Kraft gekostet oder hat sie im Kraft gegeben? Das ist der entscheidende Punkt, den wir insbesondere in Hinblick auf unsere gefühlsstarken Kinder berücksichtigen müssen. Denn viele introvertierte gefühlsstarke Kinder sind durchaus offen, kontaktfreudig, redegewandt und suchen die Gesellschaft anderer Menschen – sind danach aber völlig erschöpft und brauchen dringend Zeit für sich allein, um wieder Kraft zu tanken. Umgekehrt gibt es auch schüchterne, zurückhaltende gefühlsstarke Kinder, die aber trotzdem dringend Gemeinschaft und Interaktion brauchen, um ihre Akkus wieder aufzuladen.

Gefühlsstarke Kinder zeigen oft besonders anstrengende Verhaltensweisen, wenn sie ihre innere Kraftquelle über längere Zeit nicht anzapfen konnten – entweder, weil im turbulenten Alltag dafür zu wenig Zeit war oder aber weil ihnen und ihren Eltern gar nicht bewusst war, dass ihr Kind zum Kraftschöpfen jetzt Ruhe und Rückzug oder aber Gemeinschaft und Action bräuchte. Herauszufinden, ob das eigene Kind extrovertiert oder introvertiert ist, ist deshalb ein erster wichtiger Schritt in ein entspannteres Leben mit gefühlsstarken Kindern, denn wenn ihre Akkus voll sind, können sie mit ihren starken Emotionen viel besser umgehen. Damit diese inneren Energiereserven im Alltag nicht so schnell verbraucht werden, ist es darüber hinaus hilfreich, gefühlsstarken Kindern ihr Temperament zu erklären und ihnen zudem konkrete Formulierungen beizubringen, mit denen sie im Alltag gut für sich sorgen können.

Sätze, die introvertierte Kinder von ihren Eltern hören wollen:

- »Jeder Mensch entspannt sich anders – du brauchst dafür Ruhe und Zeit mit uns zu Hause. Das ist ganz normal.«
- »Es ist schön, dass du gerne allein in deinem Zimmer spielst.«
- »Du denkst erst nach, bevor du sprichst. Das gefällt mir gut.«
- »Du suchst dir deine Freunde ganz genau aus und passt dann gut auf sie auf.«
- »Ich weiß, dass du Oma und Opa sehr lieb hast und es gleichzeitig anstrengend findest, sie für drei Tage am Stück hier zu haben. Was können wir tun, um dir den Besuch leichter zu machen?«

Sätze, die introvertierte Kinder zu sagen lernen sollten:

- »Lass mich darüber nachdenken.«
- »Ich will gerade kurz alleine sein.«
- »Können wir bitte eine Pause machen?«
- »Ich brauche gerade etwas Ruhe.«
- »Kann ich bitte an einem eigenen Tisch sitzen?«
- »Ich mag euch sehr, doch gerade brauche ich einen Moment für mich.«

Wie introvertierte Kinder Kraft tanken:

- beim Spielen und Entspannen im eigenen Zimmer,
- bei gemeinsamen Autofahrten auf der Rückbank,
- in Gesprächen in ruhiger Atmosphäre, bei denen ihr Gegenüber die volle Aufmerksamkeit für sie hat,

- im »Flow«, wenn sie völlig konzentriert in einer Aufgabe oder einem Spiel aufgehen.

Sätze, die extrovertierte Kinder von ihren Eltern hören wollen:

- »Dir tut es richtig gut, mit deinen Freunden zusammen zu sein!«
- »Du magst es gerne, wenn richtig was los ist.«
- »Es ist schön zu sehen, wie leicht es dir fällt, auf Menschen zuzugehen!«
- »Du sortierst deine Gefühle, indem du über sie sprichst.«
- »Ich weiß, dass es schwer für dich ist, allein in deinem Zimmer zu bleiben, während ich das Baby stille. Was können wir tun, damit du es trotzdem schaffst?«

Sätze, die extrovertierte Kinder zu sagen lernen sollten:

- »Ich mag gerne mitmachen.«
- »Können wir das zusammen erledigen?«
- »Hilfst du mir dabei?«
- »Spiel doch mit!«
- »Ich will dir was erzählen und brauche, dass du mir jetzt genau zuhörst.«

Wo extrovertierte Kinder Kraft tanken:

- beim Spielen und Toben mit anderen Kindern,
- durch wertschätzendes Feedback von vertrauten Menschen,
- bei spannenden und herausfordernden Aktivitäten und Abenteuern,
- bei ausführlichen Gesprächen über ihre Erlebnisse und Gefühle.

Und was ist mit uns?

Nicht nur unseren Kindern tut es gut, wenn wir ihre Kraftquellen kennen – auch wir Eltern profitieren von dem Wissen, wo und wie wir unsere Akkus wieder aufladen können, gerade im herausfordernden Alltag mit einem gefühlsstarken Kind. Für viele Mütter und Väter ist das Wissen, dass extrovertierte und introvertierte Menschen ganz verschiedene Dinge brauchen, um neue Kraft zu schöpfen, deshalb in mehrerer Hinsicht eine wichtige Erkenntnis. Sie hilft ihnen nicht nur, ihr Kind besser zu verstehen, sondern auch, besser für sich selbst zu sorgen. Besonders bedeutsam ist die Entdeckung der unterschiedlichen Kraftquellen introvertierter und extrovertierter Menschen für Familien, in denen die Persönlichkeitsstruktur von Mutter oder Vater und Kind sich stark unterscheiden. So ist es für viele introvertierte Elternteile so selbstverständlich, dass jeder Mensch Ruhe und Rückzug zum Runterkommen braucht, dass sie gar nicht auf die Idee kommen, dass sie ihrem offensichtlich erschöpften Kind mit einer erzwungenen Ruhepause im eigenen Zimmer überhaupt keinen Gefallen tun, weil es sich als extrovertierter Mensch beim Singen im Schulchor oder beim Kicken mit Freunden viel besser regenerieren könnte. Umgekehrt kommen extrovertierte Eltern oft schlicht nicht auf den Gedanken, dass ein Ausflug in den Zoo mit der gesamten Großfamilie *keine* tolle Geburtstagsüberraschung sein könnte – weil ihr introvertiertes Kind sich viel mehr über einen ruhigen Monopoly-Nachmittag zu Hause freuen würde. Das Wissen um die unterschiedlichen Bedürfnisse introvertierter und extrovertierter Menschen erklärt aber auch, warum sich Eltern im Alltag mit einem gefühlsstarken Kind oft so erschöpft und ausgebrannt fühlen: Extrovertierten Eltern fehlt es angesichts der Nähebedürftigkeit ihres Kindes häufig an der Freiheit, rauszugehen und unter Leute zu kommen – denn ein Abend mit Freunden ist für sie *die* Kraftquelle schlechthin. Introvertierte Eltern vermissen vor allem im Baby- und Kleinkindalltag hingegen oft die

Zeit für sich, ihren dringend benötigten Rückzug an einen Ort, an denen niemand an ihnen herumpatscht und zieht und zerrt, wie das kleine Kinder nun einmal häufig tun. Zu verstehen, welche unerfüllten Bedürfnisse hinter der eigenen Kraftlosigkeit stehen, kann deshalb auch für Mütter und Väter ein Anstoß sein, im Familienleben nach Wegen zu suchen, die eigenen Kraftquellen wieder vermehrt anzapfen zu können – ob im Rahmen häufigerer Verabredungen und kinderfreier Abende mit Freunden, oder in fest im Kalender eingetragenen Pausenzeiten, in denen jemand anderes die Verantwortung fürs Kind übernimmt, damit sich die Nerven in Stille und Einsamkeit erholen können.

Gefühlsstarke Berühmtheiten: Hans Christian Andersen

Ein armer, empfindsamer kleiner Junge, der die anderen Kinder der Stadt meidet, weil sie ihn ohnehin nur verspotten und er dann wieder rot wird und weinen muss: Der kleine Hans Christian, Sohn eines einfachen Schuhmachers, war ein einsames Kind. Am liebsten spielte er zu Hause mit einem Puppentheater, das sein Vater ihm gebaut hatte, und führte mit seinen Figuren kleine Stücke auf, die er sich selbst ausgedacht hatte. Sein Vater starb, da war er gerade elf Jahre alt, und seine Mutter sorgte sich sehr um die Zukunft ihres Sohnes. Beamter werden wollte er nicht, eine Schneiderlehre lehnte er ab – was sollte aus dem schmalen, zart besaiteten Jungen denn nur werden? Doch Hans Christian hatte einen Traum: Er wollte zum Theater! Er wollte singen, tanzen, spielen, vor allem aber: frei sein. Also ging er mit gerade einmal 14 Jahren allein nach Kopenhagen, wo er versuchte, sich als Schauspieler und Sänger durchzuschlagen – ohne Erfolg. Es fehlte ihm schlicht an Bildung: Hans Christian konnte zwar singen, aber weder richtig lesen noch schreiben. Also besuchte er zunächst eine Lateinschule – und litt Höllenqualen angesichts der Strenge und Unfreiheit, die er dort erfuhr: »Ein unterdrücktes Wesen auf der Schulbank war ich gewesen«, schrieb er später. Deshalb war für ihn nach dem Abitur auch klar: Zum Lehrer oder Beamten war er nicht geschaffen. Er wollte nun Dichter werden. Vor allem aber faszinierten ihn die Geschichten, die andere erdacht hatten und sich seit Generationen weitererzählten. Über 150 solcher Volksmärchen sammelte er, schrieb sie auf und wurde damit weltberühmt. Seine gefühlvollen Märchenerzählungen führten den ehemals bettelarmen Schusterjungen an Königshöfe und in prachtvolle Villen und sorgten dafür, dass er Frankreich, Italien, Griechenland, die Türkei und England bereisen konnte. Hans Christian, der in seinen ersten Lebensjahren oft so unglücklich gewesen war, genoss, sobald er seine Leidenschaft gefunden hatte, sein Leben bis zum Schluss. Er blieb zwar zeitlebens Junggeselle, pflegte aber tief gehende Freundschaften. »Nur eben zu leben ist nicht genug«, schrieb er einige Jahre vor seinem Tod, »man muss Sonnenschein und Freiheit zum Leben haben und eine kleine Blume, die man liebt.«

Verändern, ohne zu verletzen

Mein Sohn, meine Tochter ist ein gefühlsstarkes Kind – für viele Eltern bedeutet diese Erkenntnis zunächst eine große Entlastung. Denn mit dem Wissen um gefühlsstarke Kinder gehen zwei wichtige Wahrheiten einher: Wir Eltern sind nicht schuld. Und wir sind nicht allein.

Doch unsere Verantwortung wird dadurch, dass wir besser verstehen, wie unsere Kinder ticken, nicht kleiner. Denn ihre Gefühlsstärke ist zwar eine Erklärung für viele typische Verhaltensweisen und Schwierigkeiten – sie darf aber nicht zur Ausrede werden. In den USA ist dieses Phänomen teilweise zu beobachten: Da gehen Kinder über Tische und Bänke, bespucken ihre Lehrer, werfen Bücher auf Klassenkameraden, schubsen Spielkameraden von der Rutsche – und die Eltern stehen achselzuckend daneben und sagen: »Was sollen wir dagegen auch tun? Sie ist eben *spirited*!« Das ist auch der Grund dafür, dass der Terminus

»Spirited Children« in Nordamerika nicht nur Millionen Eltern entlastet hat, sondern betroffene Familien manchmal auch mit neuen Vorurteilen konfrontiert: »*Spirited*? Ist das nicht dieser Modename für Kinder, die einfach keine Grenzen kennen?«

Umso wichtiger ist es mir, an dieser Stelle ganz klar zu sagen: Gefühlsstärke ist eine besondere Ausprägung der Persönlichkeit, mit der etwa jedes siebte Kind zur Welt kommt – aber sie ist keine Entschuldigung für grenzüberschreitendes, verletzendes Verhalten. Denn, ja, gefühlsstarke Kinder tun sich häufig schwer damit, die Grenzen anderer Menschen zu respektieren und Regeln einzuhalten. Sie sind kleine Freigeister, das liegt in ihrem Naturell. Doch auch kleine Freigeister können lernen, sich in eine Gemeinschaft einzufügen – und zwar ohne dabei innerlich gebrochen zu werden. Genau vor diesem Spagat haben Eltern jedoch häufig große Angst: Wenn ein Kind so zart und verletzlich und gleichzeitig so wild und grenzüberschreitend ist – wie beschränke ich es dann, ohne es zutiefst zu verletzen? Oder anders gefragt: Wie kann ich mein Kind bedingungslos lieben und annehmen, so wie es ist, und gleichzeitig sein überschäumendes Temperament in sozialkompatible Bahnen lenken?

Für die Generation unserer Großeltern war klar: Eltern haben die Aufgabe, ihr Kind zu dem Menschen zu formen, der es einmal werden soll. Für unsere eigenen Eltern sah die Jobbeschreibung schon komplizierter aus: die Kinder auf den richtigen Weg bringen, aber auch Raum für individuelle Entfaltung lassen.

Und heute? Ist vielen von uns die Klarheit verloren gegangen, was Eltern eigentlich müssen, sollen und dürfen. Kein Wunder angesichts der vielen widersprüchlichen Botschaften übers Elternsein, die uns tagtäglich so erreichen!

Auf der einen Seite werfen Tyrannenapostel unserer Elterngeneration vor, viel zu lasch zu sein und uns von unseren Kindern auf der Nase herumtanzen zu lassen – für Eltern gefühlsstarker Kinder eine besonders verletzende Botschaft, weil sie wieder in die »Selbst-schuld«-Kerbe haut. Auf der anderen Seite begegnet heutigen Eltern vor allem in Internetforen, Blogs und sozialen Netzwerken immer wieder die Überzeugung, jeder Versuch, auf das Verhalten des eigenen Kindes Einfluss zu nehmen, sei letztlich eine Form von Gewalt und Machtmissbrauch. Zwischen diesen Extrempositionen zu navigieren und den eigenen Weg zu finden, ist für alle Eltern schwer – für die von gefühlsstarken Kindern jedoch ganz besonders. Denn ihre Kinder dienen schnell beiden Seiten als Beweis für ihre Thesen:

Guckt, so werden Kinder, wenn sie zu wenig Grenzen bekommen!

Guckt, so werden Kinder, wenn sie zu viele Grenzen bekommen!

Das Problem dabei: So wichtig und berechtigt die öffentliche Diskussion um Kinderrechte und Elternpflichten auch ist – die mit Verve vorgetragenen Vorwürfe an heutige Eltern von beiden Seiten des Spektrums schwächen Mütter und Väter nicht nur in ihrem Selbstvertrauen, sondern auch in ihrer Klarheit ihren Kindern gegenüber. Wer sich ständig fragt, ob er überhaupt das Recht hat, jetzt die Richtung vorzugeben, ist kein Leitwolf, sondern allenfalls ein unsicherer Hütehund. Und genau diese Unsicherheit spüren gefühlsstarke Kinder intuitiv nicht nur sehr schnell, sondern – natürlich – auch besonders intensiv. Besonders für jüngere Kinder ist das eine angsteinflößende Erfahrung: Wenn selbst meine starken, klugen Eltern orientierungslos sind – wie soll ich mich dann erst in dieser großen, chaotischen Welt zurechtfinden?

Eltern gefühlsstarker Kinder machen deshalb sowohl ihren Söhnen und Töchtern als auch sich selbst das Leben leichter, wenn sie sich nicht von Zweifeln zerfressen lassen, ob sie auch wirklich die Führung in ihrer Familie übernehmen und Erwartungen an ihre Kinder stellen dürfen. »Wir sind die Eltern – wir dürfen das!« – wer diese Haltung verinnerlicht hat, strahlt eine Klarheit aus, auf die Kinder, besonders die gefühlsstarken, deutlich reagieren. Denn genauso wie diese kleinen Emotionsseismographen jede Unsicherheit und jeden Zweifel in unserer Stimme herausfiltern, haben sie auch einen untrüglichen Sinn dafür, wann eine Grenze wirklich eine Grenze ist. Schaffen wir es, unseren Kindern gegenüber mit dieser inneren Klarheit gegenüberzutreten, brauchen wir keine Belohnungen und keine Strafen, keine Drohungen und kein Lautwerden, um unseren Punkt klarzumachen. Unsere natürliche Autorität genügt.

Natürliche Autoritäten für gefühlsstarke Kinder

Die autoritäre Erziehung, bei der Eltern ihre Kinder mit Angst und Druck gefügig machen, ist in unseren Breiten heute verpönt – zum Glück! Denn sie funktioniert zwar auf den ersten Blick, weil sie Kinder brav und gehorsam macht, sorgt aber auch dafür, dass diese als verängstigte Duckmäuser mit wenig Selbstbewusstsein und ohne sichere Bindungen heranwachsen.

Mit der autoritären Erziehung wollen viele Eltern jedoch die Idee von Autoritäten überhaupt, zu denen Kinder aufsehen, gleich mit verklappen. Schließlich ist es doch viel schöner, wenn Eltern und Kinder sich auf Augenhöhe begegnen – oder? Kommt drauf an. Wenn Erwachsene und Kinder sich auf einer Ebene, sozusagen von Mensch zu Mensch begegnen, ist dies uneingeschränkt positiv. Doch das bedeutet nicht, dass Eltern und Kinder innerhalb einer Familie stets auf Augenhöhe agieren könnten oder sollten. »Gleichwürdigkeit« nennt der Familientherapeut Jesper Juul dieses Prinzip, wonach alle in einer Familie dasselbe Recht auf Würde, aber trotzdem nicht die gleichen Entscheidungsrechte haben. Denn Kinder brauchen Erwachsene, die wissen, wo's langgeht, die ihnen Halt und Orientierung geben und die Verantwortung für die Beziehungen innerhalb der Familie übernehmen. Zu einem Erwachsenen aufzuschauen und sich an ihm zu orientieren, ist für Kinder keine demütigende, sondern eine bestärkende Erfahrung – wenn der Erwachsene diese Macht nicht missbraucht, um das Kind in seiner Würde zu verletzen. Ein solcher Erwachsener zu sein, zu dem ein Kind angstfrei und voll ehrlichem Respekt aufschauen und von dem es lernen kann – das ist es, was es bedeutet, »natürliche Autorität« innezuhaben. Diese Art der Führung findet sich in allen Kulturen rund um den Globus: Erwachsene geben die Richtung vor und vertrauen darauf, dass Kinder ihrem Beispiel folgen – und zwar nicht aus Angst vor Sanktionen, sondern aus einer tiefen Bindungssicherheit heraus. Genau diese von den Eltern vorgelebte Sicherheit, die auf einem tiefen Vertrauen in das eigene Vorbild und in die Kooperationsbereitschaft unserer Kinder fußt, fehlt insbesondere gefühlsstarken Kindern in unserer Kultur oft. Höchste Zeit also, sie wiederzuentdecken!

»Hausaufgaben waren mit Juri immer ein Riesen-Theater. Er tobte, er schrie, er zerriss sein halbes Arbeitsheft, er pfefferte seinen Füller in die Ecke, und irgendwann lagen bei uns allen die Nerven blank. Am Ende dieser Ausbrüche stand dann irgendeine halbseidene Lösung: Mal einigten wir uns darauf, dass er nur die Hälfte macht. Mal schrieb ich ein Wort für ihn, und dann wieder er eins, und dann wieder ich. Mal lobten wir für jede Zeile im Matheheft ein Bonbon als Belohnung aus. Mal schrieben wir ihm eine Entschuldigung, weil er uns so leidtat in all seiner Verzweiflung. Mal drohten wir mit Fernsehverbot, bis die Hausaufgaben erledigt wären. Und egal, was wir taten: Am nächsten Tag ging der Kampf wieder von vorne los.

Irgendwann nutzten wir das Angebot unserer Schule, mit einer Erziehungsberaterin zu sprechen. Nachdem wir ihr unser Leid geklagt hatten, fragte sie uns: »Wie kriegen Sie Ihren Sohn eigentlich dazu, jeden Tag die Zähne zu putzen?« Wir guckten sie verblüfft an: Zähneputzen war bei uns noch nie ein Thema gewesen. Es war einfach immer klar: Das gehört dazu. »Und Hausaufgaben? Gehören die auch dazu?«, fragte die Erziehungsberaterin. Da merkten wir, dass wir Juri gegenüber da in unserer Haltung total unklar gewesen waren. Klar wollten wir, dass er seine Aufgaben macht. Gleichzeitig waren wir aber auch unsicher, ob wir ihm damit nicht zu viel zumuteten. Wir waren genervt von all den Konflikten, irgendwie auch sauer auf die Schule, dass sie uns diesen Stress antat, und voller Mitleid uns selbst und unserem Sohn gegenüber – klar, dass Juri da spürte: Hier gibt es noch eine Menge Verhandlungsspielraum. Mama und Papa wissen selbst nicht genau, was sie wollen, hantieren mit Bonbons und Entschuldigungen und Fernsehverboten, und glauben selbst nicht, dass ich die Hausaufgaben einfach so mache. Insofern kooperierte er in gewisser Weise sogar mit uns: Er erfüllte unsere unbewusste Erwartungshaltung, dass das mit den Hausaufgaben sicher wieder ein Drama werden würde.

Nach dem Gespräch mit der Erziehungsberaterin sagten wir zu Juri: »Du hast jeden Tag Hausaufgaben auf, und wir erwarten von dir, dass du sie erledigst. Wir vertrauen darauf, dass du zu uns kommst, wenn du Hilfe brauchst. Viel Erfolg!«

Zunächst war Juri total verblüfft und natürlich probierte er auch gleich mal aus, was passiert, wenn er keine Hausaufgaben macht. Seine Lehrerin sagte klar: »Juri, ich erwarte von dir, dass du deine Hausaufgaben machst.« Wir Eltern sagten das gleiche. Mit innerer Ruhe und völliger Klarheit. Und Juri? Setzte sich hin und machte seine Hausaufgaben. Ohne Streit, ohne Geschrei. Fast wirkte er erleichtert, dass endlich alle wissen, was sie von ihm wollen.«

Marlene

Mit beiden Beinen auf dem Boden

Gefühlsstarke Kinder sind unstete Zeitgenossen. Ihre Stimmungen sind sprunghaft, ihre Launen flüchtig und ihr Wesen oft fahrig und unausgeglichen. Umso wichtiger ist es für sie, dass sie in ihren Eltern einen stabilen, verlässlichen Gegenpol finden. Doch ein solch beständiger Fels zu sein, ist gar nicht so einfach in einem Alltag, in dem es ständig drunter und drüber geht. Vor allem Eltern, die selbst ein sehr reiches, intensives Gefühlsleben haben, fühlen sich von dieser Rolle deshalb häufig überfordert und wehren sich gegen den Anspruch permanenter Stabilität: Wir sind schließlich Menschen, keine Maschinen – wie sollten wir uns da immer gleich verhalten? Und: Ist es für unsere Kinder nicht auch wichtig, uns authentisch mit all unseren unterschiedlichen Stimmungen und Gefühlen zu erleben?

Diese Abwehrreaktion verweist auf ein verbreitetes Missverständnis: Um Kindern Sicherheit und Stabilität zu vermitteln, müssen wir Eltern uns keineswegs immer gleich verhalten. Gefühlsstarke Kinder brauchen keine Roboter als Gegenüber, sondern Mütter und Väter mit echten Emotionen, mit denen sie eine echte Beziehung haben können. Entscheidend dafür, dass unsere Kinder uns als verlässlich erleben, ist, dass wir zeigen, was wir fühlen, und meinen, was wir sagen. Das ist die Sicherheit, nach der unsere Kinder suchen.

Das Geheimnis der Authentizität

Gefühlsstarke Kinder sind ein bisschen wie Lügendetektoren: Sie merken ganz genau, wenn etwas nicht stimmt. Sie sind schlicht so gut darin, unsere feinen Signale zu lesen und zu entschlüsseln, dass ihnen selbst die Gefühle nicht verborgen bleiben, die wir uns selbst kaum eingestehen wollen. Das kann im Alltag ganz schön anstrengend sein. »Mama, bist du traurig?« – vielen Eltern gefühlsstarker Kinder stellen sich bei einer solchen, an sich arglosen Frage die Nackenhaare auf. Der Grund: Gefühlsstarke Kinder stellen solche Fragen nicht ab und zu. Sondern ständig. »Mama, bist du müde? Bist du sauer? Bist du gestresst?« Eine abwiegelnde Antwort wird meist nicht akzeptiert. »Du siehst aber traurig aus, Mama. Oder müde? Irgendetwas *ist* doch!« »Es ist, als sei ich einer permanenten Inquisition ausgesetzt«, beschreibt die Mutter eines gefühlsstarken sechsjährigen Jungen das Phänomen. »Ständig soll ich mich erklären, rechtfertigen, meine Gefühle benennen. Habe ich denn kein Recht auf Privatsphäre mehr?« Natürlich können Eltern versuchen, die ständigen Fragen nach ihrem Befinden einfach nicht mehr zu beantworten. Respektvoller und zudem wirksamer ist es jedoch, zu verstehen, was für ein Bedürfnis hinter dieser Fragerei steckt – und warum gefühlsstarke Kinder es einfach nicht lassen können, die Gefühlswelten ihrer engsten Bezugspersonen auszuloten. Sie suchen nämlich schlicht nach einem authentischen Gegenüber, das es mitnimmt auf eine ehrliche Reise durch seine eigenen Emotionen – damit sie sich von ihm abschauen können, wie das geht: Gefühle haben und gut mit ihnen leben.

Unter Authentizität verstehen viele Eltern eine Art radikale Ehrlichkeit: Das Kind soll ungeschönt mitbekommen, was Mama und Papa fühlen und denken. Praktischerweise lassen sich so auch Schimpftiraden und eigene Wutausbrüche unter elterlicher Authentizität verbuchen – schließlich werden dabei ganz unverstellt starke Gefühle gezeigt. Allein: Mit der Authentizität, die unsere Kinder von uns brauchen und die sie bei uns suchen, haben derlei ungefilterte Aggressionen nichts zu tun. Im Gegenteil. Echte, hilfreiche Authentizität besteht darin, unseren Kindern einen Blick auf die Gefühle zu eröffnen, die hinter solchen Schnellschuss-Reaktionen stehen: unsere Scham, unsere Erschöpfung, unsere Hilflosigkeit zum Beispiel. Doch auch hier ist Vorsicht angebracht. Kinder neigen dazu, sich die Gefühlswelten ihrer Eltern zu eigen zu machen und sich für sie verantwortlich zu fühlen, und gefühlsstarke Kinder haben diese Tendenz ganz besonders stark. Das heißt: Wenn sie ständig wissen wollen, wie es uns geht, steckt oft auch das Gefühl dahinter, für unser Wohlergehen verantwortlich zu sein und sich sozusagen ständig absichern zu müssen: »Geht es Mama und Papa gut, oder muss ich irgendetwas für sie tun?« Zu guten Vorbildern in Sachen Gefühle werden wir deshalb für unsere Kinder, wenn wir ihnen unsere eigenen Emotionen zeigen – und gleichzeitig vorleben, wie wir selbst die Verantwortung dafür übernehmen:

- »Ja, ich bin gerade etwas traurig, deshalb rufe ich jetzt gleich mal meine Freundin an. Danach geht es mir immer besser.«
- »Du hast recht, mein Schatz, ich sehe gerade etwas müde aus. Letzte Nacht habe ich nicht so gut geschlafen. Heute Abend gehe ich deshalb früh ins Bett.«
- »Ja, mein Herz, ich bin gerade etwas angespannt, weil Papa und ich über ein paar schwierige Erwachsenensachen gesprochen haben. Aber keine Sorge, wir kriegen das zusammen hin!«

Besonders herausfordernd ist dieser ehrliche, gleichzeitig aber verantwortungsvolle Umgang mit unseren eigenen Gefühlen, wenn das Verhalten und die Fragen unseres Kindes selbst der Anlass für schwierige oder schmerzhafte Emotionen sind.

- »Papa, bist du genervt von mir?«
- »War ich wieder zu wild?«
- »Hättest du lieber ein anderes Kind als mich, das nicht immer so wütend wird und das gerne Hausaufgaben macht?«
- »Bist du traurig, dass ich so bin, wie ich bin?«

Viele Eltern spüren den Impuls, solche Fragen schnell wegzuwischen mit Worten wie »So ein Quatsch, natürlich nicht!«. Das

Problem dabei ist, dass gefühlsstarke Kinder extrem gut darin sind, feine Zwischen- und Untertöne unserer Gefühlswelten zu erspüren und den Finger in die Wunde zu legen – und natürlich merken sie auch, wenn wir versuchen, sie davon abzubringen. So kann es schnell passieren, dass sie für sich schlussfolgern: »Ich habe mit meiner Frage genau ins Schwarze getroffen. Deshalb wollte Papa auch nicht antworten, schließlich will er mir nicht weh tun.« So bestätigen wir unsere gefühlsstarken Kinder oft unbewusst in ihrem negativen Selbstbild, indem wir ihren Fragen ausweichen. Schwieriger, aber hilfreicher sind Antworten, die dem Kind zeigen, dass es seiner Wahrnehmung trauen darf – und trotzdem sicher sein kann, bedingungslos geliebt zu sein.

- »Nein, ich bin nicht böse auf dich. Ich bin traurig, dass wir uns heute so viel gestritten haben und dass ich dich nicht besser verstehen konnte.«
- »Ja, für mich war es heute ein anstrengender Tag. Ich habe manchmal einfach nicht so viel Energie wie du.«
- »Klar hätten wir es beide leichter, wenn du gerne Hausaufgaben machen würdest. Aber ich weiß, dass das für dich einfach schwierig ist. Leider schaffe ich es dabei auch nicht immer, so geduldig zu bleiben, wie ich es gerne wäre.«
- »Es stimmt, gerade bin ich genervt. Aber gleichzeitig bin ich immer, immer froh, dass genau du unser Kind bist.«

»So, wie wir heute mit unseren Kindern reden, so wird später ihre innere Stimme sein.«

Peggy O'Mara

Gut genug ist gut genug

Vielen betroffenen Eltern machen Beispielsätze wie diese, die zeigen sollen, wie eine achtsame, wertschätzende Kommunikation mit gefühlsstarken Kindern aussehen kann, unwillkürlich ein schlechtes Gewissen. Schließlich geht es in vielen Familien ganz anders zur Sache, weil der anstrengende Alltag einfach so viel Kraft kostet, dass irgendwann keine Ressourcen für Freundlichkeit mehr übrig sind. Wohl jede Mutter, jeder Vater eines gefühlsstarken Kindes kennt die Reaktion, irgendwann schlicht die Nerven zu verlieren und nur noch unkontrolliert herumzuschreien vor Wut, und Verzweiflung, und Frust. Alles andere wäre schier übermenschlich!

Die genannten Beispiele, die zeigen, wie ein anderer Umgang gerade mit gefühlsstarken Kindern aussehen kann, stellen deshalb keinen unerfüllbar hohen Standard dar, an dem ganz normale Eltern nur scheitern können – sie sollen vielmehr als Hilfestellungen dienen für Situationen, in denen sie selbst um wertschätzende Worte ringen. Dabei geht es weniger um die konkreten Formulierungen, die sich für manche vielleicht steif oder unnatürlich anfühlen mögen, als um die Haltung, die dahintersteht: Wie kann ich mit meinem Kind sprechen, ohne seine Integrität zu verletzen? Das kann ich selbstverständlich auch in meiner eigenen Alltagssprache tun und so, wie mir der Schnabel gewachsen ist – was zählt, ist, was mein Kind aus meinen Worten über sich und mich erfährt. Denn auch wenn es nahezu unvermeidbar ist, als Mutter oder Vater eines gefühlsstarken Kindes manchmal durch die Decke zu gehen: Jeder unkontrollierte Wutausbruch weniger ist für das Selbstwertgefühl unseres Kindes ein Gewinn. Der Grund: Gefühlsstarke Kinder haben oft ein besonders fragiles Selbstbild. Durch ihre eigene innere Zerrissenheit aufgrund der starken, vielschichtigen Emotionen tun sie sich nämlich oft sehr schwer damit, sich selbst als bedingungslos gut und richtig zu empfinden.

Also suchen sie die Antwort auf die Frage, wer und wie sie eigentlich sind, bei den Menschen, denen sie am meisten vertrauen: uns Eltern. Blöderweise tendieren sie aber dazu, unsere netten Alltagsfreundlichkeiten als weniger echt und authentisch einzustufen als unsere Wutausbrüche. Denn für gefühlsstarke Kinder gilt: Je stärker ein Gefühl, desto heftiger bricht es sich Bahn. Ein freundlich-beiläufiger Gute-Nacht-Kuss wiegt für sie also lange nicht so schwer wie ein wutschnaubendes Donnerwetter. So kommt es, dass sie teilweise immer heftigere Zornausbrüche bei ihren Eltern provozieren, immer auf der Suche nach einer Antwort auf die Frage: Wer bin ich, und bin ich liebenswert? So geraten Eltern und Kinder schnell in eine Spirale aus Verletzungen und Gegenverletzungen hinein, die beide ständig in ihrem negativen Selbstbild bestätigt. Kein Wunder, dass Erwachsene am Beginn einer Psychotherapie oft als Erstes herausarbeiten, welche Botschaften ihre eigenen Eltern ihnen in Konflikt- und Streitsituationen so an den Kopf geworfen haben: Aus ihnen setzt sich das verletzte Selbstbild ihres inneren Kindes zusammen. Für uns Mütter und Väter bedeutet das: Noch sind unsere Kinder nicht erwachsen, noch ist ihr Selbstbild im Werden begriffen. Was wir heute zu ihnen sagen – gerade, wenn es knallt, wenn es brennt, wenn es schwierig wird –, bestimmt, wie sie in Zukunft über sich und andere denken. Jedes Mal, wenn wir es schaffen, mit unserem Kind auch in einer schlimmen Situation respektvoll und wertschätzend umzugehen, stärken wir sein Selbstvertrauen und sein Selbstwertgefühl.

»Wir werden niemals perfekt sein in dem, was wir tun. Wir werden dich nicht perfekt erziehen, und wir sind nicht immer so gut darin, dir unsere Liebe zu zeigen, wie wir es gerne wären. Aber wenn du uns ansiehst, werden wir uns dir zeigen, wie wir wirklich sind. Und wenn wir dich ansehen, werden wir dich sehen. Mit unserem ganzen Herzen werden wir dich sehen, und dich lieben mit allem, was du bist.«

Brené Brown: The Wholehearted Parenting Manifesto, https://brenebrown.com/downloads/

VIERTES KAPITEL

Mit intensiven Gefühlen klarkommen lernen

Jedes Gefühl hat einen Namen

Wenn kleine Kinder sprechen lernen, sind sie darauf angewiesen, von uns Großen die Worte dafür an die Hand zu bekommen. Nur so kann der Tisch für sie zum Tisch und der Ball zum Ball werden, und nur durch Beobachtung und Imitation lernen sie die Bedeutung abstrakterer Begriffe wie etwa »Bitte« und »Danke« kennen. Besonders bedeutsam ist dieses Vorleben und Bezeichnen, wenn es darum geht, die Palette menschlicher Emotionen kennen zu lernen und zu benennen. Viele Kinder bekommen dabei von uns nämlich schlicht nicht die Worte an die Hand, die sie bräuchten, um uns einen Einblick in ihre komplizierten Gefühlswelten zu ermöglichen. Sie lernen nur: Wenn ich lächle und fröhlich bin, finden die Erwachsenen das gut. Wenn ich ernst, besorgt, traurig oder sauer bin, sagen die Großen hingegen: »Guck mal nicht so böse!« So entsteht bei vielen kleinen Kindern der Eindruck, es gäbe quasi nur zwei Gefühlszustände: Gut gelaunt und schlecht gelaunt, wovon der eine unbedingt erstrebenswert ist und der andere unerwünscht. Ironischerweise fordern dieselben Erwachsenen, die ihren Kindern so einen geringen Wortschatz für ihre Gefühlspalette an die Hand geben, dieselben Kinder einige Jahre später auf, ihre Konflikte »mit Worten statt mit Fäusten« zu lösen – als ob das ginge, wenn man nie gelernt hat, Wut von Enttäuschung, Eifersucht von Ärger, Traurigkeit von Abwehr zu unterscheiden.

Der erste Schritt, um gefühlsstarken Kindern im Umgang mit ihren intensiven Emotionen zu helfen, ist deshalb, gemeinsam mit ihnen aufzuschlüsseln, was für viele verschiedene Gefühle es überhaupt gibt und wie sie alle heißen. Eine hilfreiche Vorgehensweise dabei ist das so genannte Spiegeln, bei dem Erwachsene dem Kind in Worten die Gefühle rückmelden, die sie in ihnen gerade zu erkennen meinen. Das kann bereits in der Babyzeit beginnen:

»Oh, jetzt bist du gerade unzufrieden, weil du nicht an die Rassel herankommst, was? Das verstehe ich. Schau, ich schiebe dich ein Stück nach vorn. Jetzt hast du sie, da freust du dich aber!«

Bei Kleinkindern wird aus diesem monologartigen Kommentieren dann ein ehrlich interessierter Dialog:

»Jetzt bist du gerade enttäuscht, dass Luca dich nicht mit seinem Feuerwehrauto spielen lassen willst, oder?«

»Dass Mama jetzt gerade Paula stillt, statt mit dir zu lesen, macht dich eifersüchtig, oder?«

Auf diese Weise lernen Kinder, sowohl beglückende als auch bedrückende Gefühle differenziert wahrzunehmen und – später – auch selbst zum Ausdruck zu bringen.

»Ich fühle mich gerade bedrängt«, »Ich fühle mich unausgeglichen«, »Ich fühle mich überfordert« – vielen Menschen ist der Gedanke, dass ein Kindergarten- oder Grundschulkind sich so ausdrücken könnte, trotzdem irgendwie suspekt. Klingt das nicht ein bisschen steif, hochgestochen, erwachsen für ein Kind? Dass das viele so empfinden, liegt schlicht daran, dass es in unserer Kultur unüblich ist, mit Kindern so differenziert über ihre Gefühle zu sprechen, und dass wir deshalb wenige Kinder kennen, die uns offen ins Gesicht sagen, dass sie sich gerade reizüberflutet oder besonders verletzlich fühlen. Doch es liegt an uns, diese Kultur zu ändern und unseren Kindern für die bunte Palette ihrer intensiven Emotionen die entsprechenden Namen an die Hand zu geben.

Die Sache mit dem Spiegeln

Gefühle erkennen und Gefühle benennen – das sind die wichtigen ersten Schritte, damit Kinder lernen können, mit ihren intensiven Empfindungen umzugehen. Indem wir Eltern ihnen unseren Eindruck ihrer Gefühlswelten mit Worten zurückspiegeln (»Du bist ja aufgeregt gerade!«), geben wir ihnen dafür sozusagen das Werkzeug in die Hand. Es gibt dabei nur eine Schwierigkeit: Wir können unserem Kind immer nur das Gefühl zurückspiegeln, das wir gerade wahrnehmen. Und damit liegen wir manchmal auch ganz schön daneben. Denn so gut wir unser Kind auch kennen mögen – unsere Wahrnehmung seiner Emotionen ist immer von unserem eigenen Gefühlszustand, unserer eigenen Einschätzung der Situation beeinflusst. Und so passiert es immer wieder, dass wir Eltern unbeabsichtigt und unbewusst unsere eigenen Ängste und Unsicherheiten auf unsere Kinder projizieren und ihnen so lange spiegeln, dass sie furchtbar Angst vor der Klassenfahrt haben, bis unser auf Kooperieren geeichter Nachwuchs unsere Gefühle als die seinen annimmt und so tatsächlich Ängste und Unsicherheiten spürt, die eigentlich unsere sind. Aus diesem Kreislauf auszusteigen, ist gar nicht so einfach. Was dabei hilft, ist jedoch, in die Gefühlsregungen unserer Kinder möglichst wenig hineinzuinterpretieren und sie stattdessen wertfrei zu beschreiben: »Du wirkst gerade sehr angespannt auf mich!« lässt einem Kind viel mehr Raum, seinen eigenen Empfindungen Ausdruck zu verleihen, als ein vorschnelles »Du willst sicher wieder nicht in den Kindergarten«. Wichtig ist außerdem, sämtliche Spiegelungen als fragende These in den Raum zu stellen anstatt als absolute Wahrheit, und auf jede Regung von Widerstand zu achten, wie dieser beispielhafte Dialog mit einem zweijährigen gefühlsstarken Kind zeigt:

»Du wirkst gerade wütend auf mich, kann das sein?«
Unwilliges Kopfschütteln.
»Ach, du bist gar nicht wütend? Bist du vielleicht traurig?«
Kopfschütteln.
»Es geht dir jedenfalls gerade nicht so gut, oder?«
Zögerliches Nicken.
»Magst du mir sagen, warum du dich nicht gut fühlst?«

»Auto.«
»Ach, du wolltest heute morgen dein Auto mit in die Kita nehmen?«
Nicken.
»Und ich habe nein gesagt.«
Stürmisches Nicken mit Tränen in den Augen.
»Und deshalb bist du jetzt enttäuscht und auch ein bisschen sauer auf mich.«
Heftiges Nicken.
»Das verstehe ich gut.«

Kinder, die in ihren Gefühlsregungen so ernst genommen und begleitet werden, entwickeln dadurch nach und nach die Fähigkeit, das Durcheinander der Emotionen in ihrem Inneren zu sortieren und zu erkennen, *was* sie gerade eigentlich alles genau empfinden und *warum* sie gerade so aus der Balance geraten sind – und das ist die Grundvoraussetzung dafür, den eigenen Gefühlshaushalt regulieren zu lernen.

Selbstregulation statt Selbstkontrolle

»Nun reiß dich mal zusammen!« – fast alle von uns kennen diesen Satz aus ihrer eigenen Kindheit, ebenso wie seinen kleinen Bruder »Nun stell dich nicht so an!«. Diese Aufforderungen zeigen, wie die typischen Emotionsausbrüche gefühlsstarker Heranwachsender bis vor wenigen Jahren hierzulande meist angesehen wurden: als mangelnde Selbstkontrolle. Wer sich im Griff hat, so die dahinter stehende Ansicht, der macht seinen Stress und seinen Frust mit sich ab, anstatt seine Umwelt mit übertriebenen Gefühlsäußerungen zu belästigen.

Und tatsächlich haben viele heutige Eltern und Großeltern genau das verinnerlicht: Es gibt gute, erlaubte Gefühle, die wir zeigen dürfen. Und dunkle, verbotene Gefühle, die wir unterdrücken müssen, um liebenswert zu sein. Wie schädlich diese Botschaft ist, davon können all die Therapeuten ein Lied singen, die heute erwachsenen Menschen mühsam dabei helfen, wieder Zugang zu ihrer gesamten Gefühlspalette zu bekommen, auch zu jener Eifersucht, Angst und Verzweiflung, die sie seit vielen Jahren unterdrückt haben. Denn das Problem mit Gefühlen ist, dass wir sie nicht einzeln herunterdimmen können – sondern nur alle zusammen. Und das heißt: Klar können Menschen lernen, ihre Emotionen so im Griff zu haben, dass sie ihre eigenen inneren Regungen kaum noch spüren. Aber dann nehmen sie eben nicht nur ihrer Wut, ihrer Traurigkeit oder ihrer Angst die Spitze, sondern regeln auch ihre Begeisterungsfähigkeit, Leidenschaft und Freude auf ein Minimum herunter. Der Preis für große Selbstkontrolle ist also ein Gefühlsleben, das so flach ist wie die norddeutsche Tiefebene: kleine Hochs, kleine Tiefs, und vor allem viel plattes Land. Kein Wunder, dass bei Menschen, die gelernt haben, ihre eigenen Gefühle so zu unterdrücken, die Wahrscheinlichkeit steigt, irgendwann in ihrem Leben an Burnout oder Depressionen zu erkranken. Einige Betroffene versuchen, ihre innere Leere mit Alkohol, Drogen und anderen Suchtmitteln zu übertünchen, andere zieht es zu Extremsportarten, weil nur noch der totale Adrenalinkick zu einem echten Glücksgefühl führt.

Um solche Entwicklungen bei unseren gefühlsstarken Kindern zu vermeiden, ist es wichtig, dass wir Eltern neue Wege finden, ihnen einen gesunden, sozialverträglichen Umgang mit ihren überschäumenden Emotionen beizubringen. Kurz: Sie sollen lernen, sich selbst zu regulieren. Denn während Selbstkontrolle bedeutet, die eigenen Impulse zu unterdrücken, bedeutet Selbstregulationsfähigkeit, die Ursache hinter den eigenen emotionalen Reaktionen zu verstehen, um dann nach einem Weg zu suchen, das eigene aufgewühlte Nervensystem wieder in die Ruhe zu führen.

»Es gibt ja kein Alter, in dem man alles so irrsinnig intensiv erlebt wie in der Kindheit. Wir Großen, die doch selbst einmal Kinder gewesen sind, sollten uns daran erinnern, wie das war.«

Astrid Lindgren

Gefühlsstarke Berühmtheiten: Mayim Bialik

Als Kind jüdischer Immigranten in den USA war der kleinen Mayim schon im Kindergartenalter bewusst, wie viel Schmerz und Leid das menschliche Leben bereithalten kann. Erzählungen von Verfolgung und Tod waren so untrennbar mit ihrer Familiengeschichte verknüpft, dass sie die großen, dunklen Gefühle vor den hellen entdeckte. Vor allem aber waren ihre Gefühle immer sehr groß und sehr roh: Als Schülerin war es Mayim unverständlich, wie andere Menschen durch den Tag gehen können, ohne ständig in Tränen auszubrechen – sei es vor Freude oder auch vor Glück. Das sensible, grüblerische, außerordentlich kluge Mädchen war in der Schule eher eine Außenseiterin. Dass sie spät in die Pubertät kam und sich erst als junge Erwachsene allmählich für das andere Geschlecht zu interessieren begann, trug dazu bei. Gleichzeitig hatte Mayim jedoch bereits als junger Teenager eine eigene Fernsehshow, *Blossom*, und lebte so in dem verrückten Spannungsfeld, einerseits ein Kinderstar, andererseits ein unsicheres, ständig von ihren eigenen Gefühlen überwältigtes Schulmädchen zu sein. Deshalb verabschiedete sie sich als junge Frau zunächst auch von Hollywood und studierte stattdessen Neurobiologie, promovierte, bekam zwei Kinder und kehrte in der Rolle der Amy in der Erfolgsserie *The Big Bang Theory* ins Fernsehen zurück. Heute nutzt sie die Kraft ihrer starken Gefühle nicht nur, um ihre Rolle im Fernsehen mit Leben zu füllen – sie schreibt auch Bücher, macht sich als überzeugte

Veganerin öffentlich für den Tierschutz stark und nutzt ihre Bekanntheit, um sich für gewaltfreie Erziehung einzusetzen. Darüber hinaus hat sie mit »Grok Nation« eine eigene Online-Community gegründet für Menschen, die die Welt mit der Kraft der Empathie verstehen wollen. »Lange Zeit empfand ich meine starken Gefühle als Schwäche, weil sie so vielen Menschen unangenehm waren – nicht zuletzt mir selbst«, erklärt sie in einem der vielen Videos auf ihrem YouTube-Kanal. »Und ja: Es ist anstrengend, permanent so viele so große Gefühle zu haben. Aber heute empfinde ich mein starkes Gefühlsleben als meine persönliche Superkraft.«

Achtung: Stress!

Wie gut wir uns fühlen, wie leistungsfähig wir sind, wie cool wir mit Belastungssituationen umgehen können: All das ist letztlich eine Frage unserer Hirnchemie. Optimalerweise beefindet sich unser Gehirn im ganz normalen Alltag in einem entspannten Grundzustand, weil es von den Herausforderungen des täglichen Lebens weder unter- noch überbeansprucht wird. In der Folge ist der Neocortex, also der rationale, planerische Teil unseres Gehirns, fit und handlungsfähig und in guter Verbindung mit dem limbischen System, das unsere Gefühlswelten regelt. Auch der Hypothalamus, also der Hirnstamm, der die Basisfunktionen unseres Körpers regelt, ist im Ruhemodus: Sein eingebauter Gefahrendetektor wittert keine stärkere Bedrohung, die ihn in Alarmbereitschaft versetzen würde. Deshalb können Menschen in diesem Grundzustand mit den kleinen Stresssituationen des täglichen Lebens auch gut umgehen: Der rationale Teil des Gehirns beruhigt den emotionalen Teil mit der Kraft der Fakten und der Vernunft, und der emotionale Teil macht den rationalen empfänglich für die Selbstfürsorge, die jetzt nötig ist. So fährt sich das kurzzeitig erregte Nervensystem schnell selbst wieder in den entspannten Ruhemodus – ohne dass der Hypothalamus groß aktiv werden muss.

Zu viel Stress kann dieses empfindliche Gleichgewicht jedoch schnell aus der Balance bringen. Dann springt der Hypothalamus in den urzeitlichen »Kampf-oder-Flucht«-Gefahrenmodus, der im limbischen System die dafür wichtigen Reaktionen Panik und Aggression aktiviert und den rationalen Neocortex erstmal lahmlegt – er wird schließlich weder fürs Wegrennen noch fürs Draufhauen gebraucht. Das erklärt auch, warum wir alle in Stresssituationen solche Schwierigkeiten haben, klar zu denken oder vernünftig zu handeln und stattdessen eher schreien und toben: Das ist das Reptilienhirn im Überlebensmodus.

Die große Schwierigkeit ist nun, dass gefühlsstarke Kinder aufgrund ihrer besonderen Hirnchemie über sehr wenig intrinsische Stressresistenz verfügen und dementsprechend schnell in den »Kampf-oder-Flucht«-Modus verfallen. Ja, viele stehen sogar durch die Belastungen des ganz normalen Alltags unter so einem Dauerstress, dass für ihr Gehirn die permanente Alarmbereitschaft zum Dauerzustand wird. Typische Anzeichen dafür sind erratische Wutanfälle, große Schreckhaftigkeit, Schwierigkeiten beim Einschlafen, Stottern und Wortfindungsstörungen, aggressives Verhalten sowie das typische »Nicht-Hören«, das von vielen Erwachsenen als bewusstes Ignorieren gedeutet wird, in Wirklichkeit jedoch ein uralter Überlebensmechanismus ist: Im Alarmzustand findet im Mittelohr des Kindes eine Dämpfung der Schallübertragung statt, der sogenannte Stapedius-Reflex, wodurch es menschliche Stimmen kaum noch hören kann, dafür aber tiefere Töne besonders gut wahrnimmt – also das Knurren von Löwen, Tigern und Bären. Das zeigt, wie alt diese Wirkmechanismen sind, die das Verhalten und Empfinden unserer gefühlsstarken Kinder noch heute prägen: Streiten wir uns mit ihnen wegen der Hausaufgaben, schaltet ihr Hirn in einen Modus, der vor steinzeitlichen Säbelzahntigern schützt!

Die schnöde Wahrheit ist: So lange sich unser Kind in diesem emotionalen Alarmzustand befindet, können wir Eltern uns auf den Kopf stellen – wir werden es mit unseren Worten und Erklärungen nicht erreichen. Egal, ob streng oder verständnisvoll, laut oder leise: Wir werden nicht zu ihm durchdringen, weil sein Neocortex gerade nicht arbeitsfähig ist. Im blödesten Fall verschlimmern wir dadurch die Lage sogar noch, weil wir unser ohnehin schon völlig stresshormonüberflutetes Kind durch unsere Lautstärke oder die Schärfe in unserem Tonfall noch *zusätzlich* stressen und es damit immer weiter hineintreiben in seinen Zustand panischer Verzweiflung.

Es ist deshalb unbedingt notwendig, dass wir verstehen: Hinter den allermeisten schwierigen Verhaltensweisen und heftigen Gefühlsausbrüchen gefühlsstarker Kinder steckt schlicht und einfach: *Stress*. Viel zu viel Stress. Und der einzige Weg da raus und hin zu mehr Selbstregulation ist, diesen Stress dauerhaft zu verringern – sowohl durch Soforthilfe in der akuten Stresssituation als auch durch längerfristige Strategien.

Der Notausgang, der immer offen ist

Das größte Problem für gefühlsstarke Kinder ist, wie schnell sich ihr Gehirn in Alarmbereitschaft versetzen lässt, in der alle sorgsam eingeübten Selbstregulationsstrategien versagen. Weil wir Eltern unsere Kinder in diesem Stresszustand mit Worten und Erklärungen nicht mehr erreichen können, haben viele Mütter und Väter das Gefühl, dass ihnen ihr Kind in diesen Momenten regelrecht entgleitet und sie keine Chance mehr haben, mit ihm in Kontakt zu treten. Doch dem ist zum Glück nicht so: Wir Eltern haben immer die Möglichkeit, uns mit unseren Kindern zu verbinden. Denn das Band zwischen uns und unseren gefühlsstarken

Söhnen und Töchtern ist so stark, dass keine noch so heftige Gefühlsregung es einfach kappen kann. Doch weil der rationale Teil des Gehirns unseres Kindes im Zustand höchster Stressbelastung nicht mehr ansprechbar ist und auf all unsere Worte und Erklärungen nicht reagieren kann, müssen wir in diesen Momenten auf andere Weise in Kontakt treten: durch nonverbale Kommunikation. Denn auch ein Kind, das vor lauter Erregung keine Worte und Sätze mehr versteht, reagiert intuitiv auf die Körpersprache seiner vertrauten Bezugspersonen, auf deren Blicke und Gesten. Und während laute, scharfe Äußerungen und hektische, aggressive Gesten ihren inneren Stresspegel immer weiter in die Höhe treiben, ist jedes leise, freundliche Wort, jeder verständnisvolle Blick, jedes sachte Streicheln für sie wie ein Rettungsring im Strudel der Emotionen. Die Spiegelneuronen laufen in solchen Momenten nämlich auf Hochtouren und sorgen dafür, dass das Kind die Emotionen seines Gegenübers genauso stark fühlt wie seine eigenen. Trifft da Stress auf Wut und Wut auf Stress, eskaliert die Situation schnell komplett. Ein ruhiges Gegenüber bringt jedoch ganz unmittelbar auch Gelassenheit, Halt und Sicherheit in das aus der Balance geratene kindliche Gehirn und regt das zentrale Nervensystem dazu an, tiefer zu atmen, die Muskeln zu entspannen, lockerzulassen und sich nach und nach zu beruhigen. Wir Eltern können unser Kind also immer emotional erreichen, auch dann, wenn es uns weit weg zu sein scheint. Den Effekt merken wir jedoch nur, wenn wir uns von den überschäumenden Gefühlen unseres Kindes nicht mitreißen lassen, sondern ihm im Gegenteil über seine Spiegelneuronen eine Art Notausgang aus seinem Gefühlsdurcheinander zukommen lassen – indem wir seiner aufgewühlten Verzweiflung Empathie und Ruhe entgegensetzen.

»Die wichtigste Erkenntnis ist, dass ein Kind durch Regulierung von außen die Fähigkeit zur Selbstregulierung entwickelt. Ein Kind zu regulieren ist dabei nicht dasselbe wie das Ausüben von Kontrolle über ein Kind. Vielmehr geht es darum, die Erregungszustände des Kindes zu lenken, bis es selbst dazu in der Lage ist.«

Dr. Stuart Shanker, Professor für Philosophie und Psychologie

Mein armes, überreiztes Kind

Doch wie schaffen wir es, selbst diese Empathie und Ruhe auszustrahlen? Wenn das eigene Kind wütet, schreit, schimpft und tobt, brennen schließlich oft auch bei uns Eltern alle Sicherungen durch. Weil diese permanenten Wutanfälle einfach so anstrengend sind. Und so peinlich. Und so unnütz.

Der erste Schritt, unser Kind da durch begleiten zu können, ist deshalb, sich klarzumachen: So grundlos nervig uns diese Wutanfälle auch erscheinen mögen – unser Kind kann nichts dafür.

Es *beschließt* nicht, sich vor Wut überhaupt nicht mehr einzukriegen. Es *plant* nicht, uns damit zu ärgern.

Es *nimmt nicht in Kauf*, dass uns der ganze Supermarkt beobachtet. Es *will* uns nicht bloßstellen.

Denn all diese Annahmen würden eine *bewusste Entscheidung* voraussetzen – und die kann ein Kind nicht treffen, das gerade völlig von seinen eigenen Emotionen überwältigt wird. Ob uns der Grund dafür einleuchtet oder nicht, ist übrigens völlig egal: Die Verzweiflung darüber, dass es kein zweites Eis gibt, ist für ein gefühlsstarkes Kind genauso schlimm und schmerzhaft und real wie die Trauer über den Tod eines Haustiers. Da zu unterscheiden zwischen legitimen und illegitimen Gründen für solche starken Gefühle, geht völlig am Punkt vorbei. Das Kind hat sich ja nicht ausgesucht, so heftig emotional gebeutelt zu sein – es *ist* es einfach. Und braucht, um wieder ruhig zu werden, ein erwachsenes Gegenüber, das genau diese Ruhe ausstrahlt. Geduldig. Freundlich. Stoisch. Wie wir das schaffen, so zu sein? Indem wir uns klarmachen, dass unser Kind in diesem Moment ein Baby ist. Ein kleines, schutzloses, verzweifeltes Baby. Auch wenn es vielleicht schon zwölf Jahre alt ist: in diesem Moment verfügt es nicht über mehr Selbstregulationsfähigkeit als damals, im Alter von drei Wochen, als wir es abends auf dem Arm durch die Wohnung trugen, weil es weinte und wir nicht wussten, wieso. Auch damals konnten wir unser Kind mit unseren Worten nicht erreichen, und mit keiner Erklärung der Welt beruhigen. Wir mussten uns auch nicht damit aufhalten, zu erforschen, ob der Grund des Weinens nun die Heftigkeit dieser Reaktion rechtfertigte oder nicht. Nein: Wir waren einfach da, weil unser Baby uns brauchte, und es wäre uns nicht im Traum eingefallen, böse auf es zu sein, weil es seinen Schmerz in die Welt hinausschrie. Da war nur der Impuls, es zu trösten. Und genau an diesen Ort müssen wir jetzt wieder kommen, wenn unser drei- oder sieben- oder neun- oder dreizehnjähriges gefühlsstarkes Kind trobt und brüllt und schreit. Dabei müssen wir, wie der Psychologieprofessor Dr. Stuart Shanker in seinem Buch *Das überreizte Kind* so treffend beschreibt, lernen auszublenden, *was* unser Kind genau sagt, und stattdessen darauf hören, *wie* das Kind es sagt. »Wir sind es so sehr gewohnt, Sprache als wichtigstes Kommunikationsmittel zu betrachten, dass wir nur auf die Worte des Kindes, nicht aber auf seine Stimme hören. Aber wenn uns das gelingt, ... dann hören wir die Signale eines völlig gestressten Kindes, das verbal um sich schlägt«, schreibt Shanker. Konkret heißt das: Wenn unser gefühlsstarkes Kind vor lauter Wut mit schlimmsten Beleidigungen und groben Schimpfworten verbal so richtig austeilt, tun wir ihm und uns einen großen Gefallen, wenn wir uns davon weder verletzen noch provozieren lassen, sondern stattdessen ganz ruhig bleiben und die Verzweiflung hinter der Schimpftirade sehen.

Unser Kind meint nicht, was es da sagt. Deshalb ist es ist auch völlig egal, was es gerade schreit. Es weint, wie ein Baby weint. Es zeigt uns seinen Stress. Das ist alles, was jetzt wichtig ist. Und wenn sich die Wogen dann gegeglättet haben – und das werden sie, wenn wir jetzt ruhig und empathisch bleiben, statt selber laut zu werden –, dann erkennen gefühlsstarke Kinder meist von selbst, was für Unwahrheiten sie da in die Welt geschrien haben, und spüren den inneren Impuls, sich zu entschuldigen.

Was gefühlsstarke Kinder stresst

Gefühlsstarke Kinder nehmen die Welt um sie herum mit allen Sinnen besonders intensiv wahr. Das bedeutet, dass auf ihr Gehirn viel mehr starke Reize einstürmen, die alle verarbeitet und einsortiert werden wollen, und die häufig mit starken und teils widersprüchlichen emotionalen Regungen einhergehen. Denn während weniger reizoffene Menschen ihre Sinneseindrücke ganz automatisch filtern und sich so effektiv vor Reizüberflutung schützen, fehlt gefühlsstarken Kindern diese Schutzfunktion: Auf sie strömen einfach alle Sinneswahrnehmungen ungefiltert ein. Besonders schwierig daran ist, dass gefühlsstarke Kinder diese starken Reize einerseits genießen und deshalb bewusst danach suchen, andererseits aber auch schnell darunter leiden, dass ihnen alles über den Kopf wächst. Anders als viele hochsensible Kinder, die sich intuitiv vor Reizüberflutung zu schützen versuchen, verstecken sich gefühlsstarke Kinder also nicht im Jahrmarktgetümmel und machen im Kino nicht einfach die Augen zu, wenn ihnen alles zu viel wird. Im Gegenteil: Sie springen mitten hinein ins

Leben, reißen die Augen auf, saugen alle Eindrücke in sich ein – und kommen dann von einem Moment auf den anderen nicht mehr damit klar, all diese Sinneswahrnehmungen zu verarbeiten, und ticken völlig aus. Deshalb können sich Eltern gefühlsstarker Kinder leider nicht darauf verlassen, dass ihr Kind schon selbst spürt, wie viele Reize es gut verarbeiten kann und wann es zu viel ist. Diese Grenze immer wieder zu übertreten, liegt geradezu im Wesen gefühlsstarker Kinder. Natürlich können sie lernen, die Warnsignale zu erkennen und sich vor Reizüberflutung zu schützen. Doch dafür müssen wir Eltern erst einmal selbst herausfinden, was unsere Kinder alles stressen kann.

Typische Stressfaktoren im Alltag für gefühlsstarke Kinder sind:

Unangenehme Reize am eigenen Körper

- Klamotten, die nicht fest oder weich genug sind oder nicht locker oder eng genug sitzen
- Haarbänder und Spangen, die ziepen und drücken
- Bündchen, die einschneiden oder Druckstellen hinterlassen
- Cremes und Lotionen, die ein unangenehmes Gefühl auf der Haut hinterlassen
- Stark aromatisierte Zahnpasta, die im Mund brennt
- (Haus-)Schuhe, die das natürliche Gangmuster einschränken

Visuelle Reize

- laute, grelle, »schreiende« Farben im Kinderzimmer oder Klassenraum
- unruhige Muster (z.B. auf der eigenen Bettwäsche)
- viel unübersichtliches Spielzeug in allen Formen und Farben
- Chaos und Unordnung als optische Belastung
- flackerndes Licht (z.B. durch Neonröhren oder Energiesparlampen)

- kleine Lichter in der Dunkelheit (z.B. von der Stereoanlage)
- schnelle Schnittfolgen in Filmen oder Fernsehsendungen

Akustische Reize

- mehrere, durcheinandergehende Unterhaltungen
- hohe Lautstärke (etwa im Klassenzimmer)
- laute Musik mit vielen Bässen (etwa bei öffentlichen Veranstaltungen)
- ständige Hintergrundgeräusche im häuslichen Alltag (zum Beispiel durch Fernseher oder Radio, aber auch durch Geschirrspüler, Trockner u.s.w.)
- Verkehrslärm

Starke Gerüche

- der Geruch viel getragener Schuhe im Eingangsbereich
- ungelüftete Räume
- stark riechende Lebensmittel
- künstliche Aromen von Raumerfrischern und Duftbäumen
- bestimmte Putzmittel und Seifen
- Mülltonnen

Emotionale Reize

- Schimpfen und Meckern miterleben
- Unruhe und Drängeln erfahren
- passiv-aggressive Vorwurfshaltung spüren
- demonstratives Selbstmitleid erleben
- Schmallippigkeit begegnen
- Doppelbotschaften (»Es ist nichts«) hören
- unkontrollierte Wut und Aggression erleben oder mitansehen müssen
- emotionale Verletzungen erleben oder mitansehen müssen
- das Unglück eines anderen Menschen spüren und nichts tun können

Abweichungen von vertrauten Routinen

- Übernachtungen außer Haus
- Besuch, der über Nacht bleibt
- Urlaub an einem fremden Ort
- neue Orte, neue Sprachen
- wenn Mama oder Papa allein verreisen
- Umzüge
- Gruppenwechsel in Krippe oder Kindergarten
- Umräumaktionen und neue Möbel
- Ausnahmen sowie jeder Bruch mit vertrauten Regeln und Ritualen

Einen gesunden Umgang mit Stress lernen

Angesichts dieser langen Liste möglicher Stressfaktoren ist es nur allzu verständlich, dass sich viele Eltern gefühlsstarker Kinder fragen, wie um alles in der Welt sie da eine Chance haben sollen, ihr Kind vor permanenter Reizüberflutung zu schützen. Schließlich gehören viele der genannten Eindrücke ganz selbstverständlich zu unserem Leben dazu. Umso wichtiger ist es, zu wissen: Nicht jeder Punkt auf dieser langen Liste stresst jedes gefühlsstarke Kind gleichermaßen. Vielmehr können Eltern mit den Stichpunkten im Hinterkopf schauen, welche Stressfaktoren für *ihren* Alltag mit *ihrem* Kind eine signifikante Rolle zu spielen scheinen – es werden längst nicht alle sein. Darüber hinaus ist es wichtig, sich klarzumachen, dass es nicht der Job von uns Eltern sein kann, sämtliche Stressfaktoren aus dem Leben unserer gefühlsstarken Kinder zu eliminieren. Wissen wir, welche Sinneswahrnehmungen für sie schwierig sind, können wir mit ihnen viel mehr Strategien entwickeln, wie sie damit in Zukunft umgehen können, um nicht vom Stress übermannt zu werden. Interessant dabei ist, dass der Stresspegel bei Kindern oft schon spürbar nachlässt, wenn Eltern überhaupt nichts an den Stressfaktoren ändern, aber an ihrem eigenen Umgang damit. So sinkt der Stresslevel in Kindern signifikant, wenn ein erwachsenes Gegenüber sich ihre Belastungssituationen schlicht anhört und validiert. Das heißt: Wenn der siebenjährige Clemens seiner Mama erzählt, dass es für ihn im Hort wirklich anstrengend ist, weil da alle Kinder so laut sind, muss die Mutter daraus nicht unbedingt einen Handlungsauftrag ableiten. Sie tut auch schon viel für ihren Sohn, wenn sie seine Empfindungen nicht einfach wegwischt (»So laut werden sie schon nicht sein!«) oder negiert (»Das glaube ich nicht.«), sondern ehrlich mitfühlend sagt: »Das kann ich mir vorstellen, dass das anstrengend für dich ist. Danke, dass du trotzdem jeden Tag in den Hort gehst.« Mit einer solchen Antwort stärken wir Eltern die innere Widerstandskraft, die jedes Kind mitbringt, durch nichts als unser Zuhören und Anerkennen von dem, was für es wahr und wichtig ist. Mit diesem Vorgehen schnurrt die Liste der Stressfaktoren, um die wir uns wirklich intensiver kümmern müssen, meist schnell auf ein überschaubares Maß zusammen: Manche betreffen unser individuelles Kind gar nicht. Manche belasten es zwar, es braucht von uns aber nicht mehr, als dass wir diese Belastung sehen und würdigen. Und dann gibt es noch die Stressfaktoren, die wirklich an ihm nagen, und im Umgang mit denen es Hilfe braucht. Da müssen wir dann aktiv werden.

»Tatsächlich sind Kinder in der Lage, nahezu unbegrenzte Mengen an Stress zu ertragen, wenn sie ›nur‹ genug Hilfe, Fürsorge und Nähe bekommen, und zwar in einer ›Qualität‹, die ihnen dabei hilft, den Stress wieder abzubauen. Wenn die ihnen nahestehenden Erwachsenen ihnen jedoch nicht vorleben können, wie man

mit Stressreaktionen, die ein normaler Bestandteil des Lebens sind, umgeht, dann ist das für Kinder ein ernstes Problem.«

Jesper Juul, Vier Werte, die Kinder ein Leben lang tragen, S. 48

Stressfaktoren langfristig verringern

Je nachdem, welche Sinneswahrnehmungen unser Kind am meisten stressen, haben wir unterschiedliche Möglichkeiten, ihm das Leben etwas leichter zu machen. Leidet ein Kind etwa unter dem immensen Lautstärkepegel in Schule oder Kindergarten – ein sehr häufiges Problem – können Eltern gemeinsam mit Erzieherinnen und Erziehern, Lehrerinnen und Lehrern nach einer Lösung suchen, das Ruhebedürfnis der einen mit dem Spiel- und Tobebedürfnis der anderen unter einen Hut zu bringen. Als sehr hilfreich haben sich in dieser Frage schalldämpfende Kopfhörer erwiesen, die geräuschempfindliche Kinder in Still- und Freiarbeitsphasen tragen können. Weitere Maßnahmen für den Schulalltag sind spezielle Kippelstühle für motorisch unruhige Kinder sowie Sitzkissen für solche, denen aufgrund ihrer hohen Sensibilität das Sitzen auf harten Holzstühlen schier unerträglich ist. Manchmal helfen auch ganz einfache Maßnahmen wie das Umsetzen in die erste Bankreihe, so dass die Unruhe der anderen Kinder aus dem Blickfeld gerät, sowie das Einüben eines »Leise«-Zeichens, mit dem im Klassenraum zu Ruhe und Rücksichtnahme angehalten werden kann. Gleichzeitig ist es nahezu unmöglich, in normalen Schulen und Kindergärten Spiel- und Lernbedingungen zu schaffen, die den besonderen Bedürfnissen besonders sensibler, gefühlsstarker Kinder hundertprozentig entsprechen – und das ist auch gar nicht nötig. Schließlich verfügen auch gefühlsstarke Kinder über eine gewisse Resilienz, eine innere Widerstandskraft, die ihnen hilft, auch mit für sie schwierigen Situationen umzugehen – so lange der erhöhte Stresspegel für sie nicht zum Dauerzustand wird. Für uns Eltern heißt das: Klar können unsere Kinder wie andere auch in die Schule, in den Kindergarten oder zum Turnverein gehen. Es ist für sie nur ungleich anstrengender. Und das bedeutet: Wenn unsere Kinder dann nach Hause kommen, ist ihre Widerstandskraft ziemlich erschöpft. Sie sind angestrengt, überreizt, müde. Und haben jetzt keine Kraft mehr für noch mehr Stressfaktoren. Umso wichtiger ist es, dass sie ihr Zuhause als einen Ort der Erholung und Entspannung erleben, an dem sie neue Kraft sammeln können.

Einen Erholungsraum schaffen

Gefühlsstarke Kinder in Watte zu packen, um sie vor jedweden Belastungen eines normalen Familienalltags zu schützen, ist weder notwendig noch sinnvoll. Dass ihre Kraft und Kooperationsfähigkeit nach einem Schul- oder Kindergartentag ausgerechnet in dem Moment erschöpft sind, in dem wir Eltern wieder übernehmen, kann sich trotzdem blöd anfühlen: Da hat man sich den ganzen Tag auf sein Kind gefreut, und dann meckert es auf dem Heimweg nur rum. Oder man will nur noch kurz was einkaufen, und auf einmal schreit es den ganzen Laden zusammen. Obwohl die Erzieher gesagt haben, dass der Tag gut gelaufen ist!

Um solchen Entwicklungen gegenzusteuern, hilft es, ein gefühlsstarkes Kind beim Abholen aus dem Kindergarten oder nach Schulschluss zu behandeln wie einen Marathonläufer, der sich gerade mit letzter Kraft ans Ziel geschleppt hat. Würden wir ihm zumuten, noch mal kurz mit uns Würstchen fürs Abendbrot einzukaufen? Nein: Wir würden ihn so schnell wie möglich nach Hause bringen und aufs Sofa legen, seine Füße schön warm einpacken und ihm einen Tee bringen oder eine eiskalte Limonade. Und dann dürfte er sich erstmal erholen. Oder? Auch gefühlsstarke Kinder brauchen eine solche Erholungspause nach einem langen, anstrengenden Tag, ganz dringend sogar. Nur, dass ihr Erholungsbedürfnis nicht unbedingt darin besteht, ihre Füße hochzulegen, sondern viel mehr: frei von Stressfaktoren zu sein. Keine Erwartungen erfüllen zu müssen. Sie selbst sein zu dürfen.

Manche gefühlsstarken Kinder finden diesen Erholungsraum draußen im Freien, beim Stromern durch Büsche und Wiesen. Andere Kinder sehnen sich nach Rückzug in eine möglichst reizarme Umgebung im eigenen Zuhause. Ideal dafür ist ein eigenes Zimmer, das dieses Bedürfnis nach Ruhe und Struktur erfüllt und so beim Runterkommen hilft. Um eine solche Rückzugsmöglichkeit zu schaffen, ist es hilfreich, einmal mit der Liste möglicher Stressfaktoren für gefühlsstarke Kinder (siehe S. 141 ff.) durchs Kinderzimmer zu gehen und zu schauen, welche Elemente hier unabsichtlich Stress verbreiten könnten: Die knallbunten Poster an der Wand, die leise tickende Uhr, die vielen Spielsachen, das chaotisch-vollgestopfte Bücherregal. Viele Eltern haben die Erfahrung gemacht, dass ihre Kinder nach einer großen Entrümplungsaktion auf einmal viel entspannter und weniger gestresst waren – obwohl sie nie geäußert hatten, dass sie all die Bilder und Bücher und Spielsachen stören. Selbstverständlich ist es wichtig, dass Kinder nie das Gefühl haben, dass ihre Eltern ihnen einfach das Zimmer leer räumen und ihr Spielzeug wegnehmen. Auch sollte eine solche Aufräumaktion nie den Charakter einer strafenden Hau-Ruck-Aktion angesichts eines hoffnungslos chaotischen Kinderzimmers haben. Stattdessen sollte die Umstrukturierung des Rückzugsraumes (die als Veränderung für ein gefühlsstarkes Kind zunächst immer Stress bedeutet) stets mit der freundlichen Grundhaltung verbunden sein: Ich will dir etwas Gutes tun – lass uns mal schauen, ob das funktioniert. Hilfreich dabei ist, wenn das Kind sieht, dass all die Spielsachen, Bilder und Bücher, die sein Zimmer verlassen, nicht weggegeben, sondern nur woanders verstaut werden, im Keller oder auf dem Dachboden. Übrig bleibt ein Raum, so reizarm und gemütlich, wie es einst für das ungeborene Kind die Gebärmutter war: alles da, was es braucht, aber nicht mehr. Ruhe, Klarheit, Ordnung, Struktur. Gedeckte Farben, warmes Licht. Vor allem aber: Geborgenheit.

»Das Kinderzimmer sah mal wieder aus, als hätte jemand eine Wagenladung Plastikschrott darin ausgekippt. Der Fußboden war schon gar nicht mehr zu erkennen vor lauter Legosteinen, Barbieklamotten, Schleich-Tieren, Puzzleteilen, Büchern, Stiften, CDs und Kuscheltieren. Und Philipp und Elise? Hatten das Chaos einfach liegen gelassen und waren zum Weiterspielen ins Wohnzimmer gezogen. Mein erster Impuls war, rumzuschreien und mit dem großen blauen Müllsack zu drohen, wie meine Mutter das früher immer gemacht hat. Aber ich weiß auch noch, wie schrecklich sich das anfühlte: Die Drohung, all meine Spielsachen wegzuschmeißen, wenn ich nicht sofort aufräumen würde. Und dann die Überforderung, mitten im Chaos zu stehen und gar nicht zu wissen, wo überhaupt anfangen. Nein: Das sollten meine Kinder so nicht erleben. Da erinnerte ich mich an einen Blogpost, über den ich einige Wochen zuvor zufällig bei Facebook gestolpert war. Darin hatte eine Mutter beschrieben, wie sie das Spielzimmer ihrer beiden Töchter radikal leer geräumt hatte. Nicht als Strafe, sondern als Experiment. Und die Kinder? Vermissten nichts! Beim ersten Lesen war mir das sehr radikal und ein bisschen gemein vorgekommen, aber jetzt dachte ich plötzlich: Warum nicht? Die Kinder fühlen sich ja offensichtlich inmitten all dieser Spielzeugberge selbst nicht mehr wohl. Probieren schadet nicht. Also sagte ich zu Philipp und Elisa: ›Heute probieren wir mal was aus. Wir räumen das ganze Kinderzimmer leer und lassen nur ein Lieblingsspielzeug draußen. Und wenn ihr ein anderes haben wollt, dann tauschen wir.‹ Die Kinder guckten verdutzt, aber nicht unwillig, und halfen tatsächlich bereitwillig mit, allen herumliegenden Kram in Kisten zu packen, die ich dann in den Keller räumte. Mir war überhaupt nicht klar gewesen, wie unfassbar viel Zeug die beiden hatten. Allein diese

ganzen Gimmicks aus Kinderzeitschriften füllten einen großen Karton! Als wir fertig waren, wirkte das Zimmer auf mich schon sehr karg – aber auch groß und luftig wie lange nicht. Total verblüfft war ich allerdings, wie klar meine Kinder plötzlich sagen konnten, was sie zurückhaben wollten. Philipp: Eine Kiste Lego. Elisa: Eine Puppe samt Kleiderschrank und Puppenbett. Sonst nichts. Dann fingen sie an zu spielen und haben seitdem kaum noch aufgehört. Fehlt ihnen etwas für ihr Spiel, werden sie kreativ mit Dingen, die sowieso in unserer Wohnung herumfliegen: Aus Kissen und Decken wird eine Räuberhöhle oder ein Prinzessinnenschloß, und der Kochlöffel ist in einem Moment ein Pfeil, im nächsten ein Zauberstab. Das abendliche Aufräumen dauert exakt eine Minute, und ich hatte nie wieder den Impuls, mit dem großen blauen Sack zu drohen. Erst viel später wurde mir bewusst: Die Spielsachen, die Philipp und Elisa behalten wollten, waren tatsächlich die, die sie sich selbst von Herzen gewünscht und selbst ausgesucht hatten. Die anderen Dinge waren zum Großteil gut gemeinte Geschenke von uns Eltern und anderen Erwachsenen, nach denen die Kinder nie gefragt hatten und die letztlich nur ihr Zimmer verstopften. Jetzt liegen sie schon seit über einem halben Jahr im Keller und werden nicht vermisst. Nach einem Spielzeugtausch haben Philipp und Elisa nach unserer großen Aufräumaktion nämlich nie wieder gefragt.«
Helene

Die innere Widerstandskraft stärken

Wie gestresst gefühlsstarke Kinder auf Belastungen reagieren, ist nicht immer gleich. Diese Erfahrung machen Eltern im Alltag oft: Zu Hause ist das abendliche Zähneputzen kein Problem, und im Urlaub ist der Geschmack derselben Zahnpasta auf einmal un-erträg-lich. Oder umgekehrt: In Spanien am Strand war das Toben und Spielen mit anderen Kindern kein Problem, und zu Hause auf dem Pausenhof ist dasselbe Spiel plötzlich zu laut, zu wild, zu stressig. Angesichts dieser sehr unterschiedlichen Reaktionen zweifeln Mütter und Väter manchmal daran, dass ihre gefühlsstarken Kinder ein und dieselbe Situation tatsächlich auf einmal als so schlimm empfinden können. Kann es nicht sein, dass das Kind doch einfach nur Drama macht? Schließlich ist es doch total unlogisch, im einen Moment etwas total gut wegzustecken und im anderen Moment gar nicht!

Doch es gibt eine ganz einfache Erklärung für diese unterschiedlichen Reaktionsmuster: Wie stressempfindlich gefühlsstarke Kinder sind, hängt immer von ihrem Grundstresspegel ab. Das heißt: Je gestresster sie in einer Situation bereits sind, desto weniger Extra-Stressfaktoren können sie aushalten, und desto sensibler und reizoffener werden sie. Wenn die vertraute Zahnpasta im Urlaub plötzlich gar nicht mehr geht, ist das also kein Trotz, sondern ein Hinweis darauf, dass der Ortswechsel weg vom Vertrauten für das Kind bereits so viel Stress bedeutet, dass der Extra-Stressfaktor Zähneputzen das Fass zum Überlaufen bringt. Umgekehrt ist das Spielen am Strand so entspannend, weil kein anstrengender Schulvormittag zuvor alle Kraftreserven verbraucht – anders als auf dem Pausenhof.

Dass gefühlsstarke Kinder in unterschiedlichen Situationen unterschiedlich widerstandsfähig sind, bedeutet aber auch: Wir als Eltern können mit ganz einfachen Mitteln dazu beitragen, dass unsere Kinder mit einem möglichst geringen Grundstresslevel durch den Tag gehen. Und zwar mit einem ganz einfachen Trick: Das wirksamste Mittel gegen einen hohen Stresspegel sind nämlich erfüllte körperliche und seelische Grundbedürfnisse. Um genug Energiereserven für den Umgang mit verschiedenen Stresssituationen im Laufe des Tages zu haben, brauchen Kinder deshalb:

Genügend Schlaf

Gefühlsstarken Kindern fällt es oft schwer, ihren eigenen Schlafbedarf zu erspüren. Tagsüber empfinden sie die Welt oft als zu aufregend zum Schlafen, abends kommen sie schwer zur Ruhe und können den Tag kaum loslassen, und morgens, wenn sie am tiefsten schlafen, klingelt schon wieder der Wecker. Für gefühlsstarke Kinder ist es deshalb meist besonders wichtig, dass ihre Eltern die Co-Regulation übernehmen und für sie Rahmenbedingungen schaffen, unter denen sie den Schlaf bekommen, den sie brauchen: Mit einem nachmittäglichen Kinderwagen-Spaziergang oder einer gemeinsamen Ruhepause mit Hörspiel im großen Bett, mit einer festen abendlichen Schlafenszeit, der ein ruhiger, möglichst bildschirmfreier Tagesausklang zum Runterfahren vorausgeht, sowie mit einer liebevollen Einschlafbegleitung, die es dem Kind ermöglicht, loszulassen und geborgen einzuschlafen.

Gesunde Mahlzeiten

Gefühlsstarke Kinder haben oft die Neigung, bei Mahlzeiten nicht richtig mitzuessen, weil sie unruhig und hibbelig auf das nächste Abenteuer warten, um dann ihren Hunger zwischendurch mit schnellen Kalorien zu stillen. Besonders beliebt: alles, was süß und fetthaltig ist. Aus evolutionärer Sicht macht das absolut Sinn. Wer immer in Bewegung ist, muss hochkalorisch essen und alle Energie mitnehmen, die er kriegen kann. Allein: Auf die Lebensmittelauswahl heutiger Supermärkte hat uns die Evolution nicht vorbereitet. Schließlich kostet es schon uns Erwachsene eine gehörige Portion Selbstdisziplin, am Chipsregal und den Süßigkeitenständern vorbeizugehen und stattdessen unseren Einkaufswagen in der Obst- und Gemüseabteilung zu beladen. Diese Impulskontrolle aufzubringen, ist für gefühlsstarke Kinder oft besonders schwer, weshalb viele auch hier die Co-Regulation ihrer Eltern brauchen. Zu empfehlen sind gemeinsame Familienmahlzeiten, bei denen das Kind aus einer ausgewogenen Palette verschiedener Lebensmittel selbst auswählen darf, wie viel es wovon essen will, sowie gesunde, möglichst zuckerarme Snacks für die Schule und den Kindergarten. Vielen gefühlsstarken Kindern geht es zudem gut damit, Süßigkeiten an bestimmte Situationen zu knüpfen. Zum Beispiel: Jeden Nachmittag nach dem Kindergarten trinken wir zusammen einen Kakao, essen einen Keks und erzählen uns vom Tag. Ist diese Verknüpfung klar, muss auch nicht zwischendurch ständig nach Süßem gefragt werden.

Sport und Bewegung

Die meisten gefühlsstarken Kinder haben einen überdurchschnittlich hohen Bewegungsdrang, den sie insbesondere während des Vormittags in der Schule oft nicht ausleben können. Die Schwierigkeit am Nachmittag besteht dann häufig darin, dass die Kinder einerseits unglaublich erschöpft, matt und antriebslos sind – und andererseits dringend körperliche Anstrengung und Bewegung bräuchten. Was hilft: Ein klar durchritualisierter Nachmittag mit einer ruhigen Erholungsphase, einer aktiven Bewegungsphase (möglichst draußen) und anschließend wieder einer ruhigen Zeit vor dem Schlafengehen. Da der Bewegungsdrang gefühlsstarker Kinder oft deutlich (!) höher ist als der ihrer erschöpften Eltern, ist es wichtig, bei den gemeinsamen Nachmittagsaktivitäten darauf zu achten, dass all diese Bedürfnisse Beachtung finden. Vielleicht können die Eltern in Ruhe spazieren gehen, und das Kind fährt mit dem Fahrrad bis zu einem vereinbarten Punkt vor und kommt dann wieder zurück zu den Eltern, die – um die Sache etwas spannender zu gestalten – mit dem Handy die Zeit gestoppt haben. So können Kinder jeden Tag quasi ein Rennen gegen sich selbst fahren. Ein guter Anlaufpunkt sind auch Spielplätze mit Kletterparcours, auf denen Eltern Kaffee trinken können und Kinder sich austoben. Und schließlich kann natürlich auch eine Vereinssportart gefühlsstarken Kindern helfen, ihren angeborenen Bewegungsdrang auszuleben. Dabei müssen sich Eltern nur klarmachen, dass jeder Sport in der Gruppe einem gefühlsstarken Kind wiederum auch viel innere Widerstandskraft abverlangt. Das ist nicht schlimm, erklärt aber, warum selbst sehr sportliche gefühlsstarke Kinder es manchmal nach einem langen Schultag schlicht nicht packen, sich auch noch in eine Fußballmannschaft einzufügen, obwohl sie für ihr Leben gern kicken. Dann ist es wichtig, den Druck rauszunehmen: Schule ist Pflicht, Freizeit ist Kür. Und kicken üben kann man auch mit einer selbst gebauten Torwand im Hof.

Ein gutes Körpergefühl

Sich im eigenen Körper wohl zu fühlen, ist für alle Menschen wichtig. Besonders zentral ist es jedoch für gefühlsstarke Kinder, denn ihr Grundstresspegel wird oft schon allein dadurch in die Höhe getrieben, dass sie auf permanentem Kriegsfuß mit ihrem eigenen Körper stehen. Eine wichtige Entlastung für gefühlsstarke Kinder ist es deshalb, nur Klamotten tragen zu müssen, in denen sie sich wohl fühlen, und auch ihre Frisur so gestalten zu können, wie sie ihnen angenehm ist – ob langes, fliegendes Haar oder praktischer Kurzhaarschnitt. Für einige Mädchen und Jungen geht das Unwohlsein im eigenen Körper jedoch noch weiter: Sie leiden etwa darunter, dass ihre Haut immer wieder spannt, juckt und kratzt, obwohl dafür kein objektiver Grund (wie z.B. eine Neurodermitis) besteht. Hintergrund dieses Unwohlseins ist oft, dass gefühlsstarke Kinder tatsächlich im wahrsten Sinn des Wortes dünnhäutig sind – sie spüren jeden Reiz auf ihrer Haut, den andere Menschen überhaupt nicht wahrnehmen. Darüber hinaus besteht die Vermutung, dass sich bei einigen gefühlsstarken Menschen die inneren emotionalen Widersprüche auch in psychosomatischen Reaktionen wie juckender Haut oder unspezifischen Bauchschmerzen widerspiegeln, also letztlich in Stresssymptomen. Auch in diesem Fall ist es wichtig, mit dem Kind gemeinsam nach Wegen zu suchen, diese Symptomatiken zu lindern und so die Grundanspannung zu verringern – ob mit krampflindernden Tees, einem wärmenden Kirschkernkissen oder einer entspannenden Massage mit wohltuendem Öl.

Gefühle sind nur Gefühle

Sehnsucht, Scham, Schuld und Angst.
Geborgenheit, Verbundenheit, Glück.
Neugier, Interesse, Begeisterung, Lust.
Trauer, Enttäuschung.
Langeweile, Einsamkeit.
Liebe.
Hass.
Wut, Zorn und Jähzorn.

All diese und noch viel mehr Gefühle gehören zum menschlichen Dasein dazu. Und es liegt in der Natur dieser Gefühle, dass sie sich nicht steuern lassen, sondern uns überwältigen und unseren wohlüberlegten Handlungen mit ihrer Unberechenbarkeit und Heftigkeit immer wieder in die Quere kommen. Menschen, die ihre Gefühle so intensiv erleben wie gefühlsstarke Kinder, haben dabei teilweise den Eindruck, ihre starken Emotionen seien ihre Feinde, die ihnen wieder und wieder das Leben schwer machen. Es ist einfach nachzuvollziehen, woher diese Empfindung kommen kann – schließlich sind es gerade ihre starken Gefühle, die Kinder immer wieder in die Bredouille bringen. Weil sie im Strudel ihrer Emotionen nicht hören, nicht folgen, nicht kooperieren. Weil ihr starker Gerechtigkeitssinn sie aufsässig erscheinen lässt und ihre Wutanfälle ungezogen. Weil ihre Dünnhäutigkeit sie so empfänglich für Spott macht und ihre Andersartigkeit sie manchmal zu Außenseitern. Und so kommt es, dass die eigenen Gefühle, die ja ohnehin schon groß und mächtig sind, in ihrer Wahrnehmung oft zu übergroßen, übermächtigen, bedrohlichen Mächten werden, denen sie mit all ihrer Willenskraft chancenlos gegenüberstehen.

Deshalb ist es so wichtig, dass wir als Eltern unseren Kindern zeigen: Unsere Emotionen mögen sich manchmal stark und überwältigend anfühlen. Aber sie sind einfach nur Regungen in unserem Inneren, die kommen und wieder gehen. Ganz von selbst. Anstatt unseren Kindern also zu sagen, dass sie sich doch mal beruhigen und nicht so ausflippen sollen, ist die hilfreichste Botschaft, die ein Kind im Chaos starker Emotionen von uns bekommen kann, schlicht: »Das ist nur ein Gefühl. Es geht gleich wieder vorbei. Versprochen.«

Innere Bilder finden

Wenn wir Erwachsenen über unseren Umgang mit Gefühlen sprechen, verwenden wir dafür oft sehr abstrakte Begrifflichkeiten. Wir sprechen vom Verarbeiten und vom Verdrängen, von Triggern und Traumata, und können doch kaum in Worte fassen, was wir eigentlich ganz konkret tun, wenn uns ein Gefühl übermannt:

Leben wir es aus?
Schieben wir es weg?
Gucken wir es an?
Lenken wir uns ab?

Zu verstehen, *was genau* wir da eigentlich machen, wenn wir Freude oder Schmerz, Einsamkeit oder Angst fühlen, ist in gewisser Weise die Grundvoraussetzung dafür, unseren Kindern beim Umgang mit ihren starken Gefühlen zu helfen. Der zweite Schritt ist dann, sich zu fragen: Will ich die Art und Weise, wie ich gerade meine schwierigen Gefühlen handhabe, so an mein Kind weitergeben? Oder will ich mit ihm gemeinsam einen neuen, anderen Umgang damit lernen? Diese Frage stellt sich natürlich insbesondere, wenn wir feststellen, dass unserer eigenen Begegnung mit dunklen Gefühlen eher problematische Muster zugrunde liegen. Etwa das, unseren Ärger in uns hineinzufressen, und, anstatt auszusprechen, was uns stört, unterschwellig aggressiv zu sein. Oder das, Scham und Traurigkeit mit Essen und Fernsehen zu übertünchen.

Ein gesunder Umgang mit Gefühlen zeigt sich hingegen in einer Haltung wie dieser: **Gefühle sind erstmal nur Gefühle.** Sie sind weder gut noch schlecht. Sie sind einfach da, und verdienen es, es, gesehen und gewürdigt zu werden. Die entscheidende Frage ist jedoch, *wie* das passiert. Denn auch wenn es keine verbotenen Gefühle gibt, gibt es doch verbotene Verhaltensweisen – nämlich all die, mit denen wir anderen oder uns selbst Schaden zufügen. Gerade im Umgang mit aggressiven Gefühlen müssen wir uns deshalb fragen: Wie kann ich meiner Wut, meinem Frust, meiner Enttäuschung Raum geben, ohne mich selbst oder andere zu verletzen?

Als Erwachsene wissen wir: Die Kunst ist es, die eigenen Gefühle in sozialverträgliche Bahnen zu lenken. Wir dürfen vor Wut ins Kissen boxen – aber nicht dem Chef ins Gesicht. Wir können all unseren Frust in einen beherzten Fluch legen – aber nicht in eine Ohrfeige. Und natürlich können wir vor Enttäuschung und Eifersucht eine Kiste mit Liebesbriefen in Brand stecken – aber nicht das Auto desjenigen, der sie geschrieben hat.

Um Kindern diesen authentischen, gleichzeitig aber beherrschten und sozialverträglichen Umgang mit ihren eigenen intensiven Gefühlen zu vermitteln, ist es hilfreich, zu plakativen Bildern zu greifen, die das Abstrakte für sie fühlbar und erlebbar machen. So fand etwa Tina, die Mutter eines achtjährigen gefühlsstarken Jungen, für die Wut ihres kleinen Sohnes das Bild einer Rakete, die ganz viel Kraft und Energie, aber auch ein großes Zerstörungspotential hat. Schießt die Rakete unkontrolliert los, kann sie viel Leid anrichten. Nutzt sie ihre Kraft und Energie jedoch gezielt, kann sie bis zum Mond fliegen. Mit dieser Analogie im Kopf schaffte es Tinas Sohn daraufhin, die Wucht seiner Wut vor allem als unbändige Kraft wahrzunehmen, mit dem sich die tollsten Dinge erreichen lassen – wenn man lernt, seine innere

Rakete richtig zu steuern. Nach und nach fand er gemeinsam mit seiner Mutter Wege, diese Kraft auf konstruktive Weise einzusetzen: Beim Werken und Basteln, beim Rangeln und Toben, beim Kräftemessen und beim Sport. Und auch Tina selbst hat das Bild geholfen, ihren Sohn in neuem Licht zu sehen. Er ist nicht schwierig, cholerisch oder zu sensibel, sondern einfach: ihr energiegeladenes Raketenkind.

»Als Hebamme bin ich den Umgang mit starken Gefühlen gewohnt. Schließlich bricht bei so einer Geburt oft alles aus werdenden Eltern heraus: Aufregung und Vorfreude, Angst und Schmerz, Trauer und Verzweiflung, Erschöpfung und Euphorie – all diese Emotionen liegen in diesem Moment so nah beieinander und erfordern von mir als Geburtsbegleiterin eine große Feinfühligkeit, denn in jedem Gefühlszustand braucht die Frau ja etwas ganz anderes.

Als mein eigener Sohn dann auf die Welt kam, war ich von der Heftigkeit seiner Emotionen trotzdem erstmal total überfahren. Ich kannte diese Gefühlsausbrüche von erwachsenen Frauen in einer absoluten Grenzsituation. Aber einen kleinen Jungen im Haus zu haben, für den jeder einzelne Tag so ein Feuerwerk der Emotionen bedeutete, war noch mal eine ganz andere Erfahrung. Besonders schlimm war es für mich, zu sehen, wie sehr mein Kleiner manchmal selbst unter seinem Temperament litt. Wenn er auf dem Spielplatz nicht mitspielen durfte und mit aller Macht versuchte, seine Traurigkeit darüber einfach wegzuschieben, und ihm dann doch die Tränen in die Augen stiegen, weil die Verletzung einfach zu groß war – herzzerreißend!

Da dachte ich plötzlich daran, was ich den Frauen bei Geburten immer sage: Wenn wir versuchen, gegen die Wehen anzukämpfen, können wir nur verlieren – sie sind in jedem Fall stärker. Wenn wir uns ihrer Wucht aber ganz hingeben, anstatt uns dagegen zu stemmen, nimmt das ihrer Kraft die Spitze. Sie fließen einfach durch uns hindurch, und dann ist der Schmerz auch vorbei.

Ich glaube, bei starken Gefühlen ist das ganz genauso: Wenn wir unsere Traurigkeit, unsere Verzweiflung, unseren Schmerz als Feind ansehen, den wir bekämpfen müssen, können wir nur verlieren. Stellen wir uns unseren Gefühlen aber, nehmen wir ihnen ihre Macht. Wir fühlen sie, und dann gehen sie weg.

Meinem Sohn habe ich deshalb beigebracht, schwierige Gefühle nicht wegzuschieben, sondern stattdessen einmal ganz bewusst hinzuspüren – und sie dann loszulassen. Wir machen das oft zusammen, als kleine Gedankenreise: Was hast du jetzt für ein Gefühl? Wie sieht es aus, welche Farbe hat es, wie fühlt es sich an? Manchmal ist seine Wut dann ein glühend roter Feuerball, manchmal seine Traurigkeit ein schwerer, schwarzer Stein. Wir schauen das Gefühl dann ganz genau an, spüren es einen Moment, und werfen es dann in die Luft. Und – puff! – ist es weg.«

Anita, Mutter von Jaron, 5 Jahre

Kinder dürfen traurig sein

Einem wütenden Kind geduldig und gelassen zu begegnen, fällt vielen Eltern schwer. Das Allerschwierigste ist für die meisten Mütter und Väter jedoch der Umgang mit der schier bodenlosen Traurigkeit, die gefühlsstarke Kinder erfassen kann und die häufig von solcher Schwere und Tiefe ist, dass es viel Kraft kostet, sich von ihr nicht mit ins Dunkel reißen zu lassen. Wutanfälle gehören für uns zum Kindsein dazu – doch traurige Kinder haben in unserer Gesellschaft oft keinen Platz. Kinder stehen für Lebensfreude, für Energie, für Leichtigkeit – und nicht für jene schwere Melancholie, die gefühlsstarke Kinder manchmal regelrecht am Leben verzweifeln lässt. Die meisten heutigen Eltern »durften« als Kinder nie traurig sein. Und haben dementsprechend verinnerlicht, es sei ihre Aufgabe, ihr unglückliches Kind zu trösten, auch, um die Traurigkeit selbst nicht länger aushalten zu müssen. Dabei greifen sie zu den ausgefallensten Strategien: Teils werden Kinder mit Süßigkeiten und Fernsehen abgelenkt oder mit Geschenken getröstet, teils werden sie auch allein in ihr Zimmer geschickt, bis sie wieder lächeln können. Und fast alle traurigen Kinder bekommen zu hören, alles sei doch nicht so schlimm, sie sollten sich doch bitte mal beruhigen und vor allem: »Nicht traurig sein, Schätzchen!«

Solche gut gemeinten Botschaften geben Kindern jedoch das Gefühl, mit ihrer Traurigkeit sei irgendetwas nicht okay, sie habe keinen Platz hier, dürfe nicht sein. Dabei ist Traurigkeit ein sehr wichtiges Gefühl, und sie zu spüren und auch zeigen zu dürfen, sollte das Recht eines jeden Menschen sein, ob groß oder klein. Denn unsere Traurigkeit zeigt uns oft nicht nur, wo in diesem Moment der Schuh drückt, sie lässt uns auch bewusster wahrnehmen, wer uns alles am Herzen liegt, was uns in unserem Leben wirklich wichtig ist, wonach wir uns sehnen – und bereitet damit den Nährboden für die größten Glücksgefühle. Was traurige Kinder von ihren Eltern brauchen, ist also vor allem die Bereitschaft, diese Traurigkeit gemeinsam auszuhalten und dann nach einem Weg zu suchen, wieder herauszufinden. Folgende Sätze können Familien dabei helfen:

- »Es ist normal, auch mal traurig zu sein.«
- »Ich sehe, dass das schwer für dich ist.«
- »Ich bin bei dir.«
- »Dann sind wir jetzt zusammen traurig. Das ist okay.«
- »Magst du mir erzählen, was dich traurig macht?«
- »Ich kann hören, dass dich das traurig macht.«
- »Das war wirklich schade/schlimm/unheimlich/enttäuschend.«
- »Möchtest du kuscheln?«
- »Das fühlt sich ungerecht an, was?«
- »Willst du dich gerade trösten lassen?«
- »Was würde dir jetzt gut tun?«

Freiheit als Überlebenselexier

»Selber!« – dieser Ausruf, mit dem Kleinkinder in der Autonomiephase für ihr Recht einstehen, ihr Leben fortan immer stärker selbst in die Hand zu nehmen, könnte für viele gefühlsstarke Kinder glatt zum Lebensmotto taugen. Denn auch sie wollen am liebsten alles selbst machen und vor allem: selbst entscheiden. Die Freiheit, selbst zu entscheiden, was sie tun und was sie lassen, ist ihnen ein besonders starkes Bedürfnis, das sie oft mit Klauen und Zähnen verteidigen. Ihre Eltern stellt das vor ein ziemlich großes Problem. Denn einerseits ist es natürlich begrüßenswert, wenn Kinder Verantwortung für sich und ihr Leben übernehmen wollen. Andererseits haben wir Erwachsenen natürlich auch eine Fürsorgepflicht und dementsprechend den Job, die Freiheiten unserer Kinder manchmal auch zu beschneiden – zu ihrem eigenen Schutz, oder zur Wahrung des Familienfriedens. Doch während viele Mädchen und Jungen diese innerfamiliäre Führungsrolle der Eltern als quasi gottgegeben hinnehmen und bis in die Pubertät hinein kaum je hinterfragen, schlummert in gefühlsstarken Kindern oft von klein auf ein gewisser Widerstand gegen diese Ungerechtigkeit: dass ein anderer Mensch meint, über sie bestimmen zu können, nur weil er zufällig älter ist. »Über mich bestimme ich« – das ist vielen dieser Kinder so ein starkes Bedürfnis, dass sie eine regelrechte »Allergie auf Erziehung« entwickeln, wie der dänische Familientherapeut Jesper Juul es formuliert. Viele Eltern empfinden diesen Widerspruchsgeist als Bedrohung und reagieren auf den Freiheitsdrang ihrer gefühlsstarken Kinder mit engeren Grenzen und immer mehr Strenge – als ginge es bei dem Konflikt um einen Machtkampf, den es um jeden Preis zu gewinnen gilt. Zielführender ist es jedoch, das immense Bedürfnis nach Freiheit und Eigenverantwortung ernst zu nehmen – ohne sie dabei patzig sich selbst zu überlassen. »Bitte, sieh halt zu, wie du allein klar kommst!« ist für gefühlsstarke Kinder bei allem Ringen um mehr Selbstbestimmung eine zutiefst verunsichernde und verletzende Ausage, gerade weil sie scheinbar ihrem Wunsch nach mehr Freiheit entspricht. Doch auch freiheitsliebende Kinder sind Kinder, die den Schutz und die Begleitung ihrer Eltern brauchen – nur eben auf eine Weise, die sich für sie nicht beengend und grenzüberschreitend anfühlt.

Konkret heißt das: Gefühlsstarken Kindern tut es gut, wenn sie in möglichst vielen Bereichen ihres Lebens Verantwortung für sich selbst übernehmen können – ohne sich dabei alleingelassen zu fühlen. Bei jeder Grenze, jedem Verbot, mit dem wir drauf und dran sind, die persönliche Freiheit unseres gefühlsstarken Kindes zu beschneiden, tun wir deshalb gut daran, noch einmal kritisch zu überprüfen: Ist es wirklich wichtig, dass ich mich hier durchsetze? Oder denke ich nur, dass ich mich aus Prinzip durchsetzen müsste, weil ich die Mutter/der Vater bin, obwohl mein Kind in Wirklichkeit problemlos selbst die Verantwortung übernehmen könnte?

Ich bin so frei – Wie gefühlsstarke Kinder Eigenverantwortung erfahren

Gefühlsstarke Kinder leiden sehr unter dem Eindruck von Fremdbestimmung. Gleichzeitig sehnen sie sich nach einem festen Rahmen, der ihnen Halt und Orientierung bietet. In diesem Spannungsfeld können Eltern je nach Alter und Reife des Kindes folgende Zuständigkeiten abstecken.

Ab Geburt: Das Baby entscheidet selbst, wie oft und wie viel es trinken mag. Es zeigt an, wann es Nähe braucht, wann es in den Schlaf begleitet werden möchte, wann es Ruhe und wann es Unterhaltung braucht. Die Eltern übernehmen die Verantwortung dafür, welche Milch und welche Nahrungsmittel sie bereitstellen, wo das Baby sicher schläft und wie genau sie seine Bedürfnisse nach Nähe, Rückzug und Anregung erfüllen.

Im Kleinkindalter: Das Kind entscheidet selbst, was es anzieht. Bei dem Wetter nicht angemessener Kleidung nehmen die Eltern im Zweifelsfall Wechselsachen mit, damit das Kind sich unterwegs schnell umziehen kann. Das Kind entscheidet außerdem, was es von den angebotenen Lebensmitteln isst und was es spielen will. Die Eltern übernehmen die Verantwortung für einen ruhigen Abendausklang, eine begleitete Einschlafphase und achten insbesondere bei der Körperpflege (wickeln, Zähne putzen) darauf, sich nicht einfach mit physischer Überlegenheit durchzusetzen, sondern die körperliche Autonomie des Kindes zu wahren und nach Wegen zu suchen, die notwendige Hygiene mit seinem Einverständnis zu wahren.

Im Kindergartenalter: Das Kind darf sich selbst Essen und Trinken aus der Küche holen, über Kleidung und Frisur entscheiden und sich eigenständig zum Spielen verabreden. Die Eltern übernehmen Verantwortung für seine Sicherheit im Straßenverkehr, eine gesunde Ernährungsauswahl, altersangemessenen, co-regulierten Medienkonsum sowie eine begleitete Schlafenszeit.

Im Grundschulalter: Das Kind darf sich nun in einem besprochenen Radius alleine auch außerhalb des eigenen Zuhauses bewegen, sein eigenes Geld ausgeben, eigenständig Freundschaften schließen und pflegen, Hobbys ausprobieren und weiterführen, im Geschäft Klamotten und Schuhe auswählen und eigene kleine Mahlzeiten zubereiten. Die Eltern übernehmen die Verantwortung dafür, dass es morgens pünktlich aus dem Bett und zur Schule kommt, schaffen die Rahmenbedingungen für eine möglichst angenehme Hausaufgabenzeit und co-regulieren Medienkonsum und Schlafenszeit so, dass es ihrem Kind damit gut geht.

In der Vorpubertät: Das Kind übernimmt nun zusehends auch die Verantwortung für seine eigene Körperhygiene, seine Hobbys, seine Freundschaften, seine Hausaufgaben und Schulleistungen. Der Radius, in dem es sich alleine in der Stadt bewegen darf, erweitert sich. Es entscheidet bei der Wahl der weiterführenden Schule mit. Die Eltern übernehmen weiterhin die Verantwortung dafür, dass das Kind morgens pünktlich aus dem Bett und zur Schule kommt und schaffen eine Tagesstruktur, in der Spiel und Entspannung, gemeinsame Mahlzeiten, Hausaufgaben und ein ruhiger Tagesausklang selbstverständlich ihren Platz haben.

In der Pubertät: Der oder die Jugendliche übernimmt nun nach und nach mehr Verantwortung für sich und sein oder ihr Leben, inklusive der Schlaf- und Wachzeiten, der Essgewohnheiten und des Medienkonsums. Hauptaufgabe der Eltern besteht nun darin, den festen Rahmen zu Hause aufrechtzuerhalten und der sichere Hafen zu sein, zu dem ihr flügge werdendes Kind immer wieder zurückkehren kann.

Das große Draußen

Der immense Freiheitsdrang gefühlsstarker Kinder beschränkt sich jedoch nicht nur auf Erlaubtes und Verbotenes, sie haben auch eine starke Aversion gegen Unfreiheit im ganz wörtlichen Sinn: In Häusern und Wohnungen fühlen sie sich oft regelrecht eingesperrt, weil ihnen dort die Freiheit und Weite fehlt. Deshalb gibt es für sie kaum etwas Kostbareres, als viel Zeit im Freien zu verbringen – im Wald, am Strand, auf Wiesen und Bergen oder auch im Großstadtdschungel. Hauptsache draußen! Der positive Effekt, den die Natur gerade auf Kinder hat, wurde in unzähligen Studien nachgewiesen: 15 Minuten Fahrrad zu fahren und dabei auf einen Waldweg zu gucken, senkt etwa den Blutdruck aufgewühlter Kinder – selbst dann, wenn das Rad ein Hometrainer ist und der Waldweg nur auf einer Videoleinwand erscheint. Und in einem echten, raschelnden, duftenden Wald unterwegs zu sein, hat noch viel mehr Einfluss auf unsere seelische Ausgeglichenheit: Stresshormone werden abgebaut, Glückshormone ausgeschüttet, Puls und Muskelspannung gehen nach unten, die Stimmung geht nach oben, und selbst die energiegeladensten Kinder ecken im Wald nicht an, wenn sie toben und rennen – anders als in Wohnungen, Schulen und Kindergärten.

Gefühlsstarke Kinder sind beim Spielen im Freien oft besonders wagemutig, was ihre Eltern oft dazu veranlasst, sie ständig zurückzupfeifen: »Stop!« – »Nicht so wild!« – »Pass auf!«

So entsteht schnell eine Dynamik, in der Kinder immer wieder versuchen, ihre Freiheit zu verteidigen und Eltern permanent das Gefühl haben, ihr Kind höre nicht auf sie und bringe sich dadurch in Gefahr. Deshalb ist es konstruktiver, wenige, glasklare Sicherheitsregeln zu vereinbaren, die die gefährlichsten Risiken abdecken, und sich ansonsten bei allem zurückzuhalten, was nicht gerade eine Gefahr für Leib und Leben bedeutet. Aufgeschürfte Knie, Kratzer und Co. gehören zu einem Kinderleben einfach dazu!

Hilfreiche Wald- und Wiesenregeln sind:

- Von Baumstamm-Stapeln und Geröllbergen unten bleiben – sie können ins Rutschen geraten und Kindern lebensgefährliche Quetschungen zufügen.
- Nur auf Äste klettern, die so dick sind, dass du sie mit Daumen und Zeigefinger nicht umfassen kannst!
- Tote Tiere dürfen angeguckt, aber nicht angefasst werden!
- Kinder dürfen auf eigene Faust losziehen, müssen aber in Hörweite der Erwachsenen bleiben.

Für gefühlsstarke Kinder, die erschöpft aus der Schule oder dem Kindergarten nach Hause kommen und am liebsten nur noch mit

Schokolade vorm Tablet entspannen wollen – wie verständlich! –, könnte also die Familienregel eingeführt werden: Medienzeit gibts erst nach einem großen, gemeinsamen Spaziergang durch den Wald, oder den Park, oder was für ein Stück Natur eben in der Nähe ist. Angenehmer Nebeneffekt: Kinder, die mehrere Stunden am Tag im Freien verbracht haben, tun sich abends auch mit dem Einschlafen leichter.

FÜNFTES KAPITEL

Alles steht Kopf: Typische Herausforderungen im Alltag

Bist du eigentlich niemals müde? Strategien für erholsame Abende und Nächte

Eltern gefühlsstarker Kinder leben oft in einer regelrechten Furcht vor dem Abend. Denn ihren Nachwuchs ins Bett zu bringen, kann ein echter Kraftakt sein: Einfach Licht ausmachen und rausgehen geht nicht, weil das Kind beim Übergang vom Wachsein in den Schlaf unbedingt Unterstützung braucht. Einfach einen Moment Händchen halten geht oft auch nicht, weil gefühlsstarke Kinder oft am besten bei Ganzkörperkontakt zur Ruhe kommen. Doch selbst dann zieht sich das Einschlafen oft ewig hin: Sie wühlen im Bett herum, drehen und wenden sich und schlafen einfach nicht ein. Und so liegen jeden Abend tausende frustrierte Eltern stundenlang im Dunkeln und werden immer ungeduldiger, weil ihnen ständig die Augen zufallen, das Kind neben ihnen aber immer noch nicht einschläft. Was tun?

Der erste Weg raus aus diesem allabendlichen Frust ist, sich klarzumachen: Jeder Mensch hat einen ihm angeborenen Schlafbedarf, der unveränderlich ist. Kein Kind kann länger schlafen, als es in seiner Natur liegt. Und gefühlsstarke Kinder haben häufig einen grundsätzlich eher geringen Schlafbedarf. Bereits als Neugeborene schlafen sie oft nur 14 bis 16 Stunden pro Tag, während es andere Babys in diesem Alter auf bis zu zwanzig Stunden bringen. Im Alter von einem halben Jahr kommen sie häufig auf nur noch einen Mittagsschlaf pro Tag, im zweiten Lebensjahr schlafen sie tagsüber oft gar nicht mehr, und im Kindergartenalter nähert sich ihr Schlafbedarf bereits dem vieler Erwachsenen an: Nach einer Acht-Stunden-Nacht sind sie fit. Der häufigste Grund dafür, dass sie sich abends mit dem Einschlafen so schwertun, ist also schlicht, dass sie nicht müde genug sind. Gerade Kinder, die bei der Tagesmutter oder im Kindergarten noch mittags schlafen, sind dann erst gegen 23 Uhr wieder reif fürs Bett. Kein Wunder, dass sich dann ein Einschlafritual ab 20 Uhr endlos hinzieht! Eltern tun sich und ihren Kindern deshalb einen großen Gefallen, wenn sie erst einmal herausfinden, wie viel Schlaf ihr Kind wirklich braucht. Das klappt übrigens am besten im Urlaub, wo es keine festen Aufstehzeiten gibt. Schläft das Kind dort verlässlich gegen 22 Uhr ein und ist um 6 Uhr morgens wieder wach, ist klar: Mehr als acht Stunden Schlaf braucht es nicht.

Ein Kind mit so einem geringen Schlafbedarf zu haben, ist für Eltern natürlich echt anstrengend. Denn nicht nur das Ins-Bett-Bringen zieht sich oft ewig hin, letztlich schrumpft ja auch die Zeit zusammen, die Mütter und Väter üblicherweise für sich allein oder gemeinsam zum Ausspannen und Erholen nutzen können. Manchmal kommt es sogar vor, dass der Schlafbedarf der Eltern den des eigenen Kindes übersteigt, so dass erstere in Schichten schlafen müssen, damit ihr Kind nicht ständig alleine wach durchs Haus geistert. Für alleinerziehende Eltern ist so ein Wenig-Schlaf-Kind deshalb ganz besonders schwierig zu händeln: Wie sollen sie zur Ruhe kommen, wenn sie nie auch nur ein bisschen Wach-Zeit für sich haben?

Fest steht: Schuldzuweisungen helfen bei Schlafproblemen nicht weiter. Niemand kann etwas dafür, dass die Abendsituation so belastend ist. Es ist nicht die Schuld des Kindes, dass es wenig Schlaf braucht oder nicht alleine einschlafen kann – das liegt einfach in seiner Natur. Es ist auch nicht die Schuld der Eltern, dass sie irgendwann einfach selbst hundemüde sind und keine Lust mehr auf Kindergeplapper und stundenlange Einschlafbegleitung haben – auch das ist nur menschlich. Höchste Zeit also, aus dem Ring zu steigen, die Kämpfe ums Thema Schlafen beizulegen und gemeinsam nach Lösungen zu suchen, um die unterschiedlichen Bedürfnisse unter einen Hut zu kriegen. Die folgenden Strategien haben dabei schon vielen gefühlsstarken Kindern und ihren Eltern geholfen.

Selbstbestimmte Schlafenszeit

Manche gefühlsstarken Kinder haben ein sehr gutes Gespür dafür, wann sie müde sind – und reagieren dankbar und ausgesprochen kooperativ, wenn wir ihnen anbieten, uns beim Ins-Bett-Bringen in Zukunft danach zu richten. Konkret sieht das in vielen Familien so aus, dass das Kind nach dem Abendessen schon mal Zähne putzt und seinen Schlafanzug anzieht, danach aber noch wach sein, spielen oder lesen darf, bis es von sich aus Bescheid sagt, dass es nun in den Schlaf begleitet werden möchte. Der große Vorteil dabei ist, dass dieses Vorgehen nervtötende und beziehungsschädigende Kämpfe um die »richtige« Schlafenszeit vermeidet sowie meist dazu führt, dass das Kind zur selbstgewählten Schlafenszeit leicht und verhältnismäßig schnell einschläft. Während der Umstellungszeit aufs selbstbestimmte Schlafengehen sind Kinder morgens beim Wecken zwar häufig sehr müde, weil sie das lange Aufbleiben zunächst auskosten wollen, auf lange Sicht pendelt sich jedoch meist ein Schlafrhythmus ein, der dem angeborenen Schlafbedarf des Kindes genau entspricht. Damit das selbstbestimmte Schlafengehen gelingt, ist jedoch eine gewisse Selbstregulationsfähigkeit vonnöten: Das Kind muss nicht nur spüren, wann es müde ist, sondern auch bereit sein, das »zuzugeben«, auch wenn das ein Ende des Spielens bedeutet. Manche Kinder sind zu diesem Bedürfnisaufschub erst im fortgeschrittenen Schulalter in der Lage, anderen gelingt dies schon mit zwei bis drei Jahren.

Ruhezeit statt Schlafenszeit

Niemand kann unter Zwang einschlafen. Aber gerade Kinder, die von sich aus eher schwer zur Ruhe kommen, profitieren oft von einer festen Bettgehzeit, die jedoch nicht mit dem Druck einhergeht, jetzt unbedingt schlafen zu müssen. Stattdessen können Eltern mit ihrem Kind das Ritual einführen, ab einer bestimmten Uhrzeit im Bett noch Hörspiele zu hören oder zu lesen, aber eben nicht mehr aktiv zu spielen. Oft schlafen gefühlsstarke Kinder leichter ein, wenn sie nicht das Gefühl haben, sie müssen.

Gefühle sortieren vor dem Schlafengehen

Ein reiches Emotionsleben zu haben, macht es Kindern oft schwer, abends abzuschalten und zur Ruhe zu finden. Stattdessen kreisen die Gedanken und Gefühle in ihrem Kopf. Gefühlsstarke Kinder profitieren deshalb besonders von Abendritualen, die ihnen helfen, ihre Emotionen zu sortieren und ihre Gedanken loszulassen, bevor sie einschlafen. Je nach Alter bieten sich dafür unterschiedliche Wege an. Ältere Kinder schreiben die Erlebnisse des Tages gerne in ein Tagebuch, jüngere können ihre Gefühle in ein entsprechendes Buch malen sowie von ihren Eltern aufschreiben lassen. Manchen Kindern hilft es, dunkle Gedanken und Gefühle symbolisch einem Sorgenfresser aus Plüsch in den Mund zu legen oder in einer Schatzkiste zu verstecken. Die wichtigste »Sortierhilfe« ist und bleibt jedoch das allabendliche Bettkantengespräch, bei dem wir Eltern den verantwortungsvollen Job haben, unseren Kindern zuzuhören, ohne sie zu belehren, und ihre Gefühle anzuhören, ohne sie kleinzureden oder zu bewerten. Sie sind da, sie sind für unsere Kinder real, und sie müssen ausgesprochen werden, um nicht übermächtig zu werden. Wichtig dabei ist, nicht der Versuchung zu erliegen, immer gleich Lösungen für alle möglichen Probleme finden zu wollen. Darum geht es in diesem Moment nicht. Es geht darum, dass wir zuhören, mitschwingen, mitfühlen. Und so einen Teil der überwältigenden Gefühlslast unserer Kinder auf unsere Schultern nehmen, anstatt ihnen zusätzlich noch unsere Lösungsvorschläge auf ihre Schultern zu packen.

Eine schlaffreundliche Umgebung schaffen

Nicht jedes gefühlsstarke Kind spürt gut selbst, wie viel Schlaf es braucht. Es gibt auch Jungen und Mädchen, die sind so schnell überreizt, dass sie kaum je von selbst in den Schlaf finden, obwohl sie ihn so dringend bräuchten. Diese Kinder erkennt man daran, dass sie oft schlecht gelaunt und mit dunklen Augenringen herumlaufen, sich aber trotzdem auf keinen Fall ins Bett bringen lassen wollen. Fährt man mit ihnen jedoch nachmittags eine kurze Strecke mit dem Auto, schlafen sie sofort ein, so erschöpft sind sie. Für diese Kinder ist es wichtig, dass wir Eltern die Verantwortung dafür übernehmen, dass sie zu dem Schlaf kommen, den sie brauchen. Und zwar nicht, indem wir sie mit Gewalt ins Bett zwingen, sondern indem wir Bedingungen schaffen, unter denen ihnen leicht die Augen zufallen. So kann es in der Baby- und Kleinkindzeit zum täglichen Ritual werden, das Kind jeden Mittag im Buggy in den Schlaf zu schieben beziehungsweise in der Tragehilfe in den Schlaf zu tragen, weil es zu Hause keinen Mittagschlaf mehr machen würde, obwohl es diesen dringend braucht. Auch eine allabendliche Kuschelzeit auf dem Sofa, bei der das Kind einfach wegdämmert, kann eine gute Lösung sein. Manche Kinder kommen auch unter einer beschwerten Decke (»weighted blanket«) leichter zur Ruhe. Entscheidend ist, das Kind nicht anzumeckern, dass es für seinen Schlafmangel selbst verantwortlich sei und doch einsehen müsse, dass es mehr schlafen muss. Sondern als Eltern stillschweigend für Bedingungen zu sorgen, die das Kind mit dem Schlaf versorgen, den es braucht.

Immergleiche Abläufe

Gefühlsstarke Kinder reagieren oft sehr sensibel auf Änderungen in der täglichen Routine. Spontaneität und Flexibilität gehören oft nicht zu ihren Stärken, insbesondere nicht, wenn sie müde sind. Für Eltern kann das teilweise ganz schön pedantisch wirken: Ist es nicht eigentlich egal, ob erst die Zähne geputzt und dann die

Haut eingecremt wird oder umgekehrt? Nein, nicht für ein Kind, für das die Welt ohnehin ein einziges Chaos ist und das sich an solchen kleinen Gesetzmäßigkeiten festhält wie an einem Gerüst, das ihm Halt und Sicherheit gibt. Um unnötige Tränen und Frust zu vermeiden, kann es deshalb helfen, das Abendritual einmal für alle in Bildern festzuhalten: Erst kommt das Waschen, dann der Schlafanzug, das Zähneputzen, dann das Cremen, dann die Geschichte. Entscheidend dabei ist, dass es nicht darum geht, das Kind auf diese Abläufe hin zu konditionieren, sondern dass uns Eltern dadurch bewusst wird, welche Abfolgen für unser Kind wichtig sind.

Einschlafbegleitung gehört dazu

In unserer Kultur ist der Gedanke weit verbreitet, dass sich Kinder möglichst von Anfang an daran gewöhnen sollten, alleine einzuschlafen – der Selbstständigkeitsentwicklung wegen. Diese Erwartung geht völlig an den angeborenen Schlafbedürfnissen der allermeisten Babys und Kleinkinder vorbei, ganz besonders aber an den Schlafbedürfnissen der gefühlsstarken unter ihnen. Denn ihre besondere Reizoffenheit und ihre Schwierigkeiten, ihren eigenen Gefühlshaushalt selbstständig zu regulieren, machen das Einschlafen für sie zu einer ganz besonderen Herausforderung. Einfach die Augen zumachen und wegdämmern – das ist für gefühlsstarke Kinder fast unmöglich. Zu viele wilde Emotionen wirbeln ihren Körper und ihre Seele am Ende des Tages auf, als dass sie sich einfach so fallen lassen könnten. Ein derart aufgewühltes, müdes Kind nach einem kurzen Ritual einfach sich selbst zu überlassen in der Erwartung, es würde dann schon allein in den Schlaf finden, ist deshalb in den meisten Fällen schlicht zu viel verlangt. Stattdessen tun Eltern gut daran, ihren Kindern zu zeigen, dass Einschlafen nichts Schlimmes ist, indem sie sie liebevoll in den Schlaf begleiten. Diese Einschlafbegleitung kann je nach Alter und Temperament ganz unterschiedlich aussehen:

Viele Babys und Kleinkinder kommen einfach beim Stillen und/oder Kuscheln im großen Bett am besten zur Ruhe. Manchen Kindern hilft eine Massage beim Lockerlassen, einigen reicht eine Hand auf dem Bauch. Körperkontakt gehört meistens ganz unbedingt dazu, manchen reicht es aber auch, Mama oder Papa im selben Raum zu wissen. Wie lange ein Kind beim Einschlafen Begleitung braucht, ist individuell verschieden: Während einige gefühlsstarke Kinder bereits im dritten Lebensjahr allmählich so viel Selbstberuhigungsfähigkeit gelernt haben, dass sie nach einem liebevollen Abendritual das letzte Stück in Richtung Schlaf alleine gehen können, gibt es auch Zehnjährige, die es abends noch brauchen, dass sich Mama oder Papa zum Einschlafen zu ihnen legen. Über die Selbstständigkeitsentwicklung eines Kindes sagt all das übrigens nichts aus: In vielen Kulturen dieser Welt ist es üblich, dass Kinder bis in die Pubertät hinein nur im Schutz ihrer Eltern einschlafen – und nur wenige Jahre später als junge Erwachsene selbstständig eine eigene Familie gründen.

Miteinander statt gegeneinander

Für viele Eltern ist klar: So richtig lockerlassen und entspannen können wir erst, wenn das Kind im Bett ist. Solange es noch dabei ist, selbst wenn es in Ruhe spielt, ist irgendwie noch nicht richtig Feierabend. So nachvollziehbar diese Gefühle sind, so hinderlich sind sie im Alltag mit einem gefühlsstarken Kind. Denn wenn es noch nicht schlafen kann und dann die Nähe der Eltern sucht, sich von ihnen jedoch zurückgewiesen fühlt, weil diese endlich Feierabend haben wollen, lässt es das nur noch »klettiger« werden – schließlich muss es sich nun rückversichern, dass es bei Mama und Papa auch wirklich immer noch willkommen ist, auch wenn sie gerade genervt und müde sind. Auch in solchen Situationen hilft oft ein Perspektivwechsel: Wieso sollte ein entspannender Feierabend nicht auch schon beginnen können, während das Kind noch wach ist? Können wir nicht vielleicht auch einen

Weg finden, in seinem Beisein zu entspannen? Natürlich lässt sich mit Kind nicht alles genauso realisieren wie ohne, aber manches geht eben doch: Zusammen ein Glas Wein trinken, auch wenn auf dem Fußboden noch gepuzzelt wird. Eine unblutige (!) Serie gucken. Hand in Hand einen Abendspaziergang machen, mit Kind im Buggy oder in der Trage. Entscheidend ist, den Fokus ganz bewusst wegzunehmen von dem Gedanken, dass das Kind jetzt unbedingt schlafen muss, damit der entspannte Teil des Abends beginnen kann, und stattdessen nach Wegen zu suchen, den Abend zu genießen, ganz egal ob das Kind noch wach ist oder nicht. Denn unsere Kinder müssen nicht immer im Mittelpunkt stehen. Aber wir können auch nicht erwarten, dass sie sich einfach unsichtbar machen, wenn wir Feierabend haben wollen.

In den Schlaf atmen

Gefühlsstarke Kinder sind oft so überwältigt von ihren Emotionen, dass sie nur sehr schwer zur Ruhe kommen. Das spiegelt auch ihre Atmung wider, die oft, selbst wenn sie müde sind, noch schnell und flach ist. Doch zum Glück ist das Atemzentrum unserer Kinder dafür gemacht, sich mit dem von uns Eltern zu synchronisieren. Anstatt also selbst vor lauter Schlafenszeit-Stress ungeduldig und hektisch zu werden, können wir unseren Kindern supereffektiv beim Ruhigwerden helfen, indem wir selbst ganz – ruhig – atmen.

Ein. Und aus.

Ein. Und aus.

Im Dunkeln.

Ohne zu reden.

Ohne sonst etwas zu tun.

Wir liegen einfach nur da. Neben ihnen. Und atmen. Bis sich der Atemrhythmus unserer Kinder nach und nach dem unseren anpasst und sie in den Schlaf finden.

Die Einschlafbegleitung als Me-Time nutzen

Das eigene Kind ins Bett zu bringen, noch einen Moment seine Hand zu halten oder ihm über das Haar zu streicheln, ist für viele Eltern ein schöner, beglückender Moment. Zieht sich die Einschlafbegleitung jedoch jeden Abend über eine Stunde oder länger hin, haben viele Mütter und Väter unwillkürlich das Gefühl: Mein Kind klaut mir hier gerade kostbare Lebenszeit. Warum kann es nicht einfach alleine einschlafen wie jedes normale Kind? Das Problem an solchen nur schwer unterdrückbaren Emotionen: Sie hinterlassen nicht nur bei uns Eltern ein schlechtes Gefühl, auch unsere Kinder spüren die versteckte Wut und Aggression, mit der wir neben ihnen liegen. Und schlafen darüber erst recht nicht ein. Ein Teufelskreis.

Wirkungsvoller Ausweg: Nutzen wir die Zeit abends am oder im Bett unserer Kinder dafür, etwas für uns selbst zu tun. Das Kind braucht Körperkontakt zum Einschlafen? Okay. Dann machen wir es uns doch gemütlich. Vielleicht mit etwas Musik auf dem Ohr, per Kopfhörer natürlich. Oder wir lesen etwas auf dem E-Book-Reader oder unserem Smartphone im Nachtmodus. Das nimmt den Druck raus, dass das Kind möglichst schnell einschlafen muss. Und zeigt ihm: Ich bin nicht allein und muss auch kein schlechtes Gewissen haben, Mama jetzt so lange hier bei mir zu brauchen – sie sorgt währenddessen ja auch gut für sich!

Nächtliche Nähe

Gefühlsstarke Kinder sind oft unruhige Schläfer. Sie wachen häufiger auf als andere Kinder, sind auch nachts ausgesprochen nähebedürftig und leiden oft sehr unter Ängsten und Alpträumen. Damit die Nächte für sie nicht zum Fürchten sind, brauchen sie besonders viel direkte körperliche Rückversicherung, nicht allein zu sein. Babys und Kleinkinder bekommen diese am einfachsten, wenn sie direkt bei ihren Eltern schlafen. Ältere Kinder sind oft in der Lage, abends im eigenen Bett einzuschlafen, wenn sie wissen, dass sie nachts im Zweifelsfall zu den Eltern schlüpfen dürfen. Aus dem Elternschlafzimmer ausgesperrt zu sein, ist für diese Kinder eine schlimme Erfahrung: Wo sonst sollen sie die Rückversicherung finden, die sie jetzt brauchen? Damit sich Kinder rundherum geliebt fühlen, ist es deshalb ganz wichtig, ihnen klar zu signalisieren, dass wir Eltern nicht nur tagsüber, sondern auch nachts immer für sie da sind. Das heißt nicht, dass wir nachts aufstehen und mit ihnen spielen müssten. Aber unserer Nähe können sie sich immer sicher sein. Nachts im Elternbett geschlafen zu haben, sollte deshalb für Kinder niemals irgendwelche blöden Konsequenzen haben, sondern einfach als der Vertrauensbeweis gesehen werden, der es ist: Dass unser Kind sich bei uns sicher und geborgen fühlt, war doch schließlich immer unser wichtigstes Ziel – oder?

Woanders schlafen

Es gibt Kinder, die schlafen schon vor dem ersten Geburtstag ab und an mal bei den Großeltern und übernachten als Dreijährige bereits leidenschaftlich gerne bei Kindergartenfreundinnen. Gefühlsstarke Kinder sind da meist nicht so fix: Bis sie sich sicher genug fühlen, mal woanders als bei Mama und Papa zu schlafen, können viele Jahre vergehen. Für Eltern ist es manchmal schwer, so lange abzuwarten – vor allem, wenn sie sich mal wieder nach Zeit für sich als Paar sehnen und auch von außen ständig gespiegelt bekommen, dass ihr Kind doch nun wirklich in dem Alter ist, auch mal auswärts schlafen zu können. Dabei beweisen Kinder, die sich dagegen sträuben, zunächst einmal einfach nur, dass sie ihre Fähigkeiten realistisch einschätzen. Ein Kind, das von seinem intensiven Gefühlsleben stark herausgefordert ist und viel Co-Regulation durch seine engsten Bezugspersonen braucht, um abends gut einschlafen zu können, trifft eine absolut sinnvolle und gut begründete Entscheidung, wenn es sagt: Nein, ohne meine Eltern will ich nirgends schlafen. Eltern tun deshalb gut daran, ihr Kind nicht zu solchen Übernachtungsabenteuern zu drängen, sondern sich – auch gegen wohlmeinende Erzieher und eifrige Patentanten – in dieser Frage ganz klar hinter ihr Kind zu stellen. Der Wunsch, auch mal woanders zu schlafen, entwickelt sich dann von ganz allein. Und gefühlsstarke Kindergarten- und Schulkinder werden oft sehr kreativ, wenn es darum geht, Lösungen zu finden, wie eine Übernachtung außer Haus auch für sie zum Erfolg werden kann. Sie gewöhnen sich auf eigene Faust an ein Kuscheltier, üben das Allein-Einschlafen, während Mama und Papa in der Küche mit den Töpfen klappern, und legen sich ein Mantra gegen Heimweh zurecht. Diese Bestrebungen zu unterstützen, ohne sie vorzeitig zu erzwingen – das ist der Schlüssel dazu, dass auch gefühlsstarke Kinder später ohne Probleme auf Klassenfahrt oder mit Freunden zu Festivals fahren können, wenn die Zeit dafür reif ist und sie zu Hause bei uns all die innere Sicherheit getankt haben, die sie dafür brauchen.

Wie kann Essen nur so ein Kampf sein? Ernährungsdramen entschärfen

Ganz verliebt in Mamas Brust

Alle Babys trinken gerne Milch. Aber gefühlsstarke Kinder lieben das Trinken an Mamas Brust oft ganz besonders. Es ist, als bekämen sie von der kuscheligen Nähe und der süßen Milch nie genug, und zwar tagsüber ebenso wie nachts. Für stillende Mütter ist das eine große Herausforderung. Schließlich wird ihnen heute empfohlen, ihr Kleines nach Bedarf zu stillen und nicht etwa nach der Uhr. Doch wie soll sich das umsetzen lassen, wenn das Baby gefühlt *immer* gestillt werden will? Als Stillberaterin bin ich mit dieser Situation sehr häufig konfrontiert und gebe den Müttern dabei immer denselben Satz mit auf den Weg: Nach Bedarf zu stillen, heißt nicht nur, auf den Bedarf des Babys zu achten – sondern auch auf den der Mutter.

Natürlich spüren unsere Babys am allerbesten, wann sie Hunger haben, und sollen unbedingt auf ihre frühen Hungerzeichen wie Schmatzen und Suchen hin gestillt werden. Doch Stillen ist für Babys und Kleinkinder mehr als Nahrung, es ist auch Trost- und Kuschelzeit. Erinnern wir uns daran, dass gefühlsstarke Kinder aufgrund ihrer besonderen Gehirnstruktur ein besonders starkes Bedürfnis nach Rückversicherung haben, ist es absolut logisch, dass sie kaum von Mamas Brust wegzubewegen sind: An keinem Ort lassen sich die Reize der großen aufregenden Welt für sie leichter verarbeiten. Doch das heißt nicht, dass ihr Bedürfnis nach Nähe, Halt und Rückversicherung sich nicht auch anders stillen ließe – etwa bei Papa im Tragetuch. Erleben Mütter ihr Baby also als regelrechten kleinen Milch-Vampir, ist es absolut legitim, das Stillen nach Bedarf insofern zu modifizieren, dass das Baby immer noch bei jedem Hungerzeichen an der Brust trinken darf und gerne auch immer wieder zwischendurch zum Kuscheln, Beruhigen und Einschlafen. (Keine Sorge, ein Baby kann mit Muttermilch nicht überfüttert werden, egal wie viel es trinkt!) Doch wenn das Baby satt ist und »nur« der Nähe wegen an die Brust will, haben stillende Mütter das Recht, dazu nein zu sagen und ihr Baby die Erfahrung machen zu lassen, dass es auch auf andere Weise Nähe und Sicherheit tanken kann – umso mehr, je älter das Kind wird. Denn ja: Gefühlsstarke Kinder brauchen das Stillen oft sehr. Doch gerade weil Mütter ihre gefühlsstarken Kinder oft intuitiv besonders viel und lange stillen, ist es wichtig, dass sie dabei auch gut auf sich selbst und ihre eigenen Bedürfnisse achten. Stillen – auch das Stillen eines gefühlsstarken Kindes – sollte niemals eine Einbahnstraße sein, sondern immer eine Beziehung, in der es beiden gut geht.

Ich will nicht essen!

Gerade wenn ein Baby sehr häufig gestillt werden mag, setzen viele Eltern große Hoffnungen auf den ersten Brei: Vielleicht macht der unser Baby ja satter und zufriedener? Für viele folgt dann recht schnell die Ernüchterung: Das Kleine hat zwar ständig Hunger – aber etwas anderes als Muttermilch will es trotzdem nicht. Der liebevoll selbst gekochte Brei? Wird angeekelt wieder ausgespuckt und fortan hartnäckig verweigert. Dahinter steckt zum einen schlicht ein gesellschaftliches Phänomen: Wir neigen in unserer Kultur dazu, unsere Babys früher als von der Natur vorgesehen zum Abstillen zu drängen, und beginnen dementsprechend häufig mit den ersten Fütterversuchen, lange bevor unsere Kleinen dafür physiologisch bereit sind. Doch bei gefühlsstarken Kindern kommt noch ein spezielles Phänomen dazu: Sie sind häufig tatsächlich erst zwei bis drei Monate später überhaupt erst an fester Kost interessiert als ihre Altersgenossen und sind selbst dann noch sehr wählerisch und zurückhaltend, was das Essen angeht. So ist es nicht unüblich, dass gefühlsstarke Kinder auch an ihrem ersten Geburtstag noch neunzig Prozent ihres Kalorienbedarfs mit Muttermilch decken – und den Rest mit einzeln aufgepickten Nudeln.

Grund dafür ist zum einen, dass das Stillen für gefühlsstarke Kinder eine besondere emotionale Bedeutung hat – sie tanken bei jeder Mahlzeit an der Brust auch eine gehörige Portion Nähe, die ihnen bei der Regulation ihrer intensiven Gefühle hilft, und spüren intuitiv: Möhrenbrei kann das nicht. Zum anderen reagieren gefühlsstarke Kinder besonders sensibel auf die Textur sämtlicher Lebensmittel, also sozusagen das Mundgefühl beim Essen: Manche können die weiche Konsistenz von Breien überhaupt nicht ertragen, andere bringt Stückiges zum Würgen. Damit der Beikoststart nicht zum Kampfschauplatz wird, ist es deshalb wichtig, ganz bewusst den Druck rauszunehmen und darauf zu vertrauen, dass das Baby selbst am besten spürt, was es braucht: viel Milch, viel Nähe und nach und nach entweder Brei oder feste Kost vom Familientisch oder beides in Kombination. Ohne Zwang, ohne Stress, ohne »Du musst doch was essen«. Stattdessen: Baby in den Hochstuhl setzen, verschiedene Lebensmittel anbieten und das Kleine einfach machen lassen. Denn damit gefühlsstarke Kinder ihre Scheu vor Neuem und Fremdem auch am Esstisch überwinden können, ist das Allerwichtigste, dass sie die gemeinsamen Mahlzeiten mit ihren Eltern als etwas Schönes erleben, bei dem sie genauso Nähe und Verbindung spüren können wie beim Trinken an Mamas Brust auch.

Wählerische Esser

Gefühlsstarke Kinder bleiben oft auch lange nach der Babyzeit eher skeptische Esser, die ganz genaue Vorstellungen davon haben, wie eine genießbare Mahlzeit aussehen muss. Für viele dürfen sich etwa die einzelnen Lebensmittel auf dem Teller nicht berühren, manche brauchen sogar zeitweise mehrere kleine Teller, um ganz sicherzugehen, dass der Brokkoli nicht die Kartoffeln kontaminiert. Was für uns Erwachsene oft wie ein irriger Spleen wirken mag, dem wir eigentlich nicht nachgeben wollen, ist für gefühlsstarke Kinder oft bereits ein Weg, uns Großen entgegenzukommen. Sie wissen: Uns ist es wichtig, dass sie nicht nur eine Sache essen. Sie selbst würden am liebsten nur ein Lebensmittel zur Zeit zu sich nehmen, damit sich das Gefühl im Mund nicht ständig ändert. Mehrere Lebensmittel nacheinander von verschiedenen Ecken des Tellers zu essen, ist dementsprechend eine ausgesprochen clevere Lösung, beide Wünsche miteinander zu vereinbaren. Eltern müssen deshalb keine Sorge haben, ihrem Kind etwas Blödes anzugewöhnen, wenn sie auf solche Extra-Wünsche bei Tisch eingehen. Im Gegenteil: Je weniger Aufhebens sie darum machen, desto wahrscheinlicher ist es, dass auch gefühlsstarke Kinder irgendwann die Neugierde übermannt, auch einmal Nudeln *mit* Soße zu probieren.

Nieder mit dem »Kosteklecks«

Gefühlsstarke Kinder sind oft sehr klar darin, was sie gern essen mögen und was nicht. Nudeln, Brokkoli, Bananen ohne braune Flecken auf der Schale: sehr gerne. Joghurt, Pudding, Reis? Auf keinen Fall – viel zu schleimig, viel zu körnig im Mund. Für Eltern ist das oft schwer auszuhalten, vor allem, wenn ihre Kinder bestimmte Nahrungsmittel von vornherein ablehnen und nicht einmal probieren wollen. Wie sollen sie denn dann überhaupt wissen, was ihnen schmeckt? Aus dieser Idee heraus hat sich in manchen Kindergärten, aber auch in einigen Familien die Idee des »Kosteklecks« etabliert, also die Regel, dass jedes Kind von jedem Nahrungsmittel zumindest einen kleinen Bissen probieren muss. Auf den ersten Blick mag das nach einer harmlosen Vorgabe klingen: Was kann schon an einem Teelöffelchen Milchreis so schrecklich sein? Doch wer so argumentiert, versteht nicht, wie stark der innere Widerstand eines Kindes gegen bestimmte Lebensmittel sein kann. Viele verspüren einen regelrechten Ekel, wenn sie ein bestimmtes Gericht auch nur riechen müssen – und gefühlsstarke Kinder empfinden dieses Ekelgefühl noch um ein Vielfaches stärker. Sie dennoch zu zwingen, auch nur einen Happen eines bestimmten Lebensmittels in den Mund zu nehmen, ist für sie ebenso grausam, wie es für uns wäre, nur einen Teelöffel Hundefleisch probieren zu müssen, oder nur einmal an einem Insektenlolli zu lutschen. Der »Kosteklecks« ist aber nicht nur gemein, er ist auch völlig kontraproduktiv: Aufgrund des so genannten Garcia-Effekts *verstärkt* erzwungenes Probieren den Widerstand gegen bestimmte Lebensmittel noch und sorgt dafür, dass sie Kindern auch im späteren Leben ganz gewiss nicht schmecken.

Wenn Eltern die Ernährung ihres Kindes Sorgen macht

Wenn ihr Kind beim Essen sehr wählerisch ist, machen sich viele Eltern Sorgen: Bekommt unsere Tochter so alle Nährstoffe, die sie braucht? Unser Sohn sieht so blass und schmal aus, man kann ja seine Rippen zählen – ob das noch gesund ist? In der Folge doktern viele Mütter und Väter auf eigene Faust an der Ernährung ihrer Kinder herum – etwa, indem sie fordern, dass jeden Tag eine bestimmte Menge Obst gegessen werden muss. Tatsächlich zeigen Studien jedoch, dass wir Eltern in der Einschätzung des Ernährungszustands unserer Kinder oft ausgesprochen danebenliegen. Kinderärzte können ein Lied davon singen: Der Großteil aller Jungen und Mädchen, die ihnen vorgestellt werden, weil ihre Eltern sich sorgen, sind kerngesund und wohlgenährt. Anstatt also auf gut Glück mit Druck und Zwang an der Ernährung unserer Kinder herumzubasteln, tun wir Eltern gut daran, erst einmal zu sehen, ob wir mit unseren Befürchtungen überhaupt richtig liegen. So gibt etwa ein einfaches Blutbild Auskunft darüber, ob der kleine Obst- und Gemüseverweigerer tatsächlich unter irgendeinem Vitaminmangel leidet oder einfach nur ein zwar schmales, aber kerngesundes Kerlchen ist, das sich seine Vitamine aus der Apfelschorle holt.

Ich ess doch keine Tiere!

Woraus werden eigentlich Würstchen gemacht? Fragen wie diese bringen viele Eltern ins Straucheln. Sollen sie wirklich schon ihre kleinen Kinder damit konfrontieren, dass für ihr Schinkenbrot ein echtes, lebendiges Schwein sterben musste? Andererseits: Was ist die Alternative? Anlügen? Das fühlt sich auch verkehrt an. Und so retten sich viele Eltern in halbseidene Erklärungen über Ess-Tiere und Lebe-Tiere und hoffen, dass ihre Kinder nicht genauer nachfragen. Tatsächlich geht diese Strategie auch relativ häufig auf: Kinder lernen von ihren Eltern nicht nur das Nachhaken, sondern auch das Nicht-Fragen. Sie spüren, wo Tabus sind, und lernen, dass es Dinge gibt, die sie vielleicht gar nicht so genau wissen wollen. Dahinter steckt die bemerkenswerte Fähigkeit unserer Psyche, uns von Schmerzhaftem und Unangenehmem durch Verdrängung emotional so weit abzuschotten, dass wir in weitgehender Unbeschwertheit unseren Alltag weiterleben können, auch wenn wir wissen, dass irgendwo anders auf der Welt gerade schlimme Dinge passieren. Dieser Selbstschutzmechanismus ist für unsere seelische Gesundheit sehr wichtig, denn er sorgt dafür, dass wir nicht am Leid der Welt zerbrechen. Gleichzeitig birgt er natürlich auch die Gefahr, alles auszublenden, was uns nicht passt, und uns so blind und taub werden zu lassen für den Schmerz anderer.

Die meisten Menschen entwickeln im Laufe ihres Lebens intuitiv eine gewisse Balance zwischen Mitgefühl und Selbstschutz: Das Leid anderer lässt uns zwar nicht kalt, es zieht uns aber auch nicht den Boden unter den Füßen weg. Hören wir in den Nachrichten von einer Hungersnot in Afrika, spenden wir vielleicht ein paar Euro an eine Hilfsorganisation, lassen uns aber trotzdem unser Abendessen schmecken. Wir lernen, an Bettlern in der Fußgängerzone ohne schlechtes Gewissen vorbeizugehen und nicht im Detail darüber nachzudenken, wo das Schnitzel auf unserem Teller herkommt.

Kurz: Wir filtern, wovon wir uns emotional wie stark berühren lassen – und was wir lieber wegschieben, um uns zu schützen.

Um die oft heftigen emotionalen Reaktionen gefühlsstarker Kinder auf das Leid anderer einordnen zu können, ist es wichtig, sich klarzumachen, dass sie über keinen solchen schützenden Filter verfügen. Sämtliche Eindrücke prasseln ungefiltert auf sie ein: Ihre Empathiefähigkeit ist oft so stark ausgeprägt, dass sie das Leid anderer genauso intensiv spüren, als wäre es ihr eigener Schmerz. Sie können nicht begreifen, wie irgendwer an einem offensichtlich unglücklichen Menschen einfach vorbeigehen kann. Es zerreißt ihnen das Herz, wenn ihre Eltern, nachdem sie einen

Bericht über notleidende Kinder in Rumänien gesehen haben, einfach den Fernseher ausschalten und gut gelaunt den Abendbrottisch decken können, als wäre nichts gewesen. Und ihr Mitgefühl endet nicht bei unserer Spezies: Sie können oft auch den Gedanken schier nicht ertragen, dass jeden Tag hunderttausende von Tieren getötet werden, damit wir Menschen sie essen können.

Das bringt viele Familien in eine vertrackte Lage, denn ein gefühlsstarkes Kind zwingt seine Eltern und Geschwister dadurch oft dazu, sich mit einem Thema auseinanderzusetzen, über das niemand sonst in der Familie gerne nachdenken will. Die Folge sind häufig genervte Abwehrreaktionen, die dem Kind das Gefühl geben, in seinem Empfinden irgendwie falsch zu sein – dabei sind ja eigentlich wir es, die sich ihren eigenen Gefühlen bei diesem Thema oft nicht stellen wollen.

Doch so unangenehm es uns auch sein mag: Unsere Kinder verdienen es, dass wir ihre Fragen ehrlich beantworten und auch die unangenehmen Gefühle mit ihnen aushalten, die wir damit in ihnen auslösen können. Konkret bedeutet das: Es ist niemals okay, Kinder über die Herkunft von Fleisch und Wurst anzulügen – egal in welchem Alter und egal wie sensibel unser Kind ist. Gleichzeitig liegt es in unserer Verantwortung, unsere Kinder nicht unnötig zu ängstigen oder gar durch drastische Schilderungen zu traumatisieren. Kein Kind muss YouTube-Clips über Schlachthöfe sehen, um zu begreifen, wo Wiener Würstchen herkommen – auch wenn seine Eltern überzeugte Vegetarier oder Veganer sind. Die größte Unterstützung für unsere Kinder sind wir, wenn wir (wie bei allen anderen für uns schwierigen Themen auch) die unangenehmen Gefühle bei diesem Thema nicht wegwischen, sondern ihnen zeigen, dass in unserer Familie für ihre Reaktion genauso Raum ist wie für unsere. Sehr entlastend ist für viele gefühlsstarke Kinder außerdem die Information, dass es auch viele Erwachsene gibt, die bewusst kein Fleisch oder sogar überhaupt keine Tierprodukte essen – dass sie in ihrem Empfinden also nicht alleine sind und nicht nur so fühlen, weil sie eben noch Kinder sind. Manche von ihnen werden daraufhin selbst zu Vegetariern – andere finden für sich einen Weg, ihren Fleischkonsum mit ihrem Gewissen zu vereinbaren. Vermitteln Eltern ihrem Kind, dass sie es so oder so unterstützen, ist schon viel gewonnen. (Und keine Sorge: Vegetarisch zu leben ist auch für Kinder und Jugendliche im Wachstum problemlos möglich – nur bei veganer Ernährung müssen im Zweifelsfall bestimmte Nährstoffe substituiert werden.) Oft geht die Phase der Entscheidungsfindung mit viel Verzweiflung und vielen Tränen einher, und es kann ordentlich Kraft kosten, angesichts all dieser Dramen am Esstisch nicht irgendwann die Nerven zu verlieren. Umso wichtiger ist es, sich klarzumachen, was für einen massiven inneren Konflikt das eigene Kind da gerade austrägt. Es *macht* kein Drama. Es *erlebt* ein Drama. Denn durch seine emotionale Durchlässigkeit fühlt es sich in etwa so, wie es sich für Fleisch essende Erwachsene anfühlen würde, plötzlich herauszufinden, dass sie in einer Familie von Kannibalen gelandet sind. Wie würden wir uns da wohl fühlen und verhalten?

Gefühlsstarke Berühmtheiten: Albert Schweitzer

Als Sohn eines Pfarrers wurde der kleine Albert von Anfang an zur Nächstenliebe angehalten. Doch dass sich diese nicht nur auf Menschen, sondern auch auf Tiere erstreckte, fanden seine Eltern dann doch höchst absonderlich: Welchen kleinen Jungen quälen denn monatelang Alpträume, nachdem er gesehen hat, wie ein hinkendes Pferd von seinem Besitzer mit Stockschlägen zum Schlachter getrieben wurde? Und was ist mit einem Kind los, das unter schlimmsten Gewissensbissen leidet, nachdem ihm sein Freund vorgeschlagen hat, mit Steinschleudern auf Vögel zu schießen – und das dann absichtlich daneben schießt? Nein, Albert war unzweifelhaft ein seltsames Kind: einerseits ein zartes Gemüt, verschlossen und verträumt, andererseits ein aufbrausender Charakter, der gefürchtete Wutausbrüche hinlegen konnte, die ihn selbst erschreckten. »Ich nahm jedes

Spiel furchtbar ernst und erzürnte mich, wenn andere nicht ebenfalls mit ganzer Hingebung spielten. Mit neun oder zehn Jahren schlug ich meine Schwester Adele, weil sie in einem Spiele mir durch ihre Gleichgültigkeit einen leichten Sieg zukommen ließ. Von jener Zeit an bekam ich Angst vor meiner Spielleidenschaft und gab nach und nach alles Spielen auf«, notierte er später. Seine Sensibilität, seine Impulsivität und sein ausgeprägter Gerechtigkeitssinn machten Albert schwer zu schaffen – bis es ihm schließlich gelang, sie als Berufung zu begreifen: Er wollte ein Krankenhaus mitten im Urwald gründen und Menschen helfen, die bis dahin abgeschnitten von jeder medizinischen Versorgung waren. Also ging er als studierter Theologe, der bereits seit einigen Jahren als Prediger und Lehrer beruflich fest im Leben stand, noch einmal an die Universität zurück, um Medizin zu studieren. Das Geld für seinen Traum vom Urwaldhospital verdiente er sich mit Klavierkonzerten, und schließlich machte er gemeinsam mit seiner Frau seinen Lebenstraum wahr. Sein Einsatz in dem von ihm gegründeten Urwaldkrankenhaus in Lambarene machte ihn weltweit berühmt, und sein Engagement für den Schutz des Lebens aller Kreaturen wurde zu seiner Mission, die er bis zu seinem Tod vorantrieb. Sein Mitgefühl nicht nur Menschen, sondern auch Tieren gegenüber blieb ihm dabei zeitlebens erhalten: Der Friedensnobelpreisträger engagierte sich nicht nur gegen atomare Aufrüstung und Krieg, er blieb auch bis zu seinem Lebensende Vegetarier.

Nun zieh dich schon an!
Warum Kleidung fürs Wohlbefinden wichtig ist

Anziehen, umziehen, ausziehen: Was für ein Riesen-Stressthema das im Familienalltag mit einem gefühlsstarken Kind sein kann, können sich viele andere Eltern schlicht nicht vorstellen. Es kann doch wohl nicht so schwierig sein, ein Kind dazu zu kriegen, sich ein T-Shirt und eine Jeans überzustreifen? Doch. Denn gefühlsstarke Kinder erleben nicht nur Gefühle wie Freude, Angst oder Traurigkeit besonders intensiv – auch körperliche Sinneswahrnehmungen sind bei ihnen häufig viel stärker ausgeprägt als bei anderen Kindern. Und das heißt: Jedes Stück Stoff auf ihrer Haut ist zunächst einmal ein potentielles Problem. Schließlich kann Kleidung reiben, kratzen, einengen, unangenehme Falten bilden, zu steif, zu locker, zu warm oder zu kalt sein – und ein Kind, das all diese Reize extrem stark spürt, regelrecht in den Wahnsinn treiben. Kein Wunder, dass viele gefühlsstarke Kinder vor allem im Kleinkindalter passionierte Nudisten sind: Sie würden am liebsten immer und überall nackt herumlaufen!

»Früher, als ich kinderlos war, hätte ich gedacht, nebenan wird ein Kind ermordet. Heute weiß ich: es bekommt den Schlafanzug angezogen!«

@drehumdiebolzen auf Twitter

Klamotten zum Wohlfühlen

Wenn Kinder sich morgens beim Anziehen »anstellen«, reagieren viele Eltern ungeduldig und genervt. Schließlich drängt die Zeit, alle sind müde, auf dem Frühstückstisch wird der Kaffee kalt – für einen zwanzigminütigen Klamottenkampf fehlt da wirklich jede Kraft. »Da muss er jetzt einfach durch«, lautet dann nicht selten der Beschluss, und das tobende, strampelnde, um sich schlagende Kind wird mit Macht in seine Kleidung gezerrt – was für ein schrecklicher Start in den Tag für alle Beteiligten! Dabei lässt sich auch mit sehr empfindsamen Kindern für die Klamottenfrage durchaus eine praktikable Lösung finden, wenn … ja, wenn Eltern es schaffen, aus dem Ring zu steigen und die Kleiderfrage nicht mehr als Kampfschauplatz zu betrachten. Sondern als ein Problem, bei dem ihr Kind einen echten Leidensdruck spürt. Der erste Schritt hin zu einer entspannteren An-, Aus- und Umziehsituation ist deshalb, sich wirklich einzufühlen: Wie muss es sein, einen ganzen Tag lang in Klamotten zu stecken, die einem zutiefst unangenehm sind? Wie würden wir es aushalten, im Büro, in einer viel zu engen Hose, in warmen, kratzigen Wollsocken und einem Rollkragenpullover aus klebrigem Neopren auf der nackten Haut? So in etwa fühlt es sich für viele gefühlsstarke Kinder an, in einer ganz normalen Kinderjeans und einem Longsleeve aus Baumwolle aus dem Haus zu gehen. Diese Empfindungen in Frage zu stellen (»Aber dein Shirt ist doch ganz weich«), helfen niemandem weiter: Sinneswahrnehmungen sind nicht objektivierbar. Jeder fühlt, was er fühlt. Und genau darin liegt auch der Schlüssel zum Ausweg aus dem Klamotten-Krieg: Ein Kind, das genau spürt, was geht und was nicht geht, kann uns auch helfen, Klamotten zu finden, in denen es sich wirklich wohl fühlt. Bei vielen Kindern sind das Leggins und Stoffhosen mit weichem Bund statt Jeans, leichte Wolle-Seide-Hemden, Fingerhandschuhe aus Fleece, dünne Halstücher statt dicker Schals, Boxershorts statt enger Slips (ja, auch für Mädchen!), Füßlinge statt Socken mit Bund. Um weiter Stress rauszunehmen, Lieblingsklamotten am besten immer gleich ein paarmal kaufen (sonst ist der einzig akzeptable Pulli immer gerade in der Wäsche) und genügend Zeit zum Anziehen in Ruhe einplanen. Und wenn das eigene Kind dann immer noch damit kämpft, morgens raus aus dem Pyjama und rein in die Klamotten zu kommen: auf den Schoß nehmen und liebevoll und langsam selbst anziehen – ja, auch dann, wenn das Kind dafür eigentlich schon »zu alt« ist. Unseren Kindern in einer für sie schwierigen Situation so unter die Arme zu greifen, lässt sie nicht unselbstständiger, sondern selbstsicherer werden. Denn sie spüren dabei: Ich bin okay, so wie ich bin. Und wenn etwas für mich schwierig ist, darf ich Hilfe annehmen – egal, wie alt ich bin.

Abschied, Trennung, Neuanfang: Übergänge erleichtern

Übergänge stellen für gefühlsstarke Kinder oft eine besondere Herausforderung dar: der morgendliche Abschied im Kindergarten ebenso wie der Wechsel in eine neue Gruppe, die Abfahrt in den Urlaub ebenso wie eine Veränderung der vertrauten Abendroutine, weil Mama ab jetzt dienstags zum Sport geht und in der Zeit Oma übernimmt, die anders riecht und anders vorliest und damit alles durcheinanderbringt. Eltern treibt diese Schwierigkeit mit Übergängen oft schier in den Wahnsinn, weil dadurch ihr straight durchgetakteter Tagesablauf regelmäßig zum Erliegen kommt: Wenn fürs Abgeben im Kindergarten morgens fünf Minuten eingeplant sind, das Kind sich aber zwanzig Minuten lang nicht lösen kann – was macht man da?

Zunächst einmal ist es wichtig, zu verstehen, *warum* gefühlsstarke Kinder sich mit Wechseln und Veränderungen so schwertun. Sie stellen sich nicht an, sie machen auch kein Drama, sie haben nur ein echtes Problem damit, wenn sich alle Sinneseindrücke auf einmal verändern. Denn anders als nicht gefühlsstarke Menschen nehmen sie bei jedem Wechsel bis ins Detail hinein wahr, was jetzt alles anders ist: Es ist kühler oder wärmer, es riecht anders, der Boden fühlt sich anders an, es ist lauter oder leiser, die Räume hallen anders, die Stimmen klingen ganz unterschiedlich. Doch nicht nur große Veränderungen wie etwa der Übergang hin zum Kindergarten gehen mit ganz unterschiedlichen Sinneswahrnehmungen einher – auch der Alltag zu Hause ist voll von Wechseln und Übergängen: Den Fernseher anschalten dürfen und dann wieder ausschalten müssen, ist ein Übergang. Aus dem Kinderzimmer ins Bad zu gehen ist ein Übergang. Klamotten auszuziehen und andere anzuziehen, die sich ganz anders anfühlen, ist ein Übergang. Und all diese Veränderungem, so nichtig sie uns auch erscheinen mögen, lösen in vielen gefühlsstarken Kindern mehr oder weniger heftige emotionale Reaktionen aus, die sie erst einmal verarbeiten müssen – sonst wird es für sie stressig. Anstatt unseren Kindern zu spiegeln, dass sie deshalb anstrengend, klammerig, schwierig oder kompliziert seien, ist es deshalb wichtig, dass wir ihre immense Leistung im Umgang mit all diesen Wechseln anerkennen:

- »Ich weiß, dass es schwierig für dich ist, jetzt hier im Kindergarten zu bleiben und mich gehen zu lassen. Toll, dass du es trotzdem schaffst!«
- »Das stimmt, Oma bringt dich anders ins Bett als ich, und das ist sicher anstrengend. Vielleicht können wir ihr eine Liste schreiben, woran sie unbedingt denken muss?«
- »Ja, hier auf dem Campingplatz ist vieles ganz anders als zu Hause. Aber jetzt gewöhnen wir uns da in Ruhe dran, und dann ist es auch schön!«
- »Das war eine ganz schöne Überraschung für dich, als dich plötzlich Papa abgeholt hat, was? Ich hätte es dir gerne früher gesagt, aber mir kam ganz überraschend ein Termin bei der Arbeit dazwischen. Toll, dass ihr es trotzdem geschafft habt, nach dem ersten Schreck zusammen einen schönen Nachmittag zu verbringen!«
- »Es ist nicht leicht für dich, wenn meine Schwester bei uns zu Besuch ist und du dann in einem anderen Zimmer schläfst, weil das unsere Routinen durcheinanderbringt. Das verstehe ich.«

Oft sind allein solche Botschaften für gefühlsstarke Kinder bereits eine enorme Erleichterung, denn sie kriegen ja mit, dass andere sich mit derlei Wechseln offenbar viel leichter tun. Klar liegt es da nahe, sich zu fragen: Stimmt irgendwas nicht mit mir, dass mir Veränderungen so zusetzen? Dann zu erfahren, dass viele Menschen so fühlen, dass es okay ist, mit Übergängen kämpfen zu müssen, und dass daran nichts peinlich oder seltsam ist, ist für betroffene Kinder Gold wert. Eine weitere wertvolle Hilfestellung im Umgang mit Umbrüchen und Übergängen sind berechenbare Routinen sowie visuelle Erinnerungsstützen, die insbesondere kleinen Kindern helfen, sich im Tagesablauf zu orientieren. Das wichtigste Werkzeug im Umgang mit Veränderungen und Wechseln sind jedoch Zeitpuffer im Tagesablauf: Extra-Minuten, die wir uns nehmen können, um unseren Kindern den Übergang zu erleichtern, ohne dadurch den Rest des Tages unserer To-do-Liste hinterherzuhecheln.

Übergänge bewältigen – das hilft:

1. Eine klare Tagesroutine: Gefühlsstarke Kinder sind das wandelnde Chaos – umso wichtiger ist es, dass sie sich darauf verlassen können, dass manche Dinge immer gleich sind. Wann werde ich aufstehen? Wann gibt es Frühstück? Wann geht es zur Schule oder in den Kindergarten? Wann ist Zeit zum Spielen, wann zum Essen, wann zum Fernsehen, wann zum Schlafen? Sind all diese Punkte klar und möglichst jeden Tag ähnlich, können sich Kinder an diesen Routinen entlanghangeln wie an einem Geländer.

2. Ein Plan für den Übergang: Zur Vorbereitung auf Übergangssituationen, die gefühlsstarken Kindern besondere Schwierigkeiten bereiten, hilft oft eine Planung bis ins letzte Detail: Was genau wird wann passieren? Wir fahren mit dem Auto zum Kindergarten, parken hinter dem Haus, gehen hinein, ich ziehe dir deine Jacke aus und hänge sie an den roten Haken, dann ziehe ich dir deine Straßenschuhe aus und deine Hausschuhe an, dann gehen wir Sibylle suchen, dann sagen wir ihr hallo … . So genau zu wissen, was auf sie zukommt, gibt Kindern die Möglichkeit, sich emotional auf den Tag vorzubereiten und Übergänge leichter zu bewältigen.

3. Gleich geht's los: Eine Warnung, wenige Minuten bevor eine Veränderung des Orts oder der Personen ansteht, gibt gefühlsstarken Kindern die Gelegenheit, sich emotional für den Übergang zu rüsten und sich schon einmal darauf einzustellen, dass gleich etwas anders wird. Entscheidend für den Erfolg ist das Timing: Eine Stunde bevor es zum Kinderarzt geht, auf den Termin hinzuweisen, führt im blödesten Fall nur dazu, dass in der gesamten Zeit bis dahin ein aufgescheuchtes, nervöses Kind durchs Haus rennt. Erst im Moment der Abfahrt zu sagen, dass es jetzt losgeht, kommt einem emotionalen Überfall gleich. Fünf bis zehn Minuten vor dem Aufbruch kurz und klar anzukündigen, was als Nächstes passiert, hilft hingegen den meisten Kindern sehr.

4. Auf einen Abschluss hinwirken: Das Schwierigste an Übergängen ist für viele Kinder, dass sie noch nicht fertig sind mit dem, was sie gerade tun. Die Räuberhöhle in der Kuschelecke im Kindergarten ist erst halb gebaut – und plötzlich steht Papa in der Tür und will schnell nach Hause. Gerade wollte das Kind den höchsten Bauklotzturm der Welt aufstapeln – da soll es plötzlich los zum Einkaufen. Um solchem Frust entgegenzuwirken, ist es hilfreich, mit der Vorwarnung auf die bevorstehende Veränderung (»In zehn Minuten müssen wir los zum Kieferorthopäden!«) gleichzeitig auch auf einen (vorübergehenden) Abschluss im Spiel hinzuwirken (»Jetzt gehen die Bauarbeiter schlafen, und morgen bauen sie weiter«), um zu vermeiden, dass sich das Kind völlig aus seinem Spiel herausgerissen fühlt.

5. Zeit für den Übergang einplanen: Knappe Zeitpläne sind Gift für den Alltag mit gefühlsstarken Kindern. Deshalb möglichst darauf achten, Termine nicht so zu vereinbaren, dass sie haargenau klappen könnten, sondern wann irgend möglich etwas Leerlauf zwischendurch einplanen, in denen das Kind sich ohne Stress auf die neue Situation einschwingen kann.

6. Übergänge minimieren: Machen wir uns bewusst, dass jedes An- und Ausschalten des Fernsehers, jeder Wechsel des Stockwerks, jedes An- und Ausziehen für übergangsempfindliche Kinder einen kleinen Stressfaktor darstellt, können wir Eltern oft mit kleinen Veränderungen unserer täglichen Abläufe viel Druck aus unserem Alltag nehmen – etwa, indem wir eine einzelne, ununterbrochene Medienzeit pro Tag festlegen statt mehrerer kurzer Momente vor dem Bildschirm, oder indem wir unser Kind morgens so anziehen, dass es bereits für alle Aktivitäten des Tages gerüstet ist.

So findet man aber keine Freunde! Soziale Herausforderungen begleiten

Eine Traube Kinder, spielend, lachend, und mittendrin das eigene: So wünschen wir Eltern uns das. Und tatsächlich bringen unsere gefühlsstarken Kinder für diesen Spaß viele großartige Voraussetzungen mit. Schließlich sind sie oft ungeheuer begeisterungsfähige, witzige, ausdauernde Spielkameraden. Doch weil sie gleichzeitig eben auch häufig sehr festgelegt, sehr aufbrausend und sehr wild sind, stoßen sie auf dem Spielplatz, im Kindergarten und auf dem Pausenhof immer wieder auf Gegenwind: »So spielen wir hier aber nicht!« Besonders schwierig ist dabei, dass gefühlsstarke Kinder oft aufgrund ihrer überbordenden Energie von Erzieherinnen und Erziehern, aber auch von anderen Eltern für richtige Räuberkinder mit einem entsprechend dicken Fell gehalten werden, die austeilen, aber auch einstecken können. Dass der kleine Wildfang gleichzeitig ein ganz sensibles, verletzliches Seelchen ist – das geht vielen nur schwer in den Kopf. Und so sind Spielplatzbesuche und Verabredungen mit Kindergartenfreunden für Eltern gefühlsstarker Kinder oft kein Entspannungsprogramm, sondern harte Arbeit. Denn sie wissen: Stürmen zu viele Reize auf ihr Kind ein, geht es irgendwann durch die Decke. Wird ihm aber langweilig, wendet sich seine Energie ganz schnell ins Destruktive. Mischen die Erwachsenen sich zu viel ins Spiel ein, wehrt es sich mit aller Macht. Ist aber niemand von den Großen zur Stelle, wenn die Stimmung kippt, wird es Tage dauern, um sein aufgewühltes Inneres wieder ins Lot zu bringen. Für andere Eltern mögen diese Sorgen übertrieben wirken: Was soll schon passieren, wenn Kinder sich mal streiten? Gehört das nicht auch zum Großwerden dazu? Natürlich tut es das, und niemand kann und will das verhindern. Doch wenn die Gefühle eines Kindes kein Maß und keine Grenze kennen, liegt eben auch in Konflikten mit Gleichaltrigen ein Verletzungspotential und eine Sprengkraft, die sich andere Eltern nicht vorstellen können. Wir können unsere Kinder nicht davor schützen, in Kindergruppen und unter Freunden auch mal verletzt zu werden. Aber es ist unser Job, dafür zu sorgen, dass unsere Kinder heil da rauskommen – auch wenn sie viel mehr Begleitung brauchen als andere Kinder.

Vorbereitung ist alles

Keiner mag gern ein Kontrollfreak sein. Spontane Eltern sind nicht nur viel cooler, sondern auch viel beliebter. Die, die beim Abholen aus dem Kindergarten spontan noch drei Kinder mit zum Baggersee nehmen, weil das Wetter so schön ist. Die nach dem Musikkurs noch ein Playdate dranhängen, weil die Kinder gerade so nett spielen. Die einen geplanten Zwei-Stunden-Besuch am Nachmittag spontan zur Übernachtungsparty erweitern. Toll! Nur: Für Eltern gefühlsstarker Kinder ist so viel Spontaneität oft nicht zu leisten. Und das nicht, weil sie uncool oder spießig wären. Sondern weil sie wissen: Das fliegt uns um die Ohren. Denn wenn ein Kind alle Gefühle extrem intensiv erlebt, ist das wirksamste Mittel gegen permanente Wutanfälle und verzweifelte Tränen: Planbarkeit. Berechenbarkeit. Vorbereitung. Hauptgrund dafür ist, dass gefühlsstarken Kindern kaum etwas so sehr zu schaffen macht wie Übergänge. Raus aus dem Bett, rein in die Klamotten, raus aus der Tür, rein in den Kindergarten oder in die Schule, dann wieder raus, rein ins Fußballtraining, zum Klavier oder zum Tanzen, wieder raus und nach Hause, rein ins Spiel, raus zum Abendessen, rein in den Schlafanzug, rein ins Bett – das sind, im Groben, die Punkte, an denen es im Alltag immer wieder knallt. Weil das, was für viele von uns ganz normal ist – etwas hinter sich zu lassen, um etwas anderes zu tun – die empfindsamen Gefühlswelten dieser Kinder jedes Mal aufs Neue so ins Wanken bringt, dass sie viel Kraft aufwenden müssen, um jetzt nicht frei zu drehen. Was sowohl Eltern als auch Kindern da durchhilft, ist zum einen Zeit. Zum anderen sind das Routinen. Je vertrauter und selbstverständlicher die alltäglichen Abläufe sind, desto weniger Stresssignale verursachen solche Übergangssituationen im Gehirn. Das gilt auch für Spielszenarien mit anderen Kindern: In berechenbaren, klar umrissenen Settings tun sich gefühlsstarke Kinder oft verhältnismäßig leicht. Wenn der kleine Tom von nebenan jeden Mittwochnachmittag zum Legobauen vorbeischaut, ist das meist gut zu bewältigen. Schwierig wird's, wenn ganz viel Besonderes gleichzeitig passiert – wie zum Beispiel bei einem Kindergeburtstag. Damit solche herausfordernden sozialen Situationen auch für gefühlsstarke Kinder zu schönen Erlebnissen werden, ist meist ein gewisser Planungsvorlauf nötig. Das mag zwar nicht so recht in unser Selbstbild von den coolen, spontanen Eltern passen. Aber es hilft.

Ein Plan muss her!

Ob es um den wöchentlichen Großeinkauf im Supermarkt, das tägliche Drama um die Hausaufgaben oder die Planung eines Spielbesuchs geht – oft *hoffen* wir Eltern einfach, dass alles gut geht, obwohl wir eigentlich *wissen*, dass die Wahrscheinlichkeit dafür eher gering ist. Für unsere Kinder fühlt sich das wie eine permanente, sich selbst erfüllende Prophezeihung an: Wir glauben nicht wirklich, dass das klappt. Sie glauben nicht wirklich, dass es klappt. Und dann klappt es auch nicht. Um aus diesem Negativkreislauf auszusteigen, ist es wichtig, dass wir sowohl uns als auch unseren Kindern klarmachen: Gefühlsstärke hin oder her – ob unser Vorhaben gelingt, haben wir zu großen Teilen selbst in der Hand. Denn wenn wir wissen, welche sozialen Situationen unserem Kind schwerfallen, müssen wir es nicht sehenden Auges scheitern lassen. Sondern können ihm helfen, sich so darauf vorzubereiten, dass es an der Herausforderung wachsen kann. Wie das funktioniert, möchte ich kurz am Beispiel der sechsjährigen Tamara erklären.

Die Situation: Tamara ist zu Sophies Kindergeburtstag eingeladen. Ihre Eltern wissen: Das wird schwierig. Es wird dort laut und wuselig sein, Spiele mit Verlierern und Gewinnern geben, jede Menge Süßkram, der den Blutzucker nach oben treibt, und ein anderes Kind wird jede Menge cooler Geschenke bekommen. Absagen ist keine Option, Tamara freut sich schon seit Tagen auf das Fest – obwohl sie von den letzten beiden Kindergeburtstagen, auf denen sie war, völlig aufgelöst vorzeitig abgeholt werden musste.

Die Prognose: Tamaras Eltern überlegen gemeinsam, was wohl die Klippen bei dem Fest sein werden, die Tamara zu schaffen machen, und schreiben sie auf eine Liste: die Lautstärke, der Wettbewerbscharakter der Spiele, der viele Zucker, die Eifersucht auf Sophies Geschenke.

Der Plan: In einem zweiten Schritt überlegen die Eltern, was die Klippen für ihre Tochter entschärfen könnte: Sie sollte fit und ausgeschlafen sein. Es wäre gut, wenn Tamara einen Ort hätte, an den sie sich zurückziehen kann, wenn ihr alles zu viel wird. Sie sollte bei den Spielen mitmachen können ohne Angst, zu verlieren. Und sie sollte nicht das Gefühl bekommen, dass Sophie alles Coole bekommt und sie nichts.

Die Vorbereitung: Tamaras Eltern telefonieren mit Sophies Eltern und erklären, dass Tamara sehr gern zu Sophies Fest kommen will, aber leicht von vielen Reizen überwältigt wird. Ob es möglich wäre, dass Tamara sich im Zweifelsfall zwischendurch in ein anderes Zimmer zurückzieht? Außerdem erfragen Tamaras Eltern den ungefähren Ablauf des Festes und der Spiele. Dann sprechen sie mit Tamara durch, was sie an dem Kindergeburtstag erwartet. Sie erklären, dass es bei manchen Spielen kleine Gewinne gibt, wie ein Päckchen Gummibärchen oder einen Luftballon. Und dass sie beides bereits für Tamara hier haben, so dass es ganz egal ist, ob Tamara gewinnt oder verliert – sie soll einfach Spaß haben. Und Sophies Geschenke soll sie sich ganz genau angucken und nachher zu Hause aufmalen, was sie sich selbst zum Geburtstag wünscht. Sie besprechen außerdem, dass Tamara ihr Kuschelpferd mitnehmen wird, das sie fest drücken kann, wenn sie die Eifersucht übermannt. Tamaras Eltern achten darauf, dass Tamara am Tag vor dem Kindergeburtstag früh ins Bett geht und gut schläft, damit sie genug Kraft hat für die Aufregung des nächsten Tages.

Das Sicherheitsnetz: Tamaras Vater bringt seine Tochter besonders pünktlich zu Sophie, damit sie in Ruhe ankommen kann, während die anderen Gäste eintrudeln. Er zeigt ihr ihren Rückzugsraum und erinnert sie an alles, was sie am Vortrag besprochen haben. Außerdem bittet er Sophies Eltern, ihn anzurufen, wenn sie das Gefühl haben, dass Tamara emotional abbaut – und nicht erst, wenn sie völlig aufgelöst ist. Dann kann er nämlich kommen und sie vor Ort trösten, so dass sie danach weiterfeiern kann.

Das Ergebnis: Dadurch, dass Tamara weiß, was sie erwartet, und auf die »Klippen« des Geburtstags vorbereitet ist, kann sie mit den Übergängen besser umgehen. Einmal zieht sie sich zwischendurch zurück und kuschelt mit ihrem Plüschpferd, ansonsten ist sie die ganze Zeit dabei. Als ihr beim Eierlaufen der Löffel aus der Hand fällt und sie deshalb verliert, tröstet sie sich mit dem Gedanken an die Gummibärchen, die zu Hause auf sie warten. Auf ihrem eigenen Geburtstag, beschließt sie, soll es nur Spiele geben, bei denen alle Preise gewinnen.

Dieses Beispiel zeigt: Wenn wir Eltern eine soziale Situation im Vorhinein auf Klippen abklopfen, gemeinsam mit unserem Kind eine Strategie dafür entwickeln und außerdem Rahmenbedingungen schaffen, die ihm Rückzug und eine gewisse »Erdung« ermöglichen, und wenn wir schließlich noch das Sicherheitsnetz spannen, im Notfall schnell zur Stelle zu sein – dann können sich auch Erfolgserlebnisse einstellen, die unsere Kinder stärken und wachsen lassen. Natürlich kostet das viel Energie. Aber letztlich stecken wir Eltern bei diesem Vorgehen ungefähr dieselbe Menge Kraft in die Vorbereitung, die wir sonst in die Nachbereitung stecken müssten. Und: Mit jeder erfolgreich gemeisterten sozialen Situation wächst die Wahrscheinlichkeit, dass unsere Kinder nächstes Mal ein bisschen weniger vorbereitende Unterstützung brauchen, weil sie sich selbst nach und nach Strategien zurechtlegen, mit denen sie auch in herausfordernden Situationen gut klarkommen.

Das größte Problem bei diesem Vorgehen ist deshalb tatsächlich gar nicht so sehr die Kraft, die es Eltern kostet, detailliert vorauszuplanen, sondern die Reaktionen anderer darauf. Eltern, die vor einer Kinderparty bei einer anderen Familie anrufen, die vor einer Hochzeit den Ablaufplan wissen wollen, um ihr Kind vorzubereiten, und die auf dem Schulfest nach Rückzugsmöglichkeiten für es fragen, stehen schnell unter dem Verdacht, überspannte

Helikopter-Eltern zu sein, die ihrem Kind jeden Stein aus dem Weg räumen wollen. Doch das Gegenteil ist der Fall: Der Weg des geringsten Widerstands wäre schließlich, ein gefühlsstarkes Kind einfach gar nicht den Herausforderungen einer Hochzeit, eines Kindergeburtstags oder eines Schulfests auszusetzen. Stattdessen dafür zu sorgen, dass es gut da durchkommt, ist kein Überbehüten, sondern ein Starkmachen.

Die Sache mit den Medien

Zu Fernsehen, Tablet und Co. haben gefühlsstarke Kinder häufig ein gespaltenes Verhältnis: Einerseits sind sie fasziniert von den Bildwelten und Geschichten, andererseits fühlen sie sich davon auch schnell überreizt und überfordert. Typischerweise interessieren sie sich häufig noch lange für Sendungen und Spiele, die eigentlich für Jüngere konzipiert sind – denn die actionreichen Spannungsbögen, die für Gleichaltrige verkauft werden, sind ihnen häufig emotional noch zu viel.

Für manche Eltern macht die Gefühlsstärke ihrer Kinder das Thema Medienkonsum deshalb lange Zeit sehr einfach: Wenn das eigene Kind viele Jahre lang ohnehin nicht mehr gucken will als sonntags die *Sendung mit der Maus*, sorgt das normalerweise nicht für Konflikte. Doch viele gefühlsstarke Kinder entwickeln insbesondere im Grundschulalter durchaus die Neigung, sehr viel Zeit vor dem Bildschirm verbringen zu wollen. Was absolut verständlich ist: Kinderfilme und Serien befriedigen ihr Bedürfnis nach Geschichten und Abenteuern, und geben ihnen gleichzeitig die Möglichkeit, den Umgang mit ihren eigenen großen Gefühlen zu üben – schließlich lassen sich die Sendungen ja nach Belieben anhalten, vorspulen, überspringen und vor allem: immer wieder angucken. Und Spiele-Apps schenken ihnen Erfolgserlebnisse, ohne dafür erst in komplizierten zwischenmenschlichen Interaktionen bestehen zu müssen. Insbesondere für introvertierte gefühlsstarke Kinder ist Zeit vor dem Bildschirm zudem schlicht auch die pure Erholung von all dem sozialen Miteinander in der Schule oder im Kindergarten.

Es wäre deshalb unklug, den Einfluss moderner Medien auf unsere Kinder pauschal zu verteufeln, wie dies immer wieder geschieht. Gerade gefühlsstarke Kinder können vor dem Bildschirm nicht nur viel lernen, sondern auch in einen echten Entspannungszustand finden, der ihnen Spaß macht und guttut.

Doch gerade weil gefühlsstarke Kinder Fernsehen oder Tabletspielen oft als entspannende Abwechslung von ihrem anstrengenden Alltag voller widerstrebender Bedürfnisse und unkontrollierbar großer Gefühle empfinden, besteht die Gefahr, dass diese Medien für sie einen so starken Sog ausüben, dass alles andere dem gegenüber unattraktiv wird. In solchen Situationen wird der Bildschirm schnell zum Zufluchtsort vor den Herausforderungen der Welt – eine verständliche Reaktion, die jedoch die Gefahr birgt, dass Kinder sich immer mehr aus ihrem sozialen Umfeld zurückziehen, weil sie all ihre Bedürfnisse gefühlt viel leichter und ungefährlicher auch am Tablet erfüllen können.

Wie viel Verantwortung für den eigenen Bildschirmkonsum Kinder selbst übernehmen können, ist deshalb eine Frage, bei der Eltern gefühlsstarker Kinder besonders genau hinsehen sollten. Denn ja, es gibt gefühlsstarke Kinder, die kommen wunderbar damit klar, allein zu entscheiden, wie viel Zeit sie vor Tablet, Fernseher und Co. verbringen wollen. Diese Kinder sind vor allem daran zu erkennen, dass sie nach dem Ende einer Sendung das Gerät auch sichtlich ohne Stress ausschalten und sich einer anderen Tätigkeit zuwenden können. Kindern, die wie hypnotisiert vor dem Bildschirm sitzen und sich kaum davon lösen können, tun ihre Eltern mit einem völlig freigegebenen Medienkonsum jedoch oft keinen Gefallen. Denn gerade gefühlsstarke Kinder haben oft noch keine so stark ausgeprägte Impulskontrolle, dass sie selbst bewusst abwägen könnten, wie viel Bildschirmzeit ihnen guttut und was dafür auf der Strecke bleibt. Sie sind also schlicht noch nicht in der Lage, allein die Verantwortung dafür zu übernehmen, nur so viel Zeit vor dem Bildschirm zu verbringen, dass ihre anderen Bedürfnisse dabei nicht zu kurzkommen, und brauchen dabei dementsprechend eine enge Begleitung und Co-Regulation durch uns Eltern. Manche Familien setzen dabei auf klar definierte Medienzeiten – etwa eine Stunde täglich vor dem Abendessen –, andere kommen besser mit flexiblen Lösungen klar.

Und fast alle Eltern gefühlsstarker Kinder setzen Fernseher oder Tablet manchmal auch schlicht als Babysitter ein, um kurz mal einen ruhigen Moment zum Durchatmen zu haben, und auch das ist völlig legitim und okay. Doch wenn gefühlsstarke Kinder Tag für Tag viele, viele Stunden vor dem Bildschirm sitzen – entweder weil sie es so stark einfordern oder weil ihre Eltern so erschöpft sind, dass sie sie dauerhaft davor parken – ist es wichtig, einen Schritt zurückzutreten und die Rolle, die die modernen Medien im Leben unserer Kinder spielen, noch einmal neu zu definieren. Denn ja, sie können und sollen unser Leben bereichern, uns Freude machen und beim Entspannen helfen. Aber sie sollten das andere Leben in all seiner Unberechenbarkeit und mit all seinen Herausforderungen und Spannungen nicht ersetzen.

Gefühlsstarke Kinder werden von Bildschirmmedien oft so stark in den Bann gezogen, dass sie sich kaum davon lösen. Alle Vereinbarungen (»Wir hatten doch gesagt, noch fünf Minuten!«) helfen da nicht: Beim App-Spielen und Fernsehen versagt jedes Zeitgefühl. Drücken Eltern dann einfach den Aus-Knopf, fühlt sich das für Kinder oft richtig schmerzhaft an: Von einem Moment auf den anderen werden sie unsanft aus ihrer Fantasiewelt gerissen. Was hilft: sich für die letzten zehn Minuten dazusetzen und mitschauen. Sich die Charaktere erklären lassen. Körperkontakt aufnehmen. Und so das Kind behutsam nach und nach wieder ins Hier und Jetzt begleiten.

Kindheit ohne Filter

Die Welt ist ein verwirrender Ort. Jeden Tag passieren dort so viele wunderbare Dinge – und so viele schreckliche. Schließlich ist die Geschichte der Menschheit voller Grausamkeiten, die teilweise bis heute andauern. Um diese Graumsamkeiten zu wissen und trotzdem unser ganz normales Leben leben und genießen zu können – das ist die alltägliche Glanzleistung unserer Psyche, auch und gerade im Umgang mit den Nachrichten und Dokumentationen, die uns jeden Tag, jede Stunde über die Medien erreichen. Denn ganz ehrlich: Stünde uns alles Leid, aller Schmerz, alle Ungerechtigkeit und alle Gewalt auf dieser Welt zu jedem Zeitpunkt bewusst vor Augen – wir würden unseres Lebens nicht mehr froh. Aus diesem Grund verfügen wir alle über eine Art schützenden Filter – eine Barriere in unserer Wahrnehmung, die unseren Fokus auf Dinge lenkt, die für unser individuelles Leben bedeutsam sind, und ausblendet, was uns zu sehr belasten würde.

Gefühlsstarke Kinder verfügen entweder über gar keinen solchen Filter, oder nur über einen sehr dünnen und durchlässigen. Das heißt: Sie nehmen das ganze Leid der Welt ungebremst wahr – und das ist oft mehr, als ihre empfindsame Kinderseele gut verkraften kann.

Deshalb kommt uns Eltern die verantwortungsvolle Aufgabe zu, gerade hinsichtlich des Medienkonsums für unsere Kinder diese Filterfunktion zu übernehmen und sie in einer behüteten Atmosphäre das Grundvertrauen ausbilden zu lassen, dass die Welt, in der sie leben, ein guter Ort ist. Mit diesem Vertrauen können sie dann nach und nach auch lernen, mit den schwierigen und schmerzhaften Aspekten des Lebens als Mensch auf diesem Planeten umzugehen. Denn klar ist: Einen gesunden Schutzfilter entwickeln Kinder nicht durch Abhärtung und Trauma, sondern dadurch, dass sie schrittweise einen gesunden Umgang mit ihren starken Gefühlen lernen – erst im Kleinen, dann im Großen. Kurz: Wenn ein Kind Strategien im Umgang mit seinem eigenen Schmerz entwickelt hat, kann es auch lernen, den der anderen zu tragen. Bricht das ganze Leid der Welt über Bilder und Geschichten unkontrolliert über es hinein, während es selbst noch damit kämpft, mit den eigenen starken Emotionen irgendwie klarzukommen, gerät es schnell in einen Zustand völliger Überforderung und Überreizung. Die Reaktion des gestressten Gehirns darauf ist, sämtliche Gefühlsregungen auf ein absolutes Minimum herunterzuregeln, um überleben zu können. Die Folge dieser Stressreaktion ist eine Gefühlstaubheit, unter der viele Menschen ein Leben lang leiden.

So können Eltern ihre gefühlsstarken Kinder im Umgang mit Medien schützen

- Nachrichten und Dokumentationen für Erwachsene sind nicht für Kinderohren und -augen bestimmt. Selbst wenn Kinder so wirken, als würden sie nicht zuhören, bekommen sie oft viel mit, wenn sie im selben Raum spielen, und reagieren verstört und gestresst auf Bilder und Berichte von Krieg und Verfolgung, aber beispielsweise auch Tierleid. Ab dem Grundschulalter können spezielle Nachrichtensendungen für Kinder eine sanfte Möglichkeit sein, sich gemeinsam dem Weltgeschehen anzunähern.
- Zeitschriftencover und Tageszeitungen schocken oft mit dramatischen Bildern, die in gefühlsstarken Kindern heftige emotionale Reaktionen auslösen können. Deshalb darauf achten, diese nicht offen herumliegen zu lassen – oder auf dem E-Reader lesen.
- Vorsicht vor Kinderbüchern und -filmen, die mit drastischen Darstellungen etwa vom Artensterben für Natur- und Umweltschutz werben. Um Kinder zu wahren Umweltschützern werden zu lassen, ist es viel sinnvoller, sie die Liebe zu einer heilen, intakten Natur zu lehren, anstatt sie mit Schreckensgeschichten

von abgerodeten Regenwäldern und vom Aussterben gefährdeten Orang-Utans zu belasten. Wer die Natur als Kind lieben lernt, will sie als Heranwachsender automatisch schützen.

- Bei schlimmen Ereignissen im Weltgeschehen wie Terroranschlägen und Amokläufen, aber auch Umweltkatastrophen sollten Eltern realistisch abschätzen, wie groß die Chance ist, dass das Kind außerhalb der Familie davon erfährt. Kleine Kinder, bei denen das sehr unwahrscheinlich ist, können guten Gewissens einfach von den tragischen Geschehnissen abgeschirmt werden. Ältere Kinder müssen behutsam vorbereitet werden auf Gespräche, die sie am nächsten Tag etwa auf dem Pausenhof mitbekommen könnten. Dabei den Fokus immer auf das Positive, Mutmachende legen (wie viele Menschen geholfen haben!) und gleichzeitig betonen, wie unglaublich selten solche Ereignisse sind und wie verschwindend gering die Wahscheinlichkeit, selbst betroffen zu sein.
- Um das Gedächtnis an die Gräueltaten des NS-Regimes wachzuhalten, ist es in vielen Schulen üblich, Ausflüge zu entsprechenden Gedenkstätten zu machen sowie Konzentrationslager zu besuchen, teilweise bereits in der Unter- und Mittelstufe. Für gefühlsstarke Kinder kann die direkte Konfrontation mit so viel Unrecht, Leid und Tod extrem belastend sein, und zwar auf eine ungesunde Weise: Sie lernen dann nicht, das Geschehen historisch einzuordnen, zu verstehen und daraus zu lernen, sondern sind einfach nur völlig verstört und mitgenommen. Auch wenn ein solcher Ausflug von Schulseite als altersangemessen angesehen wird, können Eltern gefühlsstarker Kinder gemeinsam mit ihrem Kind abwägen, ob es einen solchen Besuch emotional packt und wenn ja, was es dafür braucht – oder gemeinsam mit den Lehrerinnen und Lehrern nach einem Weg suchen, dem Kind eine traumatische Situation zu ersparen.

»Fernzusehen war für unsere Tochter immer eine Herausforderung. Während andere Eltern ihre Kinder mit lustigen YouTube-Clips beim Zähneputzen bei Laune hielten, zeigte unser Kind regelrechte Stresssymptome angesichts der bewegten Bilder auf dem Bildschirm: Sie riss die Augen auf, ihr Herz klopfte wie wild, sie klammerte sich an uns fest, bis ihre Knöchel ganz weiß waren. Es schien uns, als könne sie so viele Reize auf einmal einfach nicht verarbeiten. Und so ließen wir den Fernseher meistens aus und guckten lieber Bilderbücher an. Mit fünf Jahren war unsere Tochter dann so weit, dass sie eine Folge Sandmännchen *gucken konnte: ruhige Bilder, harmlose Geschichten, bei einer Gesamtlänge von fünf Minuten. Mit sieben schaffte sie es,* Die Sendung mit der Maus *zu gucken – in Zehn-Minuten-Häppchen, auf drei Tage verteilt.*

Das Problem dabei: Ihre Klassenkameraden waren längst ganz anderen Medienkonsum gewohnt, und auch in der Schule wurde vorausgesetzt, dass man Erstklässlern in einer Freistunde auch mal einen netten Kinderfilm zeigen kann. Dass unsere Tochter bei einer spontan im Unterricht gezeigten »Pippi-Langstrumpf«-Folge völlig überfordert weinend aus dem Klassenzimmer lief, fanden natürlich alle schräg: die anderen Kinder, die anderen Eltern und natürlich die Lehrer. Gerüchte machten die Runde: Ob wir vielleicht so eine Familie seien, die aus weltanschaulichen Gründen moderne Medien ablehnt? Dass eine Erstklässlerin keine halbe Stunde Kinderfernsehen aushalten könne, das sei doch nicht normal?

Wir haben dann mit der Klassenlehrerin gesprochen und darum gebeten, uns in Zukunft vorher Bescheid zu geben, wenn in der Schule ein Film gezeigt werden soll. Und dann haben wir, so absurd das klingen mag, mit unserer Tochter gezielt das Fernsehen geübt. Wir haben darüber gesprochen, mit welchen Mitteln in Filmen Spannung erzeugt wird (die Musik!) und dass in Kinderfilmen immer alles gut ausgeht. Wir entwickelten Entspannungsstrategien für spannende Szenen und Blinzel-Techniken gegen schmerzende Augen. Mit neun war unsere Tochter dann so weit, dass sie sich

zum ersten Mal zutraute, bei einem Kindergeburtstag mit ins Kino zu gehen – nachdem wir denselben Film einige Tage vorher schon einmal gemeinsam mit ihr im Kino angeguckt hatten, zur emotionalen Vorbereitung. Für uns war das ein echter Meilenstein – unser Kind schafft einen 100-Minuten-Film auf der großen Leinwand! Und unsere Tochter war sichtlich froh, nicht mehr diejenige zu sein, die als einzige der Klasse kein Kinderkino aushalten kann.«
Mareike

Jetzt hör mir doch mal zu! Mit gefühlsstarken Kindern sprechen

Einen Stoßseufzer kennen fast alle Eltern gefühlsstarker Kinder: »Mein Kind hört mir einfach nicht zu!« Klar ist das frustrierend: Da hängt man sich rein, um sein Kind zu verstehen und ihm das Leben leichter zu machen, und dann? Reagiert es nicht mal auf die simple Bitte, den Tisch zu decken!

Hinter diesem scheinbar rüden Verhalten steckt jedoch häufig ein ganz einfacher Grund: Das Gehirn gefühlsstarker Kinder ist oft durch die vielen verschiedenen, intensiven Emotionen, die gleichzeitig verarbeitet werden müssen, so überanspruchte, dass es in eine Art Notfallmodus schaltet, in der es alle weiteren Reize zum Selbstschutz schlicht ausblendet – bis auf jene, die Lebensgefahr bedeuten, wie das Gebrüll eines Tigers. Oder einer Mutter, die die Nerven verliert. Dann guckt das Kind verstört und erschrocken auf, und Eltern fragen sich: Kann es wirklich sein, dass ich mein Kind erst anschreien muss, damit es reagiert? Nein, natürlich nicht, zumal das Schreien den Stress, der das kindliche Gehirn in den Notfallmodus versetzt, ja noch zusätzlich verstärkt. Doch wenn das Gehirn so überlastet ist, dass es auf leise, freundliche Ansprache nicht mehr reagiert, sondern nur noch auf stärkere Reize – dann ist der sinnvollste Umgang damit, mit einem angenehmen, positiven

Reiz die Aufmerksamkeit unseres Kindes für uns zu gewinnen. Also: freundliche Berührung, offener Blickkontakt und dann eine Ansprache, die gute Gefühle macht: »Thomas, Liebling, guckst du mal hoch zu mir? Heute Abend gibt es dein Lieblingsessen, Lasagne. Deck bitte den Tisch dafür!« So holen Eltern ihr Kind aus der Stressschleife, brechen aus dem Kreislauf des Schreiens und Zurückschreiens aus und kommen nach und nach dahin, dass das Chaos im Kopf ihres Kindes sich soweit beruhigt, dass es auch eine leise, freundliche Aufforderung wieder hören kann.

Kommunikation mit gefühlsstarken Kindern: Das hilft

Im Kopf gefühlsstarker Kinder herrscht oft so viel Stress und Chaos, dass sie Schwierigkeiten haben, langwierigen Erklärungen und komplexen Aufforderungen zu folgen. Reagieren Eltern oder Lehrer darauf mit Wut und Unverständnis, steigt der Stresspegel in ihrem Inneren immer weiter an und macht es ihnen *noch* schwerer, zu kooperieren, obwohl sie nichts lieber wollen.

Um sicherzugehen, dass die Botschaft das Kind auch erreicht, können folgende Strategien helfen:

1. Ein klares Signal, das dem Kind zeigt, wohin es seine Aufmerksamkeit jetzt richten soll – zum Beispiel ein Glöckchen, das die Lehrerin läutet, wenn sie der ganzen Klasse etwas erklären will. Oder eine sachte Berührung an der Schulter, wenn der Sohn vom Legobauen aufblicken soll, um Papa zuzuhören.

2. Blickkontakt, der dem Kind signalisiert: Ich spreche nicht mit irgendwem, sondern mit dir. Ein so *Face-to-Face* vorgebrachtes Anliegen wird vom Gehirn automatisch als wichtiger eingeordnet als ein Zuruf aus der Ferne.

3. Eine knackig-kurze Ansage, um die Botschaft klar auf den Punkt zu bringen: Abendessen. Schuhe anziehen. Komm mit. Stopp! Genauere Erklärungen können später folgen, jetzt ist es erstmal wichtig, dass unser Kind kapiert, worum es uns geht.

4. Authentizität. Wir sagen, was wir fühlen, und meinen, was wir sagen. Gefühlsstarke Kinder sind extrem empfindlich für Unstimmigkeiten und seltsame Zwischentöne und merken genau, wenn wir sie zu etwas auffordern, hinter dem wir in Wirklichkeit gar nicht stehen.

5. Klarheit. Eine Frage ist eine Frage, und eine Aufforderung ist eine Aufforderung. Das heißt: »Wollen wir dich jetzt langsam mal bettfertig machen?« stellt das Kind vor eine Wahl, und »Nein« ist eine völlig legitime Antwort darauf. Wird diese dann nicht respektiert, weil die Frage eigentlich nur rhetorisch gemeint war, fühlt sich das ungerecht und verwirrend an. Ist die Entscheidung schon gefallen, muss sich diese Klarheit deshalb auch in der Sprache niederschlagen: »Jetzt ist Schlafenszeit!«

6. Fokus auf das Ziel statt auf Verbote. »Nicht in die Mehlschüsssel fassen!« Und dann grapscht das Kind mitten hinein. Der Grund dafür: Je mehr das Gehirn unter Stress steht, desto weniger hält es sich mit Details auf – wie etwa dem Wörtchen »nicht«. Unwichtig, befindet das Gehirn des gefühlsstarken Kindes und verarbeitet folglich die Information »Mehlschüssel fassen« – wird gemacht! Viel zielführender ist es, Kindern zu sagen, was genau sie *tun* sollen: »Halte bitte die Schüssel fest!« Und schon klappt's.

Wenn gefühlsstarke Kinder zuschlagen. Gewalt verhindern und einhegen

Gewalt ist keine Lösung, predigen Eltern ihren Kindern jeden Tag. Obwohl sie selbst ganz genau wissen: Manchmal ist es – zumindest gefühlt – die einzige. Oder gibt es irgendeinen Menschen, der noch nie ausgerastet wäre, noch nie rumgebrüllt, um sich gekickt und zugeschlagen hätte? Wohl kaum. Aggressionen zu haben und auch körperlich auszuleben, liegt in der Natur des Menschen. Und zu beißen, zu hauen und zu treten sind ganz normale Reaktionsmuster kleiner und größerer Kinder auf Stress und Wut. Sich diese Normalität klarzumachen, ist wichtig, um das Hauen und Beißen gefühlsstarker Kinder nicht zu dämonisieren. Ja, es ist nicht okay, anderen weh zu tun. Und ja, natürlich müssen Kinder und Erwachsene lernen, ihren Gefühlen anders Ausdruck zu verleihen als mit Tritten und Hieben. Doch dass ein Kind damit noch stark zu kämpfen hat, verweist weder auf einen schlechten Charakter noch auf Erziehungsfehler, sondern ist zutiefst menschlich: Um gewalttätige Impulse nicht auszuleben, brauchen wir gerade in Stresssituationen viel Selbstregulationsfähigkeit – und genau diese bilden Kinder ja gerade erst aus, und gefühlsstarke noch einmal langsamer als andere.

Dass gefühlsstarke Kinder immer wieder auch körperlich aggressiv werden, ist also zunächst einmal ganz normal. Gleichzeitig ist natürlich klar, dass wir Eltern dabei nicht einfach tatenlos zusehen und abwarten können, bis sich die Selbstregulationsfähigkeit unserer Kinder so weit entwickelt hat, dass sie von selbst aufhören zu hauen. Im Gegenteil: Es ist unsere Verantwortung, andere Menschen vor gewaltvollen Übergriffen durch unsere Kinder zu schützen – und unseren Kindern dabei zu helfen, ihre starken Gefühle auf andere Weise zu kanalisieren. Wichtig zu wissen ist jedoch, dass ein Kind in einer akuten Stresssituation nicht lernfähig ist. Das heißt: Unsere elterliche Verantwortung, unserem Kind andere Strategien als Hauen, Treten und Beißen beizubringen, muss in ruhigen, entspannten Momenten ansetzen. Ist der Stresslevel bereits so hoch, dass sich das Gehirn unseres Kindes bereits im »Kampf-oder-Flucht«-Modus befindet, ist jegliches Mahnen und Erklären hingegen müßig. In diesen akuten Wutmomenten besteht unsere Aufgabe allein darin, andere und unser Kind selbst zu schützen.

Gewaltprophylaxe: Was Kindern hilft, nicht zuzuschlagen

Schlagen ist eine Verzweiflungs- und Stressreaktion. Das heißt: Der beste Schutz vor gewaltsamen Ausbrüchen ist, den Stresslevel im Gehirn des Kindes kontinuierlich niedrigzuhalten. Dafür finden Sie in Kapitel 4 viele Anregungen. Prinzipiell gilt: Je angstfreier ein Kind aufwachsen kann und je öfter es die Erfahrung macht, mit all seinen Gefühlen gesehen und geliebt zu werden, desto weniger angestauter Frust bahnt sich in körperlicher Form seinen Weg.

Wenn die Luft brennt – Der Erste-Hilfe-Plan

Spüren Eltern, dass ihr Kind kurz davor ist, auszuticken und um sich zu schlagen, kann der folgende Erste-Hilfe-Plan der australischen Therapeutin und Yogalehrerin Lindsey Lieneck helfen:

1. Das Kind in Bewegung bringen. Kurz bevor Kinder zuschlagen, verharren sie oft in einer verkrampften Starre. Um diese ungeheure Anspannung zu durchbrechen, können Eltern ihr Kind zum gemeinsamen Rennen und Rangeln auffordern. Lässt das Kind sich darauf ein, ist es super, wenn Mama oder Papa es dabei kopfüber vor dem eigenen Körper baumeln lassen, wenn es das mag. Dabei bringen Eltern ihr Kind nämlich in eine Position, die im Gehirn automatisch Entspannungssignale auslöst.

2. Hinknien und flüstern. Toleriert das Kind keinen Körperkontakt und will weder rangeln noch rennen, können Eltern es aus dem schlimmsten Stresszustand herausholen, indem sie in die Knie gehen, bis sie *von unten* Blickkontakt mit ihrem Kind aufnehmen können, und dann flüsternd mit ihm sprechen. Der Grund: Ansprache und Blickkontakt aus erhöhter Position verbindet ein Gehirn im Stresszustand automatisch mit einer Gefahrensituation, weshalb Kinder auf ihre Eltern in akuten Wutsituationen oft gar nicht mehr reagieren. Präsentieren sich Eltern hingegen als klein und harmlos, sinkt der Stresslevel und das Kind wird wieder erreichbar.

3. Eine feste Umarmung. Reagiert das Kind auf die zurückhaltende Kontaktaufnahme, kann es ihm in einem zweiten Schritt beim Ruhigwerden helfen, festen Halt zu spüren – etwa in einer strammen Umarmung, bei der Mama oder Papa von hinten fest die Arme um es schließen.

4. Szenenwechsel. Ist dem Stress erstmal die schlimmste Spitze genommen, hilft es Eltern und Kindern sehr, gemeinsam den Ort des Geschehens zu verlassen und wenn irgend möglich rauszugehen, auf jeden Fall aber in einen anderen Raum. Denn erst ein solcher Szenenwechsel signalisiert dem kindlichen Gehirn, dass die Gefahrensituation wirklich vorbei und abgeschlossen ist.

Das Kind und sich selbst schützen

Wenn alle Strategien nichts helfen und ein gefühlsstarkes Kind um sich schlägt, steht in diesem Moment der Schutz der körperlichen Unversehrtheit aller Beteiligten an erster Stelle. Das heißt: Auch wenn es keine tolle Erziehungsstrategie ist, ein wütendes Kind aus dem Raum zu verbannen, damit es lernt, dass es so nicht geht, ist es *natürlich* legitim, ein um sich schlagendes Kind in sein Zimmer zu bringen und die Tür zuzumachen, *um sich selbst zu schützen*. Denn ob ein solches Vorgehen legitim ist oder nicht, erklärt sich nicht nur aus der Handlung selbst, sondern immer auch aus der dahinterstehenden Haltung: Will ich meinem Kind einfach nur eine Lektion erteilen? Oder werde ich meiner Verantwortung gerecht, mich selbst oder Geschwisterkinder vor unkontrollierten körperlichen Übergriffen zu schützen? Lässt sich ein tobendes, um sich schlagendes Kind nicht mehr wegbewegen, ist es im Sinne des Schutzes der körperlichen Unversehrtheit aller Beteiligten oft am sinnvollsten, das Kind einfach dort zu lassen, wo es ist, dann selbst den Raum zu verlassen und erstmal durchzuatmen. Insbesondere wenn auch noch andere (Geschwister-) Kinder in Sicherheit gebracht werden müssen, ist es wichtig, diese zielstrebig und wirksam zu schützen, bevor die Begleitung des Wutkindes dran sein kann. Solche Grenzsituationen zu erleben, fühlt sich für Eltern schrecklich an und lässt selbst gestandene und erfahrene Väter und Mütter an allem zweifeln. Doch es ist wichtig, sich vor Augen zu halten, dass sich in solchen Ausbrüchen einfach nur ein immenser Stress entlädt – und dass sie weniger und weniger werden, je mehr Strategien unser Kind kennt, mit Stressfaktoren in seinem Leben anders umzugehen.

SECHSTES KAPITEL

Gefühlsstarke Kinder in Krippe, Kindergarten und Schule

Familienergänzende Betreuung für gefühlsstarke Kleinkinder

Wann sie ihr Kind erstmals in Betreuung geben wollen, davon haben die meisten Eltern bereits vor der Geburt eine ziemlich klare Vorstellung: Manche stehen schon während der Schwangerschaft auf der Warteliste der Wunsch-Kita, andere peilen eine Betreuung um den zweiten Geburtstag herum an, wieder anderen ist es wichtig, ihr Kleines in den ersten Lebensjahren in jedem Fall zu Hause zu behalten. Die eigene Idee davon, wie die frühe Kindheit in Sachen Betreuung gestaltet werden soll, hat dabei nicht nur mit finanziellen und beruflichen Gründen zu tun, sondern auch mit ganz persönlichen Wertevorstellungen. Ein kleines Kind in die Kita zu geben oder zu Hause zu lassen, ist heute oft nicht einfach eine individuelle Entscheidung, sondern Ausdruck eines bestimmten Selbstverständnisses und Weltbilds. Viele Eltern sind stolz darauf, ihren Söhnen und Töchtern eine kitafreie Kindheit in der Geborgenheit der eigenen Familie schenken zu können. Andere sind überzeugt, dass es für Kinder wichtig ist, schon früh unter Altersgenossen zu kommen und von ausgebildeten Erzieherinnen ganz andere Anregungen zu empfangen als zu Hause. Das eigene Modell wird dabei von vielen als die einzig wahre, wirklich gute Lösung für Kleinkinder angesehen und mit viel Vehemenz nach außen auch so vertreten.

Eltern sehr gefühls- und bedürfnisstarker Kinder bringt das oft in eine besonders schwierige Lage. Denn auch sie hatten häufig ein ganz bestimmtes Bild davon, wie sie die ersten drei Jahre ihres Kindes gestalten wollten. Und merken nun im Alltag: So wie wir uns das vorgestellt haben, funktioniert das aber nicht! Diese Erfahrung machen dabei sowohl die Mütter und Väter, die sich ganz darauf eingestellt hatten, ihr Kind in den ersten Lebensjahren komplett selbst zu betreuen, als auch die, die schon vor der Geburt fest den Kitastart nach einem Jahr Elternzeit geplant hatten.

Denn: Gefühlsstarke Kinder zeigen häufig nicht nur besonders intensive Emotionen, sondern auch ein extremes Bindungsverhalten. Ihre Bindung zu ihrer wichtigsten Bezugsperson ist ungewöhnlich stark – und sorgt dafür, dass sie oft als ausgesprochene »Mamakinder« große Schwierigkeiten mit Trennungen selbst für kurze Zeit haben. Ganz typisch für gefühlsstarke Kinder ist, dass sie auch mit einem Jahr noch fast so häufig an der Brust trinken wollen wie ein Neugeborenes, beim Spielen Mama immer in der Nähe haben wollen und sich oft nicht einmal von Papa ins Bett bringen lassen. (Hat der Vater im ersten Lebensjahr den größten Teil der Babybetreuung übernommen, kommt dieses Phänomen natürlich auch umgekehrt vor – dann ist oft nur er gefragt, wenn's ums Kuscheln, Tragen und Ins-Bett-Bringen geht.) Ein so nähebedürftiges, verkuscheltes, sensibles, anhängliches Kind mit einem Jahr in eine Krippe geben? Kann eine Tagesmutter oder ein Tagesvater, eine Erzieherin oder ein Erzieher eine so intensive Betreuung überhaupt leisten? Schließlich ist unser Kind ja nicht das einzige, um das sie sich kümmern müssen! Dabei haben viele Eltern kein gutes Gefühl, selbst wenn ihr Plan ursprünglich genau das vorsah. Umgekehrt merken jedoch auch die Paare, die sich ganz aufs Selbstbetreuen in den ersten Lebensjahren eingestellt hatten, dass der Alltag allein mit einem gefühlsstarken Kleinkind völlig auspowern kann. Denn egal wie viel Liebe, Kraft und Aufmerksamkeit Mütter und Väter in ihr kleines, wildes Kind investieren – es scheint einfach nie genug zu sein. 24 Stunden am Tag, sieben Tage die Woche für einen kleinen Wirbelwind da zu sein, der wenig schläft, nie allein spielt, ganz viel Nähe braucht und ständig intensivste Gefühlsausbrüche hinlegt, ist ein Knochenjob, der viele Eltern nach einiger Zeit regelrecht am Stock gehen lässt.

So kommt es, dass viele Eltern gefühlsstarker Kleinkinder in einem echten Dilemma stecken: Sie haben das Gefühl, dass die klassische Betreuung in großen Gruppen mit wenigen Erzieherinnen für ihr sensibles, wildes, besonderes Kind nicht wirklich passt. Sie spüren aber gleichzeitig, dass sie dringend etwas Unterstützung brauchen, um im Alltag überhaupt einmal eine Pause zum Luftholen zu haben und nicht völlig auszubrennen. Dazu kommt, dass in der Diskussion um die Kleinkindbetreuung insbesondere in den sozialen Netzwerken schwere Geschütze aufgefahren werden: In emotionalen Artikeln und Blogposts werfen sich Eltern gegenseitig vor, egoistisch das Wohl ihres Kindes zu gefährden, indem sie es in den ersten Lebensjahren außerhalb der Familie betreuen lassen – oder eben nicht. Kein Wunder, dass die Frage, wie und mit wem ihr Kind die ersten Lebensjahre verbringen soll, für viele Eltern heute mit Ängsten besetzt ist. Schließlich will niemand der Seele seines Kindes schaden oder ihm wertvolle Zukunftschancen verbauen. Besonders gravierende Auswirkungen hat die Auseinandersetzung darum, was Kinder in den ersten Jahren denn nun wirklich brauchen, auf die Eltern gefühlsstarker Kinder. Denn sie haben natürlich besonders große Angst davor, ihr wunderbares, aber eben auch nicht ganz einfaches Kind jemandem anzuvertrauen, der mit seiner Sensibilität, seiner Wildheit und seinen überschießenden Gefühlen dann nicht umgehen kann. Und merken gleichzeitig oft: Alleine schaffen wir's aber auch nicht.

Umso wichtiger ist es, dass betroffene Eltern sich klarmachen: Die Debatte um die frühkindliche Betreuung wird hierzulande als Kampf zwischen zwei Extremen geführt – zwischen einer 50-Stunden-Woche im unpersönlichen Massenbetrieb einer Riesen-Kita und dem Verzicht auf jegliche außerfamiliäre Unterstützung scheint es im öffentlichen Diskurs nicht viel zu geben. Dabei existiert gerade im Bereich der Kleinkindbetreuung so viel mehr als schwarz und weiß!

Bewährte Erfolgsstrategien für alle Betreuungsorte

Fest steht: Die Bindungserfahrungen der ersten drei Lebensjahre sind für uns Menschen besonders prägend, und es ist gut und wichtig darauf zu achten, dass Kinder erleben, dass ihre vertrauten Bezugspersonen feinfühlig und prompt auf ihre Bedürfnisse reagieren. Das gilt nicht nur, aber ganz besonders auch für gefühlsstarke Kinder.

Fest steht aber auch: Wir Menschen sind nicht dafür gemacht, Tag und Nacht allein mit einem kleinen Kind zu sein. In fast der gesamten Geschichte unserer Art war es immer selbstverständlich, dass Eltern im Alltag mit ihren Kindern Unterstützung bekamen – sei es von Familienangehörigen, Freunden oder Dienstboten. Kinder gemeinsam großzuziehen war sozusagen der Schutzbrief der Natur gegen Überforderung und Eltern-Burnout, gerade für Familien mit bedürfnisstarken Kindern.

Wenn Familien sich darüber im Klaren sind, entdecken sie oft, dass es durchaus Wege gibt, die Bedürfnisse der Großen und der Kleinen auch in der Betreuungsfrage sehr wohl unter einen Hut zu bekommen – ohne, dass jemand Schaden an seiner Seele nimmt.

Den Betreuungsstart hinauszögern. Für viele Eltern ist der erste Geburtstag der naheliegende Zeitpunkt für den Krippenstart: Das Elterngeld läuft aus, die Kollegen warten, und nach einem Jahr zu Hause fällt vielen auch die Decke auf den Kopf. Aus bindungswissenschaftlicher Sicht sind der 12. und 13. Lebensmonat allerdings ein ziemlich schlechter Zeitpunkt für eine Eingewöhnung. In diesem Alter sind Kleinkinder nämlich typischerweise besonders stark auf ihre engsten Bezugspersonen ausgerichtet und tun sich schwer damit, neue Bindungen einzugehen. Für gefühlsstarke Kinder gilt das ganz besonders: Sie sind mit einem Jahr oft richtige kleine Klammeräffchen, die kaum je Mamas oder Papas Arm verlassen wollen. Denkbar schwierige Ausgangsvoraussetzungen für einen Betreuungsbeginn! Viele Eltern machen deshalb gute Erfahrungen damit, den geplanten Kitastart noch um ein gutes halbes Jahr hinauszuzögern. Mit 18 bis 20 Monaten stecken Kleinkinder in einer Entwicklungsphase, in der sie deutlich offener und neugieriger auf andere Menschen zugehen und sich leichter damit tun, ein neues Bindungsband zu knüpfen. Gerade bei gefühlsstarken Kindern tut sich in dem halben Jahr zwischen eins und anderthalb so viel in Sachen Bindungssicherheit und Selbstregulation, dass es sich wirklich sehr lohnen kann, diese Zeit auch ohne Elterngeld irgendwie finanziell zu überbrücken um dann mit einem viel besseren Gefühl wieder ins Berufsleben zurückzukehren.

Es gemeinsam zu Hause schaffen. Manche Eltern organisieren ihren Familienalltag so, dass sie ihr Kind in den ersten Lebensjahren zu Haus betreuen können – indem beide in Teilzeit arbeiten, oder im Home Office, oder indem ein Elternteil allein das Familieneinkommen verdient. Einige binden zusätzlich Großeltern oder andere Verwandte in die Kinderbetreuung mit ein. Der große Vorteil dabei: Das Kind kann ganz stressfrei in seinem vertrauten Umfeld bleiben, umgeben von Menschen, die es lieben und es ganz an seinen Bedürfnissen orientiert versorgen. Die Eltern sparen sich die nervenaufreibende Suche nach einem Betreuungsplatz und können sich hundertprozentig sicher sein, ihr Kind in guten Händen zu wissen. Ein Nachteil dieser Lösung ist, dass der Verzicht auf ein Gehalt den Lebensstandard vieler Familien empfindlich senkt, was leider oft auch bedeutet, dass für zusätzliche Entlastung – wie etwa eine Haushaltshilfe – kein Geld mehr übrig ist. Eltern, die ihr Kind als Selbstbetreuer bei sich zu Hause haben, brauchen deshalb möglichst ein starkes soziales Netz aus Familie und/oder Freunden, die bei der Kinderbetreuung mit anpacken, auch mal einkaufen oder kochen und damit dazu beitragen, dass derjenige Elternteil, der den Mammutanteil der Kinderbetreuung übernimmt, nicht in eine chronische Überlastung oder gar eine Erschöpfungsdepression abrutscht.

Sich gegenseitig unterstützen. In mehreren Städten gibt es mittlerweile so genannte Elternteams, bei denen sich mehrere, ihre Kinder zu Hause betreuenden Mütter und Väter zusammenfinden, um sich gegenseitig zu entlasten. Grundprinzip dabei ist, dass die Eltern sich gegenseitig keinerlei Arbeit machen, sondern nur Arbeit abnehmen wollen. Konkret sieht das so aus, dass alle sich reihum abwechselnd bei sich zu Hause treffen und alle anwesenden Kinder betreuen, so dass jede/jeder zwischendrin einmal in Ruhe duschen kann. Aufgeräumt und geputzt wird nicht vor, sondern wenn überhaupt gemeinsam während dieser Treffen. Diese Form der Unterstützung ist nichts für jeden – schließlich gehört ein großer Vertrauensvorschuss dazu, quasi Fremde so ins eigene Zuhause zu lassen mit all seinen Unvollkommenheiten und dem Chaos, den der Alltag gerade mit einem sehr wilden, entdeckungsfreudigen, impulsiven Kleinkind so mit sich bringt. Gleichzeitig nehmen selbst sehr anhängliche und sensible Kinder das Setting eines solchen Elternteam-Treffens oft sehr gut an und lassen sich tatsächlich unkompliziert von den anderen Erwachsenen mitbetreuen, so dass die eigene Mama oder der eigene Papa mal einen Moment Pause hat.

Das Kind mit zur Arbeit nehmen. In einigen wenigen Berufen ist es für Eltern zumindest zeitweise möglich, das eigene Kind mit zur Arbeit zu nehmen. Eine weitere Möglichkeit, das kindliche Bedürfnis nach viel Nähe zu Mama oder Papa mit dem eigenen Wunsch nach Pause und Zeit zum Arbeiten unter einen Hut zu kriegen, sind so genannte Co-Working-Spaces explizit für Eltern mit Kind – offene Büros also, in denen Eltern sich einen Arbeitsplatz mit Kinderbetreuung buchen können. Insbesondere Freiberufler und Studenten finden so in mehreren großen Städten die Rahmenbedingungen, die sie brauchen, um sich zumindest für zwei, drei Stunden pro Tag auf ihre Arbeit konzentrieren zu können und gleichzeitig zu wissen, dass ihr Kind direkt nebenan ist und im Zweifelsfall immer zu ihnen kommen kann. Die genaue Ausgestaltung solcher Co-Working-Spaces ist von Ort zu Ort verschieden: Während sie an manchen Orten von Eltern für Eltern organisiert sind und vorrangig auf ehrenamtlicher Betreuungsarbeit basieren (»Rockzipfel«), gibt es mancherorts bereits auch professionell aufgebaute Co-Working-Büros inklusive angeschlossener Kinderkrippe mit professionellen Erzieherinnen und Erziehern – die aber gleichzeitig etwa auf eine gemeinsame Mahlzeit von Eltern und Kindern Wert legen. Der große Vorteil dieses Betreuungssettings ist, dass es dem starken Bindungsbedürfnis gefühlsstarker Kinder sehr entgegenkommt, die eigenen Eltern so nah zu wissen und sie im Alltag auch mal zwischendurch zum Stillen oder Kuscheln besuchen zu können. Genau diese ständige Verfügbarkeit kann jedoch auch zum Nachteil werden, weil Eltern dadurch manchmal Schwierigkeiten haben, beim Arbeiten den Kopf frei zu bekommen – allein weil sie wissen, dass sie jederzeit unterbrochen werden können. Dazu kommt, dass nicht jeder in einem kreativen Co-Working-Space die nötige Konzentration aufbringen kann, um wirklich produktiv zu sein. Und: Bisher sind Co-Working-Spaces für Eltern mit Kind nur an sehr wenigen Orten in Deutschland überhaupt verfügbar.

Hilfe ins Haus holen. Individuell im eigenen Zuhause betreut zu werden, kann insbesondere sehr sensiblen, eher schüchternen Kindern viel Halt und Sicherheit geben. Je nach Umfang der angestrebten Betreuung kommen für diese Unterstützung in den eigenen vier Wänden ganz unterschiedliche Helfer in Betracht. Geht es Eltern vorrangig darum, mal wieder ein wenig Zeit für sich zu haben, kann eine Babysitterin oder ein Babysitter eine großartige Lösung sein. Besonders geeignet sind für diese Aufgabe junge Erwachsene, die selbst über eine hohe Sensibilität und Empathiefähigkeit verfügen und sich so auch ohne pädagogische Ausbildung gut in die komplizierte Gefühlswelt ihres kleinen Schützlings hineinversetzen können. Für das eigene Kind fühlt sich das Babysitten dann im Idealfall an wie cooler Spielbesuch einer älteren Freundin oder eines älteren Freundes. Einige Eltern verlassen übrigens nicht einmal die Wohnung, während jemand anderes ihre Kinder hütet – sie genießen einfach, in Ruhe in einem anderen Zimmer zu quatschen, zu kuscheln und auszuruhen, während ihr Kind nebenan gut betreut und beschäftigt ist.

Eine bedenkenswerte Alternative zum klassischen Babysitten durch einen jungen Menschen ist der Einsatz einer so genannten Leih-Oma beziehungsweise eines Leih-Opas. Dieser Service wird mittlerweile in vielen Städten angeboten und bringt kinderfreundliche Senioren und Familien mit Betreuungsbedarf zusammen. Leih-Großeltern werden bezahlt, verstehen sich aber auch ein Stück weit als »Wahlfamilie« vor Ort. Weil jedoch mit sehr willensstarken, wilden Kindern in dieser Generation noch ein ganz anderer Umgang üblich war, ist es sehr wichtig, bei der Auswahl der Leih-Großeltern besonderes Augenmerk darauf zu legen, wie diese über temperamentvolle, eigenwillige, starke Kinder denken. Klingt bereits beim ersten Kennenlernen eine verständnislose, autoritäre Grundhaltung heraus, lassen beide Seiten besser die Finger voneinander. Leih-Großeltern mit einem großen Herz für kleine Wildfänge und Sensibelchen können hingegen eine große Bereicherung für Familien sein.

Für Eltern, die für eine größere Stundenzahl Unterstützung benötigen, kann es sich lohnen, eine erfahrene Kinderfrau oder Nanny einzustellen. Das ist zwar nicht ganz billig, birgt aber die Chance, eine genau den eigenen Vorstellungen entsprechende

Betreuungsperson zu finden, die das eigene Kind im vertrauten Setting betreut.

Für Familien, die ein Extra-Zimmer entbehren können, besteht außerdem die Möglichkeit, zur Unterstützung im Alltag ein Au-pair aus dem Ausland oder einen so genannten Wohnhelfer aufzunehmen – also einen jungen Menschen, der mietfrei einzieht, dafür aber im Haushalt und bei der Kinderbetreuung mit anpackt.

Eine liebevolle Tagespflege finden. Tagesmütter und -väter betreuen in den meisten Kommunen Kleinkinder bis zum Alter von drei Jahren in Gruppen von maximal fünf Kindern. An einigen Orten ist mit einer Sondererlaubnis auch eine Betreuung bis zum Schuleintritt möglich. Viele Eltern schrecken vor dem Gedanken, ihr Kind in der Wohnung einer fremden Erwachsenen betreuen zu lassen, zunächst einmal zurück – das »offiziellere« Setting einer Krippe mit mehreren Erzieherinnen und Erziehern wirkt da oft vertrauenerweckender. Dabei ist eine liebevolle Tagesmutter beziehungsweise ein liebevoller Tagesvater gerade für sehr sensible und gefühlsstarke Kinder oft die bessere Wahl als die Betreuung in einer Kita. Denn gerade weil in der Kindertagespflege genau ein Erwachsener für mehrere Kinder fest zuständig ist, ermöglicht diese Betreuungsform kleinen Kindern, eine besonders stabile und tragfähige Bindung an ihre Tagesmutter oder ihren Tagesvater zu entwickeln, so dass sie sich dort tatsächlich bald fast wie zu Hause fühlen.

Was stimmt: Anders als Erzieherinnen und Erzieher haben die meisten Tageseltern keine mehrjährige Ausbildung durchlaufen, sondern »nur« einen Kurs belegt. Doch das bedeutet nicht, dass ihre Arbeit schlechter wäre. Denn auch wenn es heute en vogue ist, immer höhere und akademischere Ausbildungen für die Kinderbetreuung zu fordern, ist aus bindungswissenschaftlicher Sicht klar: Die Qualität der Kleinkindbetreuung steht und fällt mit der Herzlichkeit, Feinfühligkeit und Achtsamkeit der Betreuungsperson. Natürlich hilft entwicklungspsychologisches Hintergrundwissen dabei, kleine Kinder in ihrem Verhalten zu verstehen und angemessen zu begleiten. Doch wenn eine mehrjährige Ausbildung ein Garant für einen liebevollen Umgang mit kleinen Kindern wäre, gäbe es nicht so viele Familien, die ihren Krippen entsetzt den Rücken zuwenden, nachdem sie mitbekommen, wie grob und unachtsam dort teilweise mit den Kleinsten umgegangen wird.

Eine gute Tagesmutter, ein guter Tagesvater strahlt hingegen eine solche Herzenswärme aus, dass Eltern spüren: Hier ist mein Kind in guten Händen. Das familiäre Setting einer kleinen Kindergruppe in häuslicher Umgebung hilft darüber hinaus gerade gefühlsstarken Kindern, nicht von der Lautstärke, den vielen Reizen und den wechselnden Bezugspersonen einer klassischen Krippenbetreuung überfordert zu werden.

Eine Krippe, die zur Familie gehört. Eine Krippe für die Kleinsten: Darunter stellt sich jeder etwas anderes vor. Manche haben dabei die Schwarz-Weiß-Fotos aus alten DDR-Krippen vor Augen, in denen Kleinkinder in Reih und Glied in riesigen Schlafsälen liegen und im Akkord aufs Töpfchen gehen müssen. Andere denken an paradiesische Spielorte, in denen fröhliche Kleinkinder gemeinsam mit ihren Freunden liebevoll und einfühlsam betreut und optimal gefördert werden. Betreuungsgegner zeichnen düstere Bilder von Verwahranstalten, in denen unglückliche Kinder hinter Maschendrahtzaun auf die Mama warten, während Info-Broschüren des Familienministeriums Kitas wie die ultimative Antwort auf sämtliche Vereinbarkeitsprobleme aussehen lassen.

Das Schwierige ist: In all diesen Bildern steckt ein bisschen Wahrheit. Denn die Krippenlandschaft in Deutschland ist so vielfältig wie qualitativ unterschiedlich. Es gibt sie, die mustergültigen Einrichtungen, in denen Kinder achtsam und feinfühlig begleitet werden. Es gibt aber auch noch die Krippen vom alten Schlag, in denen Kinder ohne Rücksicht auf ihre individuellen Bedürfnisse zum Schlafen, Essen und auf den Topf gezwungen werden, und in denen weinende Kinder nicht auf den Arm genommen werden, damit sie sich gleich mal daran gewöhnen, dass sie hier mit Tränen nicht weiterkommen. Kurz: Es gibt ganz großartige Krippen, ganz schreckliche Krippen, und jede Menge mittelguter dazwischen. In diesem Sammelsurium die richtige Einrichtung für das eigene Kind zu finden – und das oft noch unter dem Druck eines krassen Kitaplatzmangels, der jeden überhaupt angebotenen Platz wie einen Lottogewinn erscheinen lässt – ist für alle Eltern eine Herausforderung. Für diejenigen gefühlsstarker Kinder jedoch besonders, denn sie wissen: Während emotional sehr stabile, in sich ruhende Jungen und Mädchen vielleicht auch mit einer nicht ganz so optimalen Betreuung klarkommen, weil sie sich sehr gut selbst regulieren können, wäre eine ungute Betreuungssituation für ihr Kind eine Katastrophe. Denn jeder spöttische Blick, jeder unbedachte Kommentar, jede Zurückweisung und jedes Nicht-gesehen-Werden treffen es direkt ins Herz – und kann dort bleibenden Schaden anrichten. Gleichzeitig können positive Bindungserfahrungen in einer guten Kita gerade gefühlsstarke Kinder auch richtig beflügeln: zu sehen, wie etwa Gleichaltrige mit großen Gefühlen umgehen, zu erleben, wie ein anderer feinfühliger Mensch als Mama oder Papa sie durch ihre emotionalen Aufs und Abs begleitet, ist für viele von ihnen eine Erfahrung, die sie in ihrer persönlichen Entwicklung enorm weiterbringt.

Checkliste: Mein Kind in gute Hände geben

Viele Eltern fühlen sich mit der Suche nach familienergänzender Betreuung für ihr gefühlsstarkes Kind erstmal überfordert: Woran sollen sie denn erkennen, wo sich ihr Kind am wohlsten fühlen wird? Diese Checkliste kann Müttern und Vätern dabei helfen, das Wesentliche im Blick zu behalten, um für sich und ihr Kind eine gute Entscheidung zu treffen. Denn es gibt Orte auch außerhalb ihrer Familie, an denen gefühlsstarke Kinder regelrecht über sich hinauswachsen können. Aber: Es ist nicht immer leicht, diese Orte zu finden. Denn gefühlsstarke Kinder brauchen nicht einfach nur nette Menschen, die gut auf sie aufpassen. Sie brauchen ein echtes, authentisches Gegenüber, eine echte Vertrauensperson, zu der sie eine tragfähige Bindung aufbauen können und die ihnen hilft, ihre heftigen Emotionen zu regulieren.

Menschen sind wichtiger als Räume. Nicht von einem tollen Garten oder einem hellen Spielzimmer alleine beeindrucken lassen, sondern wirklich auf die Betreuungsperson gucken: Wie herzlich, liebevoll und feinfühlig wirkt sie auf uns? Wie empathisch geht sie mit den Sorgen und Ängsten von uns Eltern um?

Wie geht es den Kindern? Eine gute Betreuungseinrichtung erkennen Eltern daran, dass es den Kindern dort offensichtlich gut geht. Sie wirken gelöst und vertrauensvoll, suchen von sich aus immer wieder die Nähe der Betreuungspersonen, und nirgendwo sitzt ein unglückliches Kind alleine rum.

Wie wird auf die nonverbalen Signale der Kinder reagiert? Hat die Betreuungsperson, auch während sie Eltern durch die Einrichtung führt, ein offenes Ohr und ein liebes Wort für die Kinder in ihrer Obhut? Hört sie den Kindern wirklich zu, auch wenn sie noch nicht so gut sprechen können? Reagiert sie auf die feinen Signale, etwa die hoch gereckten Ärmchen, die bedeuten, dass ein Kind auf den Arm möchte?

Wie wird über die Kinder gesprochen? Wie Betreuungspersonen über Kinder sprechen, offenbart viel über ihre innere Haltung. Klingt echte Wertschätzung aus ihren Worten? Oder werden die Gefühle der Kinder lächerlich gemacht? »Der bockt nur« und ähnliche Aussagen sollten Eltern aufhorchen lassen: Wo Kindergefühle so kleingeredet werden, werden sie auch nicht ernstgenommen und empathisch begleitet.

Was passiert beim Essen? Danach sollten Eltern fragen, und zwar ganz konkret: Was machen Sie, wenn mein Kind etwas nicht probieren mag? Und was, wenn es *gar nichts* isst? Eine respektvolle Betreuung erkennen Eltern daran, dass auf solche Fragen hin klargestellt wird, dass natürlich kein Kind zum Essen gezwungen wird, dass auch niemand irgendwas probieren muss, und dass alle Kinder Nachtisch bekommen und keines am Tisch sitzen bleiben muss – ob es irgendwas gegessen hat oder nicht.

Was passiert zur Schlafenszeit? Es gibt immer noch Kitas, die erwarten, dass sich kleine Kinder zu einer bestimmten, festgelegten Schlafenszeit einfach hinlegen lassen und alleine einschlafen. Manchmal wird das sogar explizit als Auftrag an die Eltern weitergegeben: Gewöhnen Sie Ihrem Kind bitte bis zum Krippenstart an, um 11.30 Uhr ohne Ihre Unterstützung einzuschlafen. Achtung: In so einer Einrichtung können Eltern nicht mit einer liebevollen, achtsamen Begleitung ihres Kindes rechnen. Obacht ist auch geboten, wenn Betreuungspersonen sagen, dass sie die Kleinen vor dem Einschlafen noch ein bisschen »meckern« lassen, bis sie sich beruhigen: Das ist ein Euphemismus dafür, dass die Kinder sich in den Schlaf weinen!

Deshalb: Unbedingt ganz konkret fragen, wie das Einschlafen abläuft und was passiert, wenn ein Kind nicht schlafen kann oder mag. Erzählt die Betreuungsperson dann, wie die entsprechenden Kinder in den Schlaf getragen, gekuschelt oder gewiegt werden, ist das ein gutes Zeichen. Unbedingt auch auf die Zwischentöne achten: Werden unruhige Kinder zähneknirschend auch mal in den Schlaf begleitet, damit sie die anderen nicht stören, oder wird es als völlig normal angesehen, dass die Kleinen Einschlafbegleitung brauchen? Gibt es auch alternative Beschäftigungsmöglichkeiten für die, die nicht mehr schlafen wollen? Das ist gerade für gefühlsstarke Kinder ganz wichtig, die oft weniger Schlaf brauchen als ihre Altersgenossen – sie zum Liegenbleiben und Nichtstun zu zwingen, ist untragbar!

Was passiert bei Wutausbrüchen? Diese Frage vergessen viele Eltern in der Aufregung oft, bei der Betreuungsplatzsuche zu stellen, dabei ist sie so wichtig: Was machen die Betreuungspersonen eigentlich, wenn ein Kind einen richtigen Wutanfall hinlegt? (Gerade bei einem gefühlsstarken Kind ist das ja kein unwahrscheinliches Szenario!) Eine gute Betreuungsperson antwortet ganz klar: Dann begleiten wir diese Wut wie jedes andere Gefühl auch. Das Kind ist schließlich nicht bockig oder unartig, sondern wird einfach von seinen Gefühlen überwältigt. Vorsicht ist geboten, wenn Betreuungspersonen sagen, dass sie das Kind dann ignorieren oder gar in einen anderen Raum bringen, wo es sich »ausbocken« kann – dahinter steckt das Weltbild, dass man Kindern unerwünschte Gefühlsregungen abtrainieren sollte, indem man ihnen keine Beachtung schenkt.

Was passiert, wenn ein Kind beißt oder haut? Gefühlsstarke Kinder neigen zu Übersprungshandlungen. Wird ihnen alles zu viel, hauen oder beißen sie manchmal unvermittelt zu – nicht aus böser Absicht, sondern aus Stress. Deshalb unbedingt schon im Vorfeld fragen: Was passiert in Ihrer Einrichtung eigentlich, wenn ein Kind einem anderen Kind weh tut? Bei der Antwort kommt es auf zwei Punkte an: Dass das Kind, dem weh getan wurde, getröstet und beruhigt wird. Und dass das andere Kind, das gehauen oder gebissen hat, nicht zum Täter gemacht wird, der in irgendeiner Weise bestraft werden muss, sondern ebenfalls als das Opfer gesehen wird, das es letztlich ist – das Opfer seiner eigenen Überforderung nämlich, die ihm in diesem Moment keinen anderen Ausweg ließ. Eine gute Reaktion wäre deshalb, wenn die Betreuungsperson sagt: Wenn ein Kind haut oder beißt, trenne ich die Kinder, tröste das Kind, dem weh getan wurde, und beruhige auch das andere. Dann zeige ich ihm ohne Schuldzuweisungen, was es in Stresssituationen anders machen kann, und achte in Zukunft darauf, Zeichen von Anspannung früher zu erkennen, damit es gar nicht erst zu so einer Kurzschlussreaktion kommt. Absolutes Alarmsignal ist es, wenn in einer Betreuungseinrichtung Kinder, die ein anderes Kind verletzt haben, eine »Auszeit« auf irgendeinem Stuhl, möglicherweise sogar noch außerhalb des Gruppenraumes, absitzen sollen. Dieses Vorgehen ist nicht nur entwürdigend und verletzend, es zeigt auch, dass die Betreuungspersonen keine Ahnung von Entwicklungspsychologie haben. Genauso blöd ist es übrigens, wenn Erzieher sagen, dass die Kinder solche Konflikte unter sich regeln sollen: Klar sollen in etwa gleich starke Kinder auch mal miteinander rangeln dürfen, doch genauso wichtig ist es, dass die Erwachsenen es klar als ihre Aufgabe begreifen, Kinder vor Übergriffen zu schützen.

Wie sieht bei Ihnen die Eingewöhnung aus? Ohne Mama oder Papa an einem fremden Ort zu bleiben, verlangt kleinen Kindern viel ab. Umso wichtiger ist es, dass ihnen genug Zeit gegeben wird, sich an die neue Umgebung zu gewöhnen und eine vertrauensvolle Beziehung zu ihren neuen, zusätzlichen Bezugspersonen aufzubauen. Dafür ist die Eingewöhnungszeit da. Wissenschaftliche Untersuchungen zeigen, dass der Wert einer guten Eingewöhnung nicht in Gold aufzuwiegen ist: Geduldig und gut eingewöhnte Kinder haben nicht nur einen deutlich niedrigeren Stresslevel während der Trennung von den Eltern, sie sind auch signifikant seltener krank. Trotzdem ist es leider vielerorts noch nicht selbstverständlich, Eltern und ihren Kindern eine an ihren individuellen Bedürfnissen ausgerichtete Eingewöhnung zu ermöglichen – was dazu führt, dass für viele Kinder der Betreuungsstart viel belastender und schwieriger verläuft als nötig. Eltern sollten also ganz genau nachfragen: Was würde uns in der Eingewöhnungszeit erwarten? Achtung: Viele Einrichtungen antworten darauf standardmäßig, eingewöhnt würde nach dem »Berliner Modell«, einem wissenschaftlich recht gut erforschten und etablierten Eingewöhnungskonzept. Allein: Studien haben ergeben, dass die allermeisten Einrichtungen, die angeblich nach diesem Vorbild eingewöhnen, in Wirklichkeit jede Menge Abkürzungen nehmen, um schneller durch zu sein – was der Grundidee des Modells komplett entgegensteht. Dazu kommt, dass auch das »Berliner Modell« nicht zu jedem Kind passt – gerade gefühlsstarke Kinder brauchen oft eine noch längere, behutsamere Eingewöhnungszeit. Wie können Eltern also herausfinden, was sie bei der Eingewöhnung wirklich erwartet? Sie können sich zunächst einmal in das »Berliner Eingewöhnungsmodell« einlesen und, wenn darauf verwiesen wird, ganz unschuldig nachfragen: »Ich bleibe also in den ersten drei Tagen auf jeden Fall komplett dabei?« Sagt eine Betreuungsperson dann, dass man das ja dann sehen werde und dass Eltern sich an Tag zwei durchaus schon mal kurz einen Kaffee holen gehen könnten, ist klar, dass hier abgekürzt werden soll. Kein gutes Zeichen! Gerade wenn das eigene Kind sehr sensibel ist und vermutlich eine längere Eingewöhnungszeit brauchen wird, ist es eine gute Idee, gleich mit offenen Karten zu spielen: »Wir rechnen mit einer mindestens dreiwöchigen Eingewöhnungszeit, wovon ich die erste Woche komplett dabei bleiben will« – und dann mal zu sehen, wie die Betreuungsperson darauf reagiert. Denn für eine gelungene Eingewöhnung ist es ganz wichtig, dass die Betreuungsperson die Eltern im Raum nicht widerwillig toleriert und so schnell wie möglich loswerden will, sondern sie als wichtige Unterstützung begreift.

Was können Sie tun, um Ihrem gefühlsstarken Kind die Umstellung leichter zu machen? Gefühlsstärke ist keine Krankheit und keine Diagnose, und damit dieser Eindruck auch gar nicht erst entsteht, müssen Eltern den Begriff beim ersten Kennenlernen einer potentiellen Betreuungsperson sicher nicht verwenden. Was sie allerdings unbedingt tun sollten, ist, die Besonderheiten ihres Kindes auf positiv-liebevolle Weise zu beschreiben und zu sehen, wie die Erzieherin oder der Erzieher darauf reagiert. »Unser Sohn ist sehr nähebedürftig und hat ein großes Bedürfnis nach Körperkontakt, gerade wenn er müde wird« – eine solche Aussage löst beim Gegenüber meist eine spontane Reaktion aus, die viel über ihre oder seine Sicht auf Kinder verrät. Warmherzige, verständnisvolle Betreuungspersonen lächeln angesichts solcher Beschreibungen und suchen nach Wegen, die besonderen Bedürfnisse ihrer kleinen Schützlinge mit den Anforderungen ihres Arbeitsalltags in Einklang zu bringen – etwa indem sie anbieten, besonders nähebedürftige Kinder in einer Tragehilfe zu tragen. Weniger zugewandtes Erziehungspersonal reagiert eher abwehrend auf derlei Schilderungen und betont, dass der Alltag mit einer Kindergruppe keinen Raum für Extrawünsche lasse. »Wenn ich das anfange, wollen das alle«, ist ein typischer Satz, mit dem wenig feinfühlige Betreuer solche Anliegen gleich im Keim zu ersticken versuchen. Eine feinfühlige Betreuungsperson erkennen Eltern daran, dass sie stets nach an den Bedürfnissen des Kindes orientierten Lösungen sucht, während eine weniger feinfühlige den Verweis auf besondere Bedürfnisse meist abschmettert mit dem Argument, da müsse das Kind eben durch.

Gefühlsstarke Kleinkinder eingewöhnen

Die Eingewöhnung in eine Betreuung, vor allem wenn es die erste ist, bedeutet für alle Kleinkinder ein großes Gefühlsdurcheinander: Die neuen Kinder, die neue Bezugsperson, die neuen Räumlichkeiten. Die Aufregung, das Abenteuer.

Der Trennungsschmerz, das Vermissen, die Wiedersehensfreude.

Und das alles noch hundertfach potenziert: Das bedeutet die Eingewöhnungszeit für gefühlsstarke Kinder. Umso wichtiger ist es, ihnen den Betreuungsstart so leicht wie irgend möglich zu machen – er wird trotzdem noch anstrengend genug für alle Beteiligten. Eine bedürfnisorientierte Eingewöhnung bietet dafür die beste Basis. Entscheidend ist, dass das Kind in absoluter Sicherheit und Geborgenheit in Anwesenheit von Mama oder Papa Vertrauen fassen kann, dass die Tragfähigkeit dieses Vertrauens nach frühestens (!) drei Tagen dann bei einem kurzen (!) Trennungsversuch ausgetestet wird, und dass sich der weitere Eingewöhnungsverlauf am Ergebnis dieses Trennungstests orientiert: Hat das Kind bereits eine gute Verbindung zu seiner neuen Bezugsperson aufgebaut, was sich darin zeigt, dass es sich von ihr trösten und beruhigen lässt, können die Betreuungszeiten zügig ausgedehnt werden. Lässt sich das Kind noch nicht trösten und beruhigen, braucht es eine längere Kennenlernphase und eine gemächlichere Eingewöhnung.

Wie genau an den Bedürfnissen gefühlsstarker Kinder ausgerichtete Eingewöhnung aussehen kann, zeigt dieser Zehn-Punkte-Plan:

1. Einen Eingewöhnungsplan besprechen

Viele Betreuungseinrichtungen sprechen über den Betreuungsstart eher vage: »Dann kommen Sie mal, und dann sehen wir schon.« Besser: Einen glasklaren Plan besprechen, mit begleiteter Kennenlernphase, einem kurzen Trennungsversuch und der Vereinbarung, dass sich die Eingewöhnungsdauer an den Signalen des Kindes orientiert.

2. An der eigenen Einstellung arbeiten

Gefühlsstarke Kinder sind sehr sensibel für all die feinen Schwingungen, für all das Unausgesprochene und nur heimlich Gedachte, das wir Eltern so aussenden. Sie spüren deshalb ganz genau, ob wir dem Betreuungsstart vorfreudig und optimistisch, ängstlich und besorgt oder mit einem schlechten Gewissen entgegensehen. Besonders wenn Eltern selbst sehr gefühlsstark sind, kann die Eingewöhnung zu einem richtiggehenden Emotions-Pingpongspiel werden, bei dem sie und ihr Kind sich gegenseitig ständig in ihren überbordenden Emotionen spiegeln: Die Mama hat Angst, ihr Sohn könnte die Trennung nicht gut verkraften, der Sohn wiederum spürt Mamas Angst und sorgt sich, sie könnte die Trennung nicht gut verkraften. Also kooperiert er und klammert sich an sie, und sie fühlt sich bestätigt in ihrer Sorge, ihr Kleiner sei eben einfach noch zu sensibel für eine Betreuung ohne sie …

Sind Eltern sich dieser Dynamik bewusst, können sie ihr entgegenwirken, indem sie genau darauf achten, welche Gefühle ihre eigenen und welche die ihres Kindes sind – und die Eingewöhnung an dasjenige Elternteil delegieren, das leichteren Herzens vermitteln kann: Wir vertrauen deiner Erzieherin oder Tagesmutter hier voll und ganz und freuen uns mit dir, dass du hier eine tolle Zeit haben wirst!

3. Jede Gelegenheit zum Kennenlernen nutzen

Vertrautheit ist der Schlüssel zu jeder gelungenen Eingewöhnung. Die Eingewöhnung von jüngeren Geschwisterkindern klappt oft deshalb so gut, weil sie die Tagesmutter oder Krippe schon lange vom Hinbringen und Abholen kennen. Einen ähnlichen Effekt hat es, bereits vor dem offiziellen Eingewöhnungsbeginn immer mal wieder in der Krippe oder bei der Tagesmutter vorbeizuschauen, etwa zu einer wöchentlichen Spielstunde am Nachmittag im Beisein der Eltern. In der Woche vor Eingewöhnungsbeginn ruhig vereinbaren, jeden Nachmittag zum Spielen zu kommen! Gefühlsstarke Kinder sind schließlich Meister darin, emotionale Assoziationen auszubilden, die sie dann noch sehr lange mit einer festen Situation verknüpfen: Sind sie einmal an einer bestimmten Stelle hingefallen und haben sich das Knie aufgeschürft, erinnern sie sich daran noch monatelang. Verbinden sie mit der Betreuungsperson und -situation hingegen bereits zum Eingewöhnungsstart gute Gefühle von fröhlichen gemeinsamen Spielplatzbesuchen, tragen sie diese Gefühle durch den Abschiedsschmerz.

4. Kennenlernen in Sicherheit

Viele Eingewöhnungen sind von einer gewissen Ungeduld geprägt: Die erste Trennung bloß nicht zu lange aufschieben! Doch aus bindungswissenschaftlicher Sicht ist das Quatsch: Ein Kind muss sich sicher fühlen, damit es ihm an einem Ort gut geht und es Vertrauen fassen kann. Dieses Sicherheitsgefühl entsteht aber nur in Anwesenheit einer vertrauten Bezusgperson. Deshalb ist es so wichtig, als Eltern mindestens drei Tage, eher eine Woche komplett dabei zu bleiben und ohne Ankündigung nicht einmal alleine aufs Klo zu gehen. Nur so kann sich das Kind wirklich auf die neue Umgebung einlassen. Gerade in Hinblick darauf, dass der erste Trennungsversuch eine Art »Bindungstest« darstellt, ist es Unsinn, diesen zu überstürzen: Jede negative Trennungserfahrung, jeder gescheiterte Beruhigungsversuch hinterlässt in gefühlsstarken Kindern nur die Erfahrung massiver Verzweiflung und Ohnmacht, die es ihnen deutlich erschwert, danach wieder Vertrauen aufzubauen.

5. Ein sicherer Hafen, der sonst nichts tut

Die Rolle der Eltern bei einer Eingewöhnung ist es, da zu sein und Sicherheit zu geben. Nicht, Spielpartner zu sein – diese Rolle sollte die zukünftige Betreuungsperson einnehmen. Konkret bedeutet das: Für eine gelingende Eingewöhnung sollten Mutter oder Vater im Spielzimmer am Rand sitzen und sich möglichst passiv, dabei aber gleichzeitig zugänglich und freundlich verhalten. Das Kind darf also jederzeit zu ihnen kommen, sich anschmiegen, kuscheln und Nähe tanken und wird nicht zurückgewiesen. Die Eltern bringen sich aber weder aktiv ins Spiel ein, noch sprechen sie das Kind von sich aus an oder machen Vorschläge. Bringt das Kind ein Buch oder ein Spielzeug zu Mutter oder Vater, halten die den Gegenstand einfach in der Hand, und die neue Bezugsperson kommt dazu und beginnt mit dem Kind zu spielen oder zu lesen, ohne sich aufzudrängen und ohne Mutter oder Vater dafür wegzuschicken. Eltern sind die Sicherheit schenkende Präsenz im Hintergrund, die dem Kleinen das Eingehen auf die neue Bezugsperson ermöglicht. Gefühlsstarke Kinder sind von dieser ungewohnten Passivität häufig verwirrt und verunsichert. Schließlich sind sie meist daran gewöhnt, dass ihre Eltern ihr Gefühlsleben sehr eng begleiten und sehr viel mit ihnen interagieren. Es braucht deshalb viel Fingerspitzengefühl, bei der Eingewöhnung eines gefühlsstarken Kindes die Balance zwischen größtmöglicher Zurückhaltung und emotionaler Rückversicherung zu finden. Prinzipiell gilt: Sich lieber ein bisschen zu viel einbringen, als das Kind durch völlige Reglosigkeit zu verunsichern. Gute Betreuungspersonen schaffen es auch, sich in ein Spiel zwischen Mutter oder Vater und Kind feinfühlig einzuklinken und so den Raum für einen Bindungsaufbau ohne Stress frei zu machen.

6. Vertrauen muss man sich verdienen

Eine Eingewöhnung ist ein bisschen wie ein erstes Date: Die neue Bezugsperson muss das Kind erstmal von sich überzeugen, damit es sich ganz auf sie einlassen kann. Bei gefühlsstarken Kindern ist dabei besonders viel Einfühlungsvermögen gefragt, denn sie spüren ganz genau, ob jemand wirklich an ihnen interessiert ist und mit ihnen eine Beziehung aufbauen will, oder ob jemand nur so tut. Je nach Temperament mögen es manche gefühlsstarken Kinder lieber, wenn Erwachsene beim Beziehungsaufbau direkt auf sie zugehen und sie im Beisein von Mama oder Papa gleich in ein Spiel verwickeln. Andere beobachten das Geschehen zunächst lieber still und fassen vor allem Vertrauen, wenn ihr Gegenüber zunächst nichts tut, als ihnen ab und zu einen freundlichen Blick zuzuwerfen. Entscheidend ist, dass der neuen Bezugsperson klar ist: Es ist ihr Job, das Vertrauen dieses stürmischen, sensiblen, kleinen Menschen zu verdienen und sich dafür so ins Zeug zu legen, wie dieses Kind es braucht.

7. Keine Trennung ohne Bindung

Der richtige Zeitpunkt für den ersten Trennungsversuch ist gekommen, wenn das Kind bereits sichtlich ein vertrauensvolles Verhältnis zu der neuen Bezugsperson geknüpft hat. Diese Beziehung ist natürlich noch nicht im Ansatz so tragfähig und stabil wie die zu Mama oder Papa, zeigt sich aber beispielsweise darin, dass das Kind von sich aus im Beisein eines Elternteils auf die Bezugsperson zugeht, sich ihr zum Beispiel auf den Schoß setzt oder sich von ihr hochnehmen und im Arm halten lässt. Der erste Trennungsversuch wirkt dabei wie ein Lackmustest für die Bindung: Er zeigt, wie viel Vertrauen das Kind bereits aufgebaut hat, und stellt die Weichen für den weiteren Eingewöhnungsverlauf.

8. Keine Trennung ohne Verabschiedung

Auch wenn es verlockend sein mag, sich einfach rauszuschleichen, wenn das Kind gerade friedlich spielt: Um das entstandene Vertrauen nicht zu gefährden, ist es ganz wichtig, dass Mutter oder Vater sich richtig bei ihrem Kind verabschieden, bevor sie aus dem Raum gehen. Nicht nur kurz aus dem Türrahmen winken, sondern wirklich in die Knie gehen, einen Kuss geben, tschüss sagen und dann rausgehen. Viele Kinder weinen bei diesem ersten Trennungsversuch. Ob es okay ist, dann trotzdem zu gehen, darüber gehen die Meinungen unter jungen Eltern auseinander. Aus bindungswissenschaftlicher Sicht lässt sich sagen, dass Weinen bei der Trennung von einer Hauptbezugsperson kein schlechtes Zeichen ist, im Gegenteil: Das Kind zeigt seine Gefühle, anstatt sie herunterzuschlucken, und es ist ihm natürlich nicht egal, wenn seine liebsten Lieblingsmenschen nicht bei ihm sind. Entscheidend ist jedoch, was jetzt passiert: Gelingt es der neuen, zusätzlichen Bezugsperson nun, das Kind innerhalb weniger Minuten zu trösten und zu beruhigen, ist ein ganz wichtiger Schritt geschafft. Denn Trösten lassen sich Kinder nur von Menschen, bei denen sie sich sicher fühlen. Schreit das Kind hingegen immer verzweifelter und lässt sich überhaupt nicht beruhigen, ist es wichtig, dass Mama oder Papa sofort zurückkehren – auch schon nach drei Minuten.

9. Jedes Kind in seinem Tempo

Wie dieser erste Trennungsversuch verläuft, entscheidet über die weitere Eingewöhnung: Lässt sich das Kind gut beruhigen, kehren die Eltern nach etwa einer halben Stunde zurück. Am nächsten

Tag verabschieden sie sich wieder für eine halbe Stunde, dann für eine ganze Stunde, dann für anderthalb, und so werden die Zeiträume mit Blick auf das Kind immer weiter ausgedehnt.

Vermag die neue Bezugsperson das Kind nicht binnen kürzester Zeit zu trösten, war es für eine Trennung offensichtlich noch zu früh. Dann beginnt die Eingewöhnung sozusagen wieder von vorne, mit einer Kennenlernphase ohne jeden noch so kleinen Trennungsversuch von mindestens drei Tagen. So wird weiter verfahren, bis das Kind so weit ist, sich beruhigen und trösten zu lassen. Ein Kind länger als drei bis fünf Minuten verzweifelt nach Mama oder Papa weinen zu lassen, ist während einer guten Eingewöhnung unter keinen Umständen eine Option.

10. Bindung braucht Zeit

Die Eingewöhnung gilt als beendet und geglückt, wenn das Kind sich von seiner neuen Bezugsperson zuverlässig begleiten und beruhigen lässt und nach dem ersten Abschiedsschmerz fröhlich und zufrieden ins Spiel findet. Gleichzeitig ist es wichtig, zu wissen, dass es viel länger braucht, bis eine wirklich tiefe, tragfähige Bindung entsteht: Erst nach etwa einem halben Jahr sind Kinder in der Krippe oder bei der Tagesmutter so richtig angekommen. Davor ist es gut, sie in den ersten Wochen möglichst nicht länger als einen halben Tag betreuen zu lassen und ihnen auch danach noch besonders viel Nähe und Rückversicherung nach dem Abholen und an den Wochenenden zu schenken.

Gefühlsstarke Kinder im Kindergarten

Für Kinder, die in den ersten Lebensjahren zu Hause betreut wurden, ist der Kindergartenstart ein besonders großer Schritt: Die erste längere Trennung von Mama oder Papa fällt insbesondere den sehr sensiblen unter ihnen oft nicht leicht, und es ist wichtig, diesen Übergang einfühlsam und geduldig zu begleiten. Denn auch wenn Drei- und Vierjährige im Vergleich zu den kleinen Krippenbesuchern oft schon so groß wirken: Sie sind noch sehr kleine Kinder, die von sehr großen Gefühlen überwältigt werden und bei diesem Schritt genauso liebevolle Begleitung brauchen wie die Jüngeren beim Krippenstart. Eltern gefühlsstarker Kinder sprechen deshalb am besten schon vor dem Kindergartenstart mit dem Erzieher-Team ab, dass sie sich für ihr Kind eine behutsame Eingewöhnung wünschen, und wandeln dabei den auf S. 234 ff. vorgestellten Zehn-Punkte-Plan so ab, wie es zu ihrem Kind und seinen Bedürfnissen passt. Die Grundlage bleibt dieselbe: Vertrauen entwickeln Kinder nur in einem Gefühl von Sicherheit, und diese Sicherheit spüren sie zunächst oft nur in der unmittelbaren Anwesenheit ihrer Eltern oder anderer, sehr vertrauter Bezugspersonen. Werden sie zu einer zu frühen Trennung gegen ihren Willen gedrängt, machen hingegen selbst eigentlich kindergartenreife Kinder nur dicht. Umso wichtiger ist es, dass Eltern klar und selbstbewusst hinter ihrem Kind stehen und sich für dessen Recht auf eine behutsame Eingewöhnung in individuellem Tempo stark machen. Dasselbe gilt selbstverständlich auch für Kinder, die bereits Betreuungserfahrung haben. Schließlich ist auch der Wechsel von der Tagesmutter oder der Krippengruppe in den Kindergarten nicht ohne. Zwar tun sich Kinder, die das Prinzip des Abschiednehmens und Wiederkommens bereits kennen, mit dem Kindergartenstart oft ein wenig leichter als die, für die das alles ganz neu ist, doch entscheidend ist, was das einzelne Kind fühlt und braucht: Manche benötigen selbst zum Schulbeginn noch eine kleine Eingewöhnung, bis sie sich sicher fühlen, andere stiefeln, ohne je in Betreuung gewesen zu sein, mit drei Jahren einfach los und schicken Papa selbstbewusst nach Hause.

Unser Kind – (K)Ein Problemkind?!

Es gibt gefühlsstarke Kinder, die blühen im Kindergarten regelrecht auf. Sie lieben die klaren Abläufe und die vielen Rituale, den Platz zum Toben und Spielen, die Gesellschaft der anderen Kinder und die Zugewandtheit der Erwachsenen. Doch leider kommt es auch immer wieder vor, dass sie im Kindergarten sehr unglücklich sind: weil sie sich überfordert fühlen von all den auf sie einstürmenden Reizen, weil die vielen Regeln und Strukturen ihrem angeborenen Freiheitsdrang entgegenstehen, weil sie nicht so viel toben und rennen dürfen wie sie gern wollen, und vor allem – weil sie sich nicht bedingungslos angenommen und geliebt fühlen. Denn mit ihren feinen Antennen spüren sie ganz genau, ob sie mit ihrer wilden, rastlosen, sensiblen Art von den Erwachsenen als Bereicherung für die Kindergruppe wahrgenommen werden oder als anstrengender Störfaktor. Kein Kind will gerne ein Problemkind sein – und doch bekommen gefühlsstarke Kinder überproportional häufig dieses Label verpasst. Mit dramatischen Konsequenzen, denn wenn sie immer wieder gespiegelt bekommen, schwierig und anstrengend zu sein, übersetzen sie diese Zuschreibungen unbewusst in Erwartungshaltungen, denen sie – kooperativ wie sie sind – zu entsprechen versuchen. Ihr wollt ein Problemkind? Ihr kriegt ein Problemkind! So setzt schnell eine Negativspirale ein, die sich nur schwer stoppen lässt: Das Kind bekommt negatives Feedback zu seinem Verhalten (»Du bist immer so wild!«) und versucht zu kooperieren, indem es sich anpasst (»Ich bin wild. Ich muss immer wild sein.«). Daraufhin kriegt es noch mehr Negativrückmeldungen (»Du kannst ja wirklich überhaupt nicht still sitzen, mischst die ganze Gruppe auf!«), fühlt sich als Versager, versucht noch stärker, sich anzupassen (»Wild sein. Nicht still sitzen. Gruppe aufmischen!«) und kann damit doch nie gewinnen. Damit sich das Selbstbild gefühlsstarker Kinder in Krippe, Kindergarten und

Schule nicht in dieser Weise durch permanente Kritik ins dauerhaft Negative verformt, ist es deshalb wichtig, dass sie in einer Umgebung betreut werden, in der sie sich mit ihrem besonderen Temperament willkommen und angenommen fühlen und in der die Erwachsenen, die für sie sorgen, verstehen: Dieses Kind will mich weder ärgern noch provozieren. Es tickt zwar anders, sehnt sich aber genau wie alle anderen auch danach, dazuzugehören und geliebt zu werden. Ein guter Kindergarten will gefühlsstarke Kinder nicht verbiegen, damit sie sich genauso problemlos in den Gruppenalltag einfügen wie andere Schützlinge, sondern sieht sich in der Verantwortung, einen Rahmen zu schaffen, der auch ihren besonderen Bedürfnissen Rechnung trägt – im Vertrauen darauf, dass sie dann ihrerseits kooperieren und sich so gut es geht in die Abläufe und Routinen einfügen, auch wenn es sie teilweise sehr viel Kraft kostet.

Gefühlsstarke Berühmtheiten: PINK

Zu wild, zu rebellisch, zu willensstark: Alecia galt als problematisches Kind. »Ich habe mich immer als Außenseiterin gefühlt«, erzählt sie später in einem Interview, da ist sie längst ein internationaler Popstar mit einem neuen Namen: Pink. Doch der Weg dorthin ist steinig. Das sensible Mädchen leidet immens unter den Eheproblemen seiner Eltern. Traurig, verwirrt und wütend habe sie sich einen Großteil ihrer Kindheit über gefühlt, sagt Pink heute. Der Vater ist autoritärer Vietnam-Veteran, die Mutter eine Krankenschwester, die im selben Krieg gedient hatte. Zwei traumatisierte Menschen, die nie gelernt haben, mit ihren intensiven Gefühlen umzugehen. Wenn sie streiten, dann mit viel Drama und Geschrei. Oft gehen die erhitzten Schimpftiraden nahtlos auf die Tochter über. »Sie warfen mir an den Kopf, ich sei so schwierig. Und wie das so ist mit Labels: Wir machen sie uns zu eigen und wachsen hinein. Also dachte ich mir wohl: Ich bin ein schwieriges Kind? Dann zeige ich euch mal, was für ein schwieriges Kind ich sein kann!« Und das tut sie: Mit neun Jahren fängt sie an zu rauchen, als

Jugendliche probiert sie alles an Drogen aus, was sie in die Finger bekommt. Ihr Haustier: Eine zahme Ratte, die sie mit in die Schule nimmt und dort aus den Pulliärmeln krabbeln lässt. Die Eltern ihrer Freunde halten sie für schlechten Einfluss. »Niemand von ihnen mochte mich, selbst meine Eltern hatten Angst vor mir – und um mich«, erinnert Pink sich. Dann der Wendepunkt: Nachdem sie mit 16 Jahren von zu Hause ausgezogen ist, beginnt die junge Frau, ihre Erfahrungen und Gefühle in Gedichten und Songs zu verarbeiten. Sie gründet ihre erste eigene Band und unterschreibt noch im selben Jahr ihren ersten Plattenvertrag. Sowohl auf der Bühne als auch im Studio überzeugt sie dabei nicht nur mit ihrer starken Stimme, sondern vor allem mit ihren hintergründigen, provokanten und emotionalen Texten. Bis heute hat sie weltweit über 47 Millionen Platten verkauft und sämtliche wichtigen Musikpreise zum Teil gleich mehrfach gewonnen. Sie engagiert sich für Kinderrechts- und Tierschutzorganisationen, macht sich gegen die Diskriminierung sexueller Minderheiten stark, ist mittlerweile selbst Mutter von zwei Kindern – und leidet nicht mehr unter ihren intensiven Emotionen, sondern füllt mit ihnen riesige Stadien.

Was gefühlsstarken Kindern den Kindergartenbesuch leichter macht

Gefühlsstarke Kinder können oft sehr gut benennen, was sie im Kindergarten stresst oder stört. Eltern, Erzieherinnen und Erzieher tun gut daran, diese Äußerungen ernstzunehmen und sich nicht von den typischen Pauschalisierungen und Übertreibungen verleiten zu lassen, die Beschwerden als Unsinn abzutun. Wenn ein gefühlsstarkes Kind sich beklagt, dass es im Kindergarten »nie rennen« dürfe, hilft es ihm nicht weiter, wenn Erwachsene ihm daraufhin erklären, dass es sehr wohl rennen dürfe, draußen zur Spielzeit nämlich. Denn was das Kind wirklich sagt, ist: Ich darf mich im Kindergarten nicht so viel bewegen, wie ich es brauche.

Und mit diesem Bedürfnis im Hinterkopf lässt sich dann nach einer Lösung suchen: Vielleicht gibt es einen Toberaum, in dem Rennen auch außerhalb der Spielzeiten draußen möglich ist? Oder kann eine Rennstrecke im Flur eingerichtet werden? Viele gefühlsstarke Kinder leiden auch unter der lauten Geräuschkulisse – für sie ist wichtig, zu wissen, wohin sie sich zurückziehen können, wenn ihnen alles zu viel wird. Manche Kinder profitieren auch davon, etwa zum Malen oder Puzzeln spezielle schalldämpfende Kopfhörer zu tragen.

Prinzipiell gilt: Für die allermeisten Dinge, die gefühlsstarken Kindern im Kindergarten Schwierigkeiten bereiten, lassen sich relativ einfach Lösungen finden – der Knackpunkt dabei ist meist nicht die grundsätzliche Umsetzbarkeit, sondern die Schranken im Kopf: »Wenn wir damit erstmal anfangen«, »Wenn wir das einem Kind erlauben, wollen es alle«, »Daran muss er sich jetzt einfach gewöhnen« – solche Glaubenssätze verhindern, dass sich Kindergärten für die besonderen Bedürfnisse gefühlsstarker Kinder öffnen und nach Wegen suchen, auch ihnen den Kindergartenbesuch so angenehm wie möglich zu machen. Beobachten Eltern diese Einstellung, tun sie ihrem Kind einen großen Gefallen, wenn sie sich nach einer anderen Einrichtung umsehen, die dem Wesen ihres Kindes eher entspricht.

Vorsicht, Schubladendenken!

Wer im beruflichen Alltag viel mit Kindern zu tun hat, entwickelt meist unbewusst bestimmte Kategorien, in die alle Jungen und Mädchen einsortiert werden: Die Klugen, die Braven, die Wilden, die Schwierigen, die Sensiblen und so weiter. Wissenschaftliche Videoanalysen zeigen, dass solche Zuschreibungen das Verhalten von Betreuungspersonen massiv beeinflussen: Wilde Jungs werden weniger berührt und getröstet als zurückhaltende Mädchen, als schwierig geltende Kinder dürfen seltener auf dem Schoß sitzen als pflegeleichte, ungestüme Kinder werden bei Streits häufiger als Täter und schüchterne als Opfer angesehen, auch wenn der Konflikt diese Rollenverteilung gar nicht hergibt. Dahinter steckt keine böse Absicht, sondern eine bewährte Survival-Strategie des menschlichen Gehirns: Um nicht von der Flut unterschiedlicher, auf uns einprasselnder Reize lahmgelegt zu werden, verringern wir die Informationsschwemme, indem wir gnadenlos kategorisieren und vereinfachen. Das ist in vielen Situationen sehr sinnvoll, in der Arbeit mit Kindern aber eben auch sehr gefährlich. Denn ist ein Kind bei einer Betreuungsperson erst einmal in einer mentalen Schublade gelandet, kommt es da so schnell nicht mehr heraus. Bei gefühlsstarken Mädchen und Jungen kommt erschwerend hinzu, dass sie häufig in ganz falschen Schubladen landen – weil es im Kopf ihres Gegenübers für ihr besonderes Wesen schlicht keine Schublade gibt. Ein typisches Beispiel dafür ist das Label »Kindergarten-Rowdy«, das vielen wilden Kindern, inbesondere kleinen Jungs, anhaftet. Ah, ein kleiner Wildfang, denken viele Erzieherinnen und Erzieher, wenn sie so ein energiegeladenes Kind erleben, und ordnen es gedanklich ein in die Kategorie: braucht viel Bewegung, muss sich ordentlich austoben und rangeln. Doch gefühlsstarke Kinder sind ja nicht einfach nur sehr lebhaft – sie sind gleichzeitig auch ausgesprochen sensibel und werden deswegen beispielsweise bei Streits schnell zutiefst verletzt. Sie als raubeinige Rowdys wahrzunehmen, wird ihnen also ganz und gar nicht gerecht und führt dazu, dass Erzieherinnen und Erzieher sie häufig in für sie völlig überfordernden Situationen allein lassen, frei nach dem Motto: Wer austeilt, muss auch einstecken können. Dabei wäre es so wichtig, zu erkennen, dass gefühlsstarke Kinder »austeilen«, wenn sie völlig aus der emotionalen Balance sind – und dass sie in dieser Verfassung ganz sicher nicht auch noch »einstecken« können. Wenn wir Eltern schon nicht vermeiden können, dass andere Menschen unsere Kinder zumindest zeitweise in bestimmte Schubladen stecken, sorgen wir also zumindest dafür, dass es die richtige Schublade ist – die, auf der »gefühlsstark« steht.

Betreuungseinrichtungen auf ein gefühlsstarkes Kind vorbereiten

In den Wochen vor dem Kindergartenstart treibt viele Eltern gefühlsstarker Kinder eine Frage ganz besonders um: Sollen wir mit den zukünftigen Betreuungspersonen unseres Kindes über seine Besonderheiten sprechen? Oder sagen wir lieber erstmal nichts und schauen einfach, wie es läuft? Für beide Vorgehensweisen gibt es gute Argumente. Im Vorhinein nichts vom Temperament des Kindes zu erzählen, erleichtert es Erzieherinnen und Erziehern, einen frischen, unvoreingenommenen Blick auf ihren neuen Schützling einzunehmen. Und wer weiß? Vielleicht entspricht ihm die neue Umgebung so, dass er sich dort problemlos einfügt, ohne durch besondere emotionale Ausbrüche aufzufallen. Umgekehrt kann es natürlich passieren, dass Kinder, auf deren Temperament Erzieherinnen und Erzieher nicht vorbereitet sind, gleich schon mal das Label »schwierig« verpasst bekommen – das sie dann nur schwer wieder loswerden. Ein bewährter Mittelweg ist für viele Familien, vor dem Kindergartenstart rund um die Gefühlsstärke des eigenen Kindes kein großes Fass aufzumachen, gleichzeitig aber schon auf positiv-liebevolle Weise von den Eigenheiten des eigenen Kindes zu erzählen. Und weil Erzieherinnen und Erzieher im turbulenten Kindergartenalltag oft wenig Zeit zum Zuhören haben, eignet sich dafür besonders gut ein Brief wie dieser hier, den die Mutter eines gefühlsstarken kleinen Jungen geschrieben hat:

Liebe Erzieherinnen der Regenbogen-Gruppe,

mein Sohn Jeremy wird bald zu Eurer Gruppe gehören, und dafür bin ich dankbar, denn bei unserem Kennenlernbesuch im April habe ich gesehen, wie achtsam und freundlich Sie mit »Ihren« Kindern umgehen.

Um Jeremy und Ihnen den gemeinsamen Start zu erleichtern, möchte ich Ihnen gerne ein bisschen etwas über meinen Sohn erzählen. Jeremy ist ein extrem aktiver Junge. Er würde am liebsten den ganzen Tag im Freien verbringen, herumrennen und Fußball spielen. Still zu sitzen fällt ihm hingegen schwer. Zu Hause haben wir festgestellt, dass Jeremy sich am besten konzentrieren kann, wenn er nicht dazu gezwungen wird, sondern auch beim Singen, Lesen und so weiter seinem Bewegungsdrang nachgeben darf. Darüber hinaus ist Jeremy aber auch sehr sensibel. Auf laute, harsche Ansprache reagiert er ängstlich und resigniert, mit einer leisen, freundlichen Stimme lässt er sich viel besser erreichen. Und: Er braucht schon seit einem Jahr keinen Mittagsschlaf. Ihn nachmittags zum Stillliegen zu bewegen, wäre eine Qual für alle Beteiligten, deshalb bitte ich herzlich darum, ihm eine andere Form der Mittagsruhe zu ermöglichen.

Für weitere Rückfragen stehe ich gerne zur Verfügung.

Nadine

Gefühlsstarke Schulkinder

Übergänge fallen gefühlsstarken Kindern meist besonders schwer. Und so ist auch der Übertritt vom Kindergarten in die Schule für sie häufig ein großer Schritt. Um dem Kind den Wechsel zu erleichtern, hilft es, wenn es sich den neuen Alltag bereits möglichst konkret vorstellen kann. Es gibt ihm Sicherheit, wenn es bereits weiß, wie seine Lehrerin oder sein Lehrer heißt und wo sein Klassenzimmer sein wird. Wenn es den Schulweg kennt und die Mensa, in der es Mittagessen gibt. Kurz: Je mehr Familien bereits vor Schulbeginn über den neuen Alltag ausfindig machen können, umso besser.

Da auch das Thema Abschied für gefühlsstarke Kinder oft ein schweres ist, fließen bei ihnen in den ersten Schulwochen oft Tränen, weil die Erstklässler sich wünschen, Mama oder Papa könnten mit ihnen im Klassenzimmer bleiben. Tatsächlich bräuchten viele Sechs- und Siebenjährige im Grunde genommen noch einmal eine Art Eingewöhnung wie im Kindergarten, um sich in der neuen Umgebung sicher und wohl fühlen zu können. Leider ist ein solches Vorgehen in den wenigsten Grundschulen vorgesehen, die Kinder gelten – teilweise offensichtlich zu Unrecht – als groß genug, das allein zu schaffen. Das bedeutet aber nicht, dass Eltern sich damit einfach abfinden müssten. In Rücksprache mit der Klassenlehrerin oder dem Klassenlehrer lassen sich zum Glück häufig individuelle Lösungen finden, die gefühlsstarken Kindern den Neubeginn erleichtern. Dazu kann zum Beispiel gehören, dass Eltern ihren Nachwuchs in den ersten Schultagen bis zu seinem Platz begleiten und bis zum Unterrichtsbeginn dableiben, sich danach an der Klassenzimmertür verabschieden, in den folgenden Tagen dann im Treppenhaus, dann im Foyer und immer so weiter, bis das Kind sich bereit fühlt, alleine ins Schulgebäude zu gehen. Anderen Mädchen und Jungen hilft das Wissen, dass Mama oder Papa morgens noch einen Moment vor der Schule stehen, selbst wenn sie sie nicht sehen können – sie sind einfach noch ganz in der Nähe. Fantasievolle Schulneulinge springen oft auch auf die Idee eines imaginären Fadens an, der sie mit den Eltern fest verbindet und den nur sie sehen können: ein festes Band in ihrer Lieblingsfarbe, das vom Klassenzimmer über die Strommasten und Baumwipfel hinweg direkt bis in Mamas Büro oder Papas Auto reicht. Für viele Kinder ist diese Verbildlichung der besonderen Bindung zu ihren Eltern ein großer Trost. Auch ein kleines Kuscheltier oder ein Glücksstein in der Hosentasche kann ihnen vorübergehend stellvertretend das Gefühl von Sicherheit und Geborgenheit schenken, für das sonst die Eltern stehen. Besonderes Einfühlungsvermögen in die aufgewühlte Gefühlswelt einiger Erstklässler zeigte im Übrigen eine Berliner Grundschule, die extra für diese Kinder ein so genanntes Heimwehtelefon im Schulflur installierte: ein Festnetztelefon, mit dem Kinder in der Pause schnell Mama oder Papa anrufen können, wenn die Sehnsucht zu groß wird. Anders als viele vermuten, verschlimmern solche Telefonate das Heimweh nämlich nicht, sondern sind das wirksamste Gegenmittel gegen Einsamkeit. Die Kinder tanken sozusagen Nähe und Sicherheit übers Telefon – und kommen damit besser über den Schultag. Ist Lehrerinnen und Lehrern dieser Zusammenhang bewusst, können sie in Absprache mit den Eltern offener über die Einrichtung eines eigenen Heimwehtelefons nachdenken – das ja auch in einem einfachen Tastenhandy im Schulranzen bestehen kann, das in den Pausen eingeschaltet werden darf.

Wenn es Probleme gibt

Geht ein gefühlsstarkes Kind gern zur Schule, ist das eine riesige Erleichterung für alle. Kämpft es hingegen mit dem Schulbesuch oder erreichen die Eltern immer wieder Negativrückmeldungen über sein Verhalten im Klassenzimmer, kann das elendige Schulthema das ganze Familienklima zum Kippen bringen. In solchen Momenten haben wir Eltern gefühlsstarker Kinder eine der schwierigsten Aufgaben überhaupt vor uns: bedingungslos hinter unserem Kind zu stehen und gleichzeitig Verständnis dafür zu haben, dass sein Verhalten für andere gerade ein Problem darstellt. Selbst für Mütter und Väter mit einem normalerweise ausgeglichenen Gefühlshaushalt ist das sehr schwer, für selbst gefühlsstarke Eltern noch viel mehr: Da bäumt sich die Löwenmutter in uns auf, wenn jemand unser Kind kritisiert. Da weint das kleine Mädchen in uns, das wieder nicht zu genügen scheint. Da glimmt die Wut über die Unfähigkeit heutiger Pädagogik und das rückständige Schulsystem und mischt sich mit der Zukunftsangst: Was soll aus diesem Kind nur werden, wenn es schon in der zweiten Klasse aneckt?

Wenn es in der Schule Probleme gibt, ist deshalb der allererste Schritt für Eltern, ihre eigenen widersprüchlichen Gefühle in den Griff zu bekommen. Sich klar darüber zu werden, dass Vorwürfe und Schuldzuweisungen jetzt fehl am Platz sind, weil in solchen Situationen in den allermeisten Fällen niemand Schuld hat: Wir Eltern nicht, unsere Kinder nicht, und auch deren Lehrer nicht. Es ist einfach, wie es ist: Das Temperament unseres Kindes und die Erwartungen, die an es gestellt werden, passen gerade nicht zusammen. Und jetzt muss eine Lösung her, mit der es allen Seiten besser geht. Mit dieser inneren Haltung sollten Eltern dann im nächsten Schritt in ein direktes Gespräch gehen. Und dort erst einmal nur zuhören: Was genau ist das Problem? Bleiben die Lehrer vage, unbedingt um konkrete Beispiele bitten: »In welcher Situation haben Sie das Gefühl gehabt, dass Mia nur provozieren will?« – »Woran machen Sie das fest, dass Juri sich beim Lesen konzentrieren könnte, aber offensichtlich nicht will?«

Prinzipiell gilt: Auf Druck folgt Gegendruck, und wer sich angegriffen fühlt, geht in den Verteidigungsmodus. Lassen Eltern Lehrerinnen und Lehrer hingegen allen Frust loswerden, ohne wütend zu werden oder sie hitzig zu unterbrechen, schaffen sie die beste Grundlage für ein konstruktives Gespräch – auch wenn es manchmal schwer auszuhalten ist, so viel Blödes über sein eigenes Kind anzuhören, ohne sofort aufzuspringen und zurückzuschießen. Doch wenn wir stattdessen ganz ruhig und aufmerksam zuhören, nehmen wir unserem aufgebrachten Gegenüber den Wind aus den Segeln – und können danach aufeinander zugehen.

Die wichtigste Botschaft von Elternseite zurück an die Lehrerin oder den Lehrer ist dann: Ich stehe bedingungslos hinter meinem Kind. Ich sehe aber auch das Problem. Und auf dieser Grundlage können wir jetzt gerne gemeinsam nach einer Lösung suchen. Dabei ist es wichtig, den Leidensdruck hinter jedem unangemessenen Verhalten zu sehen und die Ursache des schwierigen Benehmens anzugehen, anstatt nur an der Oberfläche zu kratzen. Strafen und Sanktionen sind für alle Kinder blöd, für die gefühlsstarken unter ihnen sind sie jedoch eine Katastrophe, denn sie hinterlassen in ihnen das tiefe Gefühl, nicht okay zu sein, so wie sie sind. Die zentrale Fragestellung bei Verhaltensproblemen im Unterricht sollte deshalb sein: Wie können wir dem Kind dabei helfen, mit seinem angeborenen Temperament und seiner besonderen Persönlichkeitsstruktur mit uns Erwachsenen zu kooperieren? Ob es um Hausaufgabenverweigerung oder ums Zappeln im Morgenkreis geht – auf dieser Grundlage lassen sich praktisch alle Schulprobleme auf der Beziehungsebene angehen. Gleichzeitig gilt: Je heftiger sich ein Kind gegen die Schule wehrt, desto größer ist sein Leidensdruck. In manchen Fällen ist es dann die beste Lösung, das Kind zunächst einmal mit Verweis auf seine seelische Gesundheit krankschreiben zu lassen und noch einmal ganz neu darüber nachzudenken, was es nun von uns braucht: eine Rückstellung in den Kindergarten, eine andere Schule, einen freieren Lernort? Denn so wichtig uns Eltern schulische Bildung auch sein mag und so stark wir auch davon überzeugt sein mögen, dass Hausaufgaben, Klassenarbeiten, Noten und ein bestimmter

Schulabschluss einfach dazugehören: Es kann sein, dass dieses Kind etwas ganz anderes von uns braucht.

»Ich fand es immer ziemlich übertrieben, wenn Eltern ihre Kinder extra auf teure Privatschulen schickten. Die normale Grundschule ums Eck tut es doch auch, dachte ich: kurzer Schulweg, schöner Pausenhof, und alle Klassenkameraden wohnen in der Nachbarschaft. Bei unserer Tochter klappte dann auch alles wie am Schnürchen. Doch unser Sohn kam mit dem ganz normalen Schulbetrieb einfach nicht zurecht: Er litt unter dem Lärm in der Klasse, kämpfte mit dem Lernen im Gleichschritt, konnte seinen Bewegungsdrang in den kurzen Hofpausen kaum stillen. Nachmittags weinte er über den Hausaufgaben. Trotzdem haben wir uns anderthalb Jahre so durchgeschleppt – in Deutschland besteht ja schließlich Schulpflicht, und wir dachten, da muss er jetzt einfach durch. Doch als er sich in der zweiten Klasse schließlich jeden Morgen verzweifelt am Türrahmen festklammerte, um bloß nicht zur Schule zu müssen, ließen wir ihn erstmal daheim – und fragten eine erfahrene Kinderpsychologin um Rat. Die erklärte uns ganz klar, dass ein Kind wie Jan am Besuch einer ganz normalen Staatsschule regelrecht zerbrechen kann – weil für so sensible, reizoffene, bewegungsfreudige Kinder dort oft einfach zu wenig Raum ist. Ob wir schon einmal überlegt hätten, ihn stattdessen auf eine freie Montessori-Schule gehen zu lassen? Wir waren erst skeptisch, weil wir gehört hatten, dass Kinder dort keine Noten bekommen und völlig in ihrem eigenen Tempo lernen. ›Was, wenn er dort nicht richtig lesen lernt?‹, fragte mein Mann. ›Was, wenn er dort wieder glücklich sein kann?‹, fragte die Psychologin zurück. Mittlerweile geht Jan seit zwei Jahren auf die Montessori-Grundschule, und es geht ihm dort so gut! Er liebt die Freiarbeitsstunden, während denen er sich schalldämpfende Kopfhörer anzieht, die die Geräuschkulisse für ihn erträglich machen. Er liebt seine Lehrerin, die jedes Kind in ihrer Klasse individuell beim Lernen begleitet. Und vor allem liebt er die Freiheit, sich im Schul-

alltag jederzeit bewegen zu können, anstatt still sitzen zu müssen. Lesen hat er trotzdem gelernt.«
Claire

»Das ist aber nicht altersgerecht!«

Zum ersten Mal durchschlafen, selber essen, keine Windel mehr brauchen, woanders übernachten – all diese Momente werden in unserer Gesellschaft als besondere Meilensteine angesehen, die in einem bestimmten Alter unbedingt erreicht sein sollten. Ein Kind, das mit einem halben Jahr noch nicht durchschläft, gilt da schnell als schlechter Schläfer. Eins, das mit drei noch Windeln trägt, als Spätentwickler. Und will ein Kind mit fünf noch nicht ohne seine Familie woanders schlafen, stehen die Eltern schnell unter dem Verdacht, zu helikoptern und ihrem Kind wichtige Entwicklungschancen vorzuenthalten. Denn: »Das ist doch kein altersgerechtes Verhalten.« Altersgerecht – so objektiv und wissenschaftlich dieser Begriff auch daherkommen mag, so wenig fundiert wird er meist verwendet. Wer weiß schon, dass Durchschlafen aus evolutionärer Sicht erst irgendwann im späten Kleinkindalter »dran« ist, dass das durchschnittliche (!) Alter zum Abstillen weltweit gesehen um den 2. Geburtstag herum liegt und dass es in vielen Kulturen undenkbar wäre, von einem Kind zu erwarten, die Nacht ohne seine Eltern zu verbringen – und zwar bis ins Erwachsenenalter hinein? All das zeigt: Was altersgerechtes Verhalten ist, hat weniger mit entwicklungspsychologischen Fakten als mit kulturellen Erwartungen zu tun. Und in unserer modernen westlichen Welt, die Unabhängigkeit einen hohen Wert beimisst, sind die Erwartungen an die frühe Selbstständigkeit unseres Nachwuchses eben entsprechend hoch. Für gefühlsstarke Kinder wird das schnell zum Problem, denn sie verhalten sich häufig ganz und gar nicht so, wie man es in unserer Gesellschaft üblicherweise von einem Kind ihres Alters fordert – und zwar in beide Richtungen: Durch ihre rasche Auffassungsgabe, ihre philosophische Ader und ihren immensen Gerechtigkeitssinn wirken sie einerseits oft älter und reifer als Gleichaltrige – ihre emotionalen Ausbrüche und ihre Schwierigkeiten damit, überbordende Gefühle angemessen zu kanalisieren, lassen sie gleichzeitig jedoch jünger und kleinkindhafter wirken. Für diese Schere zwischen Reife und Unreife erfahren gefühlsstarke Kinder und ihre Eltern leider häufig wenig Verständnis. »Er ist doch sonst so ein cleveres Kerlchen, warum macht er denn jetzt plötzlich Drama wie ein Kleinkind« – Äußerungen wie diese zeugen von den Schwierigkeiten vieler Menschen, die Widersprüchlichkeit des angeborenen Temperaments gefühlsstarker Kinder zu fassen. Sie sind nicht *entweder* weiter als ihre Altersgenossen *oder* weniger weit, sie sind beides gleichzeitig! Gefühlsstarke Kinder vereinen also sozusagen die ganze Spannbreite der Reifeentwicklung in einem einzelnen Menschen. Kein Wunder, dass sich diese innere Spannung oft in emotionalen Ausbrüchen entlädt! Der Job von uns Eltern ist es deshalb, diesen unterschiedlichen Entwicklungsstufen innerhalb unseres eigenen Kindes Raum zu geben. Konkret heißt das: Wenn unser Sechsjähriger einen Wutausbruch hinlegt wie ein zweijähriges Kind, dann begleite ich ihn in diesem Moment wie das aufgewühlte Kleinkind, das er in diesem Moment gerade ist. Und wenn er im nächsten Moment in Robin-Hood-Manier für die Entrechteten auf dem Pausenhof kämpfen will wie ein Zehnjähriger, dann behandle ich ihn wie den großen Jungen, als der er sich verhält. So zwischen unterschiedlichen Reaktionsmustern hin- und herzuspringen und sich immer wieder klarzumachen, mit welchem Kind ich es gerade zu tun habe – dem großen, dem mittelgroßen oder dem kleinen –, geht für Eltern gefühlsstarker Kinder zunächst oft mit einer großen Anstrengung einher. Langfristig aber macht es ihr Leben leichter. Denn indem Mütter und Väter die Erwartungen daran, was ein zweijähriges, vierjähriges, acht- oder zwölfjähriges Kind auf emotionaler und kognitiver Ebene können muss, loslassen und ihrem Kind auf der Entwicklungsstufe begegnen, auf der es gerade ist, können sie sich ihm viel freier und feinfühliger nähern und ihm so die Chance geben, auf jeder Ebene die Zuwendung und Begleitung zu bekommen, die es gerade braucht. Konkret heißt das: Einem Kind zu spiegeln, dass sein Verhalten »nicht altersgerecht« sei, wird seine inneren Konflikte nur verschärfen. Darf unser Kind hingegen groß und klein, schwach und stark, reif und unreif sein, kann jeder seiner Persönlichkeitsanteile in seinem eigenen Tempo heranreifen und die emotionale Entwicklung nach und nach zur kognitiven aufschließen.

SIEBTES KAPITEL

Ein fast normales Familienleben

»Du bist nicht allein auf der Welt«

»Du bist nicht allein auf der Welt« – dieser Satz hat sich bei vielen ehemaligen gefühlsstarken Kindern, die heute längst erwachsen sind, fest in die Erinnerung eingebrannt. Denn es stimmt ja: Gefühlsstarke Kinder ziehen unglaublich viel Aufmerksamkeit, fordern alle Familienmitglieder stark heraus, und sie geduldig und beständig durch ihre ganzen emotionalen Höhenflüge und Tiefschläge zu begleiten, kostet unendlich viel Kraft. Da erstaunt es nicht, dass Eltern und Geschwister oft irgendwann aufbegehren: Es kann doch nicht sein, dass sich in unserer Familie alles nur noch um dich dreht!

»Du bist nicht allein auf der Welt« – in diesem Satz steckt eine tiefe Wahrheit, aber auch ein großes Verletzungspotential. Denn ja, natürlich sind auch gefühlsstarke Kinder nicht allein auf der Welt und können nicht alle Aufmerksamkeit für sich allein beanspruchen. Doch der vorwurfsvoll-wütende Ton, mit dem dieser Satz meist ausgesprochen wird, suggeriert auch, dass gefühlsstarke Kinder *mit Absicht* so viel Kraft und Aufmerksamkeit ziehen, weil sie denken, die Welt drehe sich nur um sie. Und das ist eine schlimme und ungerechte Unterstellung gegenüber Kindern, die ja selber merken, dass sie mit ihrer speziellen Art oft auffallen und anecken, und die oft liebend gerne etwas weniger bedürftig wären. Kein Kind will eine Bürde für seine Eltern sein, keine Schülerin und kein Schüler die ganze Klasse belasten. Niemand will der Mensch sein, der allen anderen die Nerven langzieht. Nur: Was sollen gefühlsstarke Kinder denn machen, wenn sie nun mal Hilfe im Umgang mit ihren starken Emotionen brauchen?

Als Eltern stehen wir deshalb vor der zugegebenermaßen schwierigen Aufgabe, mit unseren begrenzten Kraft-, Zeit- und Geduld-Ressourcen so zu haushalten, dass niemand in unserer Familie zu kurz kommt – auch wir selber nicht.

Gerechtigkeit und Gleichheit sind nicht dasselbe

Eltern starten oft mit dem hehren Vorsatz ins Abenteuer Mehrkindfamilie, alle aus Gerechtigkeitsgründen gleich zu behandeln. Dieser Plan scheitert auch ohne ein gefühlsstarkes Kind meist sehr schnell an der Realität. Es liegt einfach in der Natur eines sich ständig verändernden Familienlebens, dass wir mit Geschwisterkindern nicht immer gleich umgehen können – einfach, weil sie unterschiedliche Menschen mit unterschiedlichen Bedürfnissen sind. Ist unter unseren Kindern dann auch noch ein besonders wildes, sensibles, reizoffenes, hochemotionales, das so ganz anders tickt als seine Geschwister, ist es mit der Gleichbehandlung sowieso vorbei. Schließlich zeigen diese Kinder uns mit einer Deutlichkeit und Vehemenz, dass sie von uns etwas anderes – und besonders: *mehr von allem!* – brauchen als ihre Geschwister, so dass sich unser Familienleben dadurch auf jeden Fall verändert: entweder, weil wir uns fortan in einem permanenten Kampf mit ihnen befinden, oder weil wir nach Wegen suchen, ihren starken Bedürfnissen Raum zu geben, ohne dass uns dabei unser Alltag vollkommen entgleitet.

Ein wirksames Mittel gegen das schlechte Gewissen, das viele Eltern angesichts dieser gravierenden Lücke zwischen Ideal und Wirklichkeit beschleicht, ist, sich bewusst zu machen, dass gerade im Familienleben Gerechtigkeit und Gleichheit nicht dasselbe sind. Um allen unseren Kindern gerecht zu werden und sie fair zu behandeln, müssen wir ihnen nicht unbedingt *gleich viel* Zeit und Aufmerksamkeit schenken. Entscheidend ist, dass jedes Kind so viel davon bekommt, wie es braucht.

Geht es um unterschiedlich alte Kinder, leuchtet uns das meist intuitiv ein: Klar braucht ein Baby mehr Nähe und Rückversicherung als ein Teenager. Genauso wie es logischerweise nicht ungerecht ist, von der Achtjährigen zu erwarten, dass sie sich morgens allein anzieht, der Zweijährigen aber dabei zu helfen.

Auch körperliche Beeinträchtigungen sind für uns ein selbstverständlich akzeptierter Grund, Kinder ungleich zu behandeln: Niemand würde von dem Jungen mit Krücken erwarten, allein zur Schule zu radeln wie seine zwei Jahre jüngere Schwester. Er kann ja nicht, das sieht man doch!

Was wir uns als Eltern gefühlsstarker Kinder klarmachen müssen, ist, dass unsere Kinder manche Dinge auch schlicht nicht *können*, die ihren Geschwistern viel leichterfallen. Weil ein neunjähriger Junge im Strudel seiner heftigen Emotionen eben letztlich auch nichts anderes ist als ein hilfsbedürftiges Baby. Und weil eine seelische Beeinträchtigung – etwa eine riesige Angst davor, den Schulweg ohne Mama oder Papa schaffen zu müssen – genauso echt und schmerzhaft sein kann wie ein gebrochener Fuß.

Anstatt also dem Ideal der Gleichbehandlung hinterherzuhecheln, das wir ohnehin nie erreichen können, tun wir als Eltern gut daran, ganz bewusst ein neues Familienklima zu schaffen, in dem auch den Kindern klar ist: Wenn Mama oder Papa meinen Bruder oder meine Schwester anders behandeln als mich, ist das nicht fies oder ungerecht. Sondern ein Zeichen dafür, dass wir in unserer Familie alle verschieden sind und deshalb unterschiedliche Dinge brauchen.

Jetzt hab ich Zeit nur für dich!

Wenn Geschwister gefühlsstarker Kinder ihren Eltern vorwerfen, sich immer nur um den Bruder oder die Schwester zu kümmern, sticht dieser Vorwurf oft besonders tief ins Herz – weil er zu einem gewissen Grad einfach wahr ist. Gerade wenn wir erst neu auf das Phänomen der Gefühlsstärke gestoßen sind, kann es passieren, dass wir gedanklich nun so stark damit befasst sind, die

Bedürfnisse unseres besonderen Kindes besser zu verstehen und zu begleiten, dass unser anderes Kind (oder unsere anderen Kinder) darüber schleichend aus dem Blickfeld rücken. Doch auch wenn wir noch gar keinen Namen und keine Erklärung für das spezielle Temperament unseres gefühlsstarken Kindes haben, ist es in unserem Kopf und in unseren Herzen oft besonders präsent: weil es uns so braucht, weil es körperlich so viel Nähe einfordert, weil es in uns selbst so heftige Emotionen auslöst, weil wir so viel über sein Wesen nachdenken und uns um seine Zukunft sorgen. Geschwisterkinder wirken da im Vergleich oft so unauffällig und *easy-going*, und sind darüber hinaus häufig so viel selbstständiger, dass sie in unserem Denken und Fühlen lange nicht so viel Raum einnehmen – obwohl wir sie natürlich genauso lieb haben.

Doch egal wie unkompliziert und selbstständig ein Kind auch sein mag: Zu merken, dass Mama oder Papa so viel Zeit und Kraft und Aufmerksamkeit in den Bruder oder die Schwester investieren, fühlt sich einfach blöd an. Verletzend. Ungerecht. Die Art und Weise, wie Kinder ihren Eltern Enttäuschung darüber mitteilen, ist sehr verschieden: Manche ziehen sich immer mehr in sich zurück und machen sich quasi unsichtbar in der Hoffnung, dass dann irgendwann mal jemand nach ihnen sucht. Andere begehren plötzlich auf und beginnen, selbst zu toben, zu schreien, zu schimpfen und mit Gegenständen zu werfen, frei nach dem Motto: Wenn man wild und unkontrolliert sein muss, um in dieser Familie Aufmerksamkeit zu kriegen – bitte, das kann ich auch!

Um solchen Entwicklungen vorzubeugen – oder sie zu durchbrechen, falls sie bereits eingetreten sind –, können Eltern vor allem eins tun: da sein. Sich ganz bewusst Zeit nehmen für jenes Kind, das sonst so oft zu kurz kommt. Anhören, was es zu sagen hat. Verantwortung übernehmen für das, was schiefgelaufen ist. Und gemeinsam nach einem Weg suchen, auch diesem Kind die Nähe, Liebe und Aufmerksamkeit zu geben, die es braucht. Es ist vermutlich weniger, als wir es von unserem gefühlsstarken Kind kennen. Aber deshalb nicht weniger wichtig.

Um sicherzustellen, dass diese regelmäßigen Momente exklusiver Aufmerksamkeit im turbulenten Familienalltag nicht untergehen, ist es hilfreich, sie als feste Termine im Tagesablauf zu verankern: Jeden Abend besuchen Mama oder Papa die große Schwester vor dem Schlafengehen für eine halbe Stunde in ihrem Zimmer zum Vorlesen, Reden und Kuscheln und machen die Tür hinter sich fest zu, damit der kleine Bruder in dieser Zeit nicht reinkommen und dazwischen quatschen und alle Aufmerksamkeit auf sich lenken kann. Oder: Jeden Samstagvormittag machen Vater und Sohn gemeinsam den Familieneinkauf und unterhalten sich dabei über alles, was so anliegt, ohne dass die Kleine alles mit ihren Wutausbrüchen sprengt.

Wichtig ist, dass Geschwisterkinder in solchen Momenten auch ihrem Frust und ihrer Wut über das anstrengende Temperament des Bruders oder der Schwester Ausdruck verleihen dürfen, ohne gleich abgewürgt oder korrigiert zu werden. Ein ehrliches »Ja, manchmal ist es auch für mich sehr anstrengend mit ihr/ihm«, ist für sie ein wichtiges Zeichen der Verbundenheit, das Eltern geben können, ohne befürchten zu müssen, damit ihrem gefühlsstarken Kind in den Rücken zu fallen.

Rückzug für alle

Es gibt gefühlsstarke Kinder, die haben ein sehr starkes Bedürfnis nach einem eigenen Zimmer, einer Rückzugsmöglichkeit ganz für sich. Und andere, die bräuchten so was von sich aus gar nicht, weil sie sowieso am liebsten immer da wären, wo Mama und Papa sind. Bei allem Verständnis für das Rückzugs- beziehungsweise Nähebedürfnis des gefühlsstarken Kindes ist es jedoch für den Familienfrieden unerlässlich, darüber nicht die Bedürfnisse der

Geschwisterkinder aus den Augen zu verlieren. Denn sie brauchen *auf jeden Fall* einen Ort, an dem sie sich vor den Gefühlsausbrüchen des Bruders oder der Schwester schützen können. Einige Familien stellt allerdings genau das vor ein logistisches Problem: Nicht jeder hat Platz für zwei, drei oder gar vier Kinderzimmer, und längst nicht jede Familie hat die Möglichkeit, einen Raum einfach zu teilen. Gleichzeitig kann es für Kinder eine echte Zumutung sein, mit ihrem gefühlsstarken Geschwisterkind auf Dauer ein Zimmer teilen zu müssen. Seine heftigen Gefühlsschwankungen mitzuerleben und immer wieder abfangen zu müssen, ist ja schon für uns Erwachsene Schwerstarbeit – wie soll es da erst einem Kind gehen? Hängt der Haussegen durch ständigen Geschwisterstreit schief, lohnt es sich deshalb, noch einen genauen Blick auf die Zimmerverteilung im Haus zu werfen und sich dabei von so manchem alten Glaubenssatz zu lösen, damit der Weg frei wird für neue, nervenschonendere Raumlösungen: Vielleicht können die große und die ganz kleine Schwester sich ein Zimmer teilen, damit der Sohn ein eigenes Reich bekommt? Vielleicht kann Papas Schreibtisch vorübergehend in die Wohnküche umziehen, um Platz für ein drittes Kinderzimmer zu schaffen? Brauchen wir überhaupt eine Wohnstube, wenn ohnehin alle immer nur in der großen Küche sind? Oder wir ziehen im Kinderzimmer eine zweite Ebene ein, mit Stufen, die nur der Große bewältigen kann, so dass er dort oben geschützt ist vor den Wutanfällen seiner kleinen Schwester!

Ist der Platz zu knapp für einen eigenen Rückzugsort für jeden, kann auch ein Entspannungsort, den jeder nach Bedarf nutzt, eine gute Lösung sein – etwa ein gemütlicher Sessel im Elternschlafzimmer, in den sich die Zehnjährige kuscheln kann, wenn es ihr im Kinderzimmer zu laut ist, in dem aber auch Mama oder Papa durchatmen können, wenn mal wieder die Hütte brennt.

»Immer sprengt der Kleine alles!«

Vermeidbaren Stress zu umgehen, ist für die meisten Eltern *die* Survival-Strategie schlechthin – und so ist es nicht verwunderlich, dass gerade die Eltern gefühlsstarker Kinder oft rigoros um alle Unternehmungen einen Bogen machen, die potentiell wieder zu einem riesigen Nervenzusammenbruch bei allen Beteiligten führen können. Das ist einerseits eine kluge Vorgehensweise – mehr Stress als nötig braucht schließlich kein Mensch –, sorgt jedoch häufig auch dafür, dass Familien mit gefühlsstarken Kindern sich regelrecht zu Hause einbunkern, um bloß keiner Situation ausgesetzt zu sein, die ihre vertrauten Routinen durchbricht und zu einer Gefühlsexplosion nach der nächsten führt – sei es die Hochzeit der Cousine mit den vielen fremden Menschen oder das Straßenfest der Nachbarn.

Was für Eltern mit nur einem Kind ein zwar möglicherweise etwas einsamer, aber trotzdem gangbarer Weg sein kann, ist für Geschwisterkinder jedoch eine echte Katastrophe. Sie sollen bei all diesen coolen Sachen nicht dabei sein, nur weil ihr Bruder oder ihre Schwester immer so ein Drama macht? Was für eine himmelschreiende Ungerechtigkeit!

Selbst wenn es nur jedes zweite oder dritte coole Event ist, das Eltern mit Rücksicht auf ihr kleines Sensibelchen absagen – für Geschwisterkinder bleibt die Botschaft klar: Mein Bruder ist wichtiger als ich, und nur wegen ihm darf ich jetzt keinen Spaß haben! Verständnis für eine eine solche Entscheidung zu erwarten (»Du weißt doch, dass Tino Lärm nicht gut aushält!«), ist selbst von Teenagern meist noch zu viel verlangt und schlägt sich im schlimmsten Fall zusätzlich negativ auf die Geschwisterbeziehung nieder: »Immer geht alles wegen Tino nicht!«

Und was ist nun die Lösung für diesen Bedürfniskonflikt? Kommt ganz drauf an. Manchmal hilft es, wenn Elternpaare sich aufsplitten und jeder mit einem Kind etwas unternimmt.

Manchmal lassen sich Wege finden, dem gefühlsstarken Kind eine potentiell herausfordernde soziale Situation mit guter Vorbereitung so zu erleichtern, dass nachher alle gemeinsam Spaß haben können. Manchmal hilft es auch, die erweiterte Wahl-Familie einzuspannen: Vielleicht können ja auch Freunde die große Tochter mit zum Weihnachtsmarkt nehmen oder auf die kleine Tochter aufpassen, während die Eltern etwas mit den anderen Kindern unternehmen. Es ist im Übrigen erstaunlich, auf was für clevere und kreative Ideen die Kinder selbst häufig kommen, wenn Eltern sie für einen solchen Interessenkonflikt sensibilisieren und sie bitten, doch einmal einen Vorschlag zu machen, wie sich das Dilemma auflösen lässt. Manchmal kommt es aber auch einfach vor, dass sich ein solcher Konflikt *nicht* auflösen lässt. Und dann? Brauchen Kinder Eltern, die eine Entscheidung treffen, auch wenn sie nicht allen gefällt – und dann den Frust und die Enttäuschung, die daraus entsteht, begleiten und auffangen.

Wie viel Rücksicht können wir erwarten?

Kinder mit einem sehr intensiven Gefühlsleben sind besonders verletzlich und lassen sich von abschätzigen Blicken und gemeinen Kommentaren oft bis ins Mark treffen. Deshalb spüren wir Eltern nicht zu Unrecht den Impuls, sie besonders gut schützen zu wollen vor den Härten dieser Welt – auch wenn diese von ihren eigenen Geschwistern ausgehen. Dabei laufen wir jedoch Gefahr, mit zweierlei Maß zu messen: Schreit der gefühlsstarke Sohn seine Wut und Verzweiflung heraus, sagen wir seiner Schwester, sie solle das nicht persönlich nehmen, er meine das nicht so. Schreit sie zurück, weisen wir sie scharf zurecht: Was ihr einfalle, so auf den Gefühlen ihres Bruders herumzutrampeln? So nachvollziehbar es auch ist, dass Eltern in ein solches

Verhaltensmuster hineingeraten, so problematisch können die Auswirkungen sein – vor allem in Hinblick auf die Beziehung der Geschwister untereinander.

Denn gefühlsstarke Kinder sind nicht krank oder behindert, sie sind einfach nur besonders empfänglich für Stress und starke Gefühlsregungen. Sie verdienen es natürlich, mit Umsicht und Respekt behandelt zu werden, sie müssen aber auch Strategien entwickeln, mit den Anforderungen des täglichen Lebens zurechtzukommen. Geschwister können in diesem Lernprozess eine wichtige Rolle spielen: Sie tragen einen Teil der Anforderungen der Außenwelt hinein in den Kosmos der Familie und konfrontieren gefühlsstarke Kinder dabei unzweifelhaft mit einem gewissen Stress. Sie geben ihnen gleichzeitig aber auch die Chance, im geschützten Rahmen und im Zweifelsfall mit elterlicher Begleitung Bewältigungsstrategien zu erproben. Umgekehrt können Kinder von ihren gefühlsstarken Geschwistern lernen, welche Macht Worte haben können und wie wichtig es ist, achtsam mit den Gefühlen anderer Menschen umzugehen.

Anstatt Geschwisterkinder also anzuhalten, besonders viel Rücksicht auf den sensiblen Bruder, die verletzliche Schwester zu nehmen und dem Kind damit eine Sonderrolle zuzuweisen, sollten wir Eltern lieber an einem respektvollen, wertschätzenden Umgang aller (!) Familienmitglieder untereinander arbeiten. Eine große Hilfe können dabei klare, gemeinsam entwickelte und schriftlich fixierte Familienregeln sein, die Kinder wie Erwachsene daran erinnern, dass in dieser Familie jeder einzelne mit verantwortlich ist für das große Ganze.

Chaos hoch zwei: Gefühlsstarke Geschwisterkinder

Jedes siebte bis zehnte Baby kommt als gefühlsstarkes Kind zur Welt. Statistisch gesehen ist es also eher unwahrscheinlich, dass in einer Familie gleich zwei oder gar drei von ihnen landen. Andererseits scheinen sich in manchen Familien die gefühlsstarken Menschen geradezu zu häufen, bei Kindern wie bei Erwachsenen. Und so kommt es, dass manche Eltern vor der Herausforderung stehen, nicht nur *ein* gefühlsstarkes Kind großzuziehen, sondern gleich *mehrere*. Also: *Noch mehr* Freude, *noch mehr* Wut. Und die schwierige Frage: Wie soll das funktionieren, gleich mehreren so bedürfnisstarken Kindern alles zu geben, was sie brauchen, ohne dabei selbst vor die Hunde zu gehen? Die Erfahrung betroffener Eltern zeigt: In den ersten Lebensjahren, wenn die starken Bedürfnisse vorrangig körperlicher Natur sind, ist das wirklich schwer. Aber dann wird es leichter. Weil gefühlsstarke Kinder untereinander oft eine besonders intensive Verbindung haben – sie können schließlich nicht nur verstehen, sondern wirklich nachfühlen, wie der andere empfindet. Das heißt natürlich nicht, dass gefühlsstarke Geschwisterkinder nicht auch aneinander hochgehen könnten, zumal Gefühlsstärke ja auch in ganz unterschiedlichen Charakterzügen zum Ausdruck kommen kann. Doch oft ist es eben auch so, dass es das Familienleben leichter macht, wenn beide Kinder viel Bewegung, aber auch viel Rückzug brauchen und schon im Vorschulalter überdurchschnittlich klar und reflektiert über ihre Bedürfnisse und Gefühle sprechen können. Vor allem aber können gefühlsstarke Geschwisterkinder auch voneinander und miteinander lernen, wie das geht: einen individuellen Umgang mit den eigenen intensiven Emotionen finden. Gleichzeitig müssen Eltern sich klarmachen, dass der Alltag mit mehreren Kindern, die sie so intensiv brauchen, einem hochanstrengenden Vollzeitjob mit jeder Menge unbezahlten Überstunden entspricht. Heißt konkret: Von sich selbst zu erwarten, zusätzlich zu den Kindern noch Job und einen Haushalt zu stemmen, weil andere Leute mit zwei Kindern das schließlich auch schaffen, endet in den meisten Fällen in chronischer Überforderung. Weil zwei gefühlsstarke Kinder eben *nicht* so viel Arbeit machen wie zwei Kinder, sondern eher wie acht. Und da würde sich auch keiner wundern, wenn Eltern eine Haushaltshilfe einstellen, oder? Die wirksamste Strategie, um im Familienleben mit zwei oder mehr gefühlsstarken Kindern nicht nur nicht wahnsinnig zu werden, sondern um alle in ihrer Einzigartigkeit auch wirklich genießen zu können, ist es, so viel Hilfe wie möglich anzunehmen und sämtliche zusätzliche Arbeit so gut es geht zu reduzieren.

Wir brauchen einen Clan

Aus evolutionärer Sicht sind wir Menschen eine so genannte kooperativ aufziehende Art. Das heißt: Wir sind dafür gemacht, unsere Kinder im Gruppenverband großzuziehen. In einem Stamm, wie ihn unsere Vorfahren über viele Jahrtausende ganz selbstverständlich hatten – dreißig bis vierzig Menschen, mit Kindern und ohne, teilweise verwandt, teilweise nicht verwandt, die zusammen leben oder als Nomaden von Ort zu Ort ziehen und sich gemeinschaftlich um alles kümmern, was so anfällt: Beeren sammeln, Tiere jagen, Feuer machen, Leder gerben, Essen kochen, Speere schnitzen und eben auch – Kinder großziehen. Es gibt Ethnologen, die sagen, dass vielen Müttern und Vätern heute genau aus diesem Grund das Elternsein so schwerfällt: Weil wir schlicht nicht dafür gemacht sind, als Kleinfamilien in Vier-Zimmer-Wohnungen zu leben. Uns fehlt ein Clan, das natürliche Gegengift gegen die Einsamkeit und das schlimme Gefühl, alles allein schaffen zu müssen.

Für uns Eltern gefühlsstarker Kinder bedeutet das: Es war von der Natur nie vorgesehen, dass wir tagein, tagaus allein dafür verantwortlich sind, uns mit den intensiven Gefühlsausbrüchen unseres temperamentvollen Nachwuchses herumzuschlagen. Kinder wie unsere fit fürs Leben zu machen, war von der Natur mindestens als ein Fünf-Personen-Job angelegt. Kein Wunder, dass wir so erschöpft sind!

Natürlich können und wollen wir das Rad der Geschichte nicht zurückdrehen und wieder leben wie die Steinzeitmenschen – um Himmels willen. Aber wir können aus der Tatsache, dass wir als Menschen eigentlich für eine gemeinschaftliche Kinderversorgung gemacht sind, Rückschlüsse ziehen, die uns hier und heute in unserem Alltag helfen. Vorreiter dieser Idee sind im deutschsprachigen Raum die beiden Journalistinnen und Autorinnen Julia Dibbern und Nicola Schmidt, die das so genannte »artgerecht«-Projekt ins Leben gerufen haben, um Eltern darin zu bestärken, ihren Kindern, aber auch sich selbst das Leben leichter zu machen, indem sie es im wahrsten Sinne des Wortes artgerechter, also den Bedürfnissen unserer menschlichen Art entsprechend gestalten. Die wichtigste Botschaft der beiden Pionierinnen ist dabei: Wir Eltern müssen nicht alles alleine schaffen. Wir brauchen einen Clan!

Für Eltern gefühlsstarker Kinder ist dieser ermutigende Zuruf nicht nur deshalb besonders wertvoll, weil sie naturgemäß oft besonders erschöpft sind – sie neigen auch aufgrund der sehr engen Bindung ihrer Kinder an sie häufig dazu, niemand anderen in die Betreuung einbeziehen zu wollen, um ihrem ohnehin schon dauerangespannten Sprössling nicht noch mehr Stress zuzumuten. Umso wichtiger ist es, sich klarzumachen, dass artgerechte Unterstützung für ein modernes Familienleben zwar durchaus auch mit aushäusiger Kinderbetreuung einhergehen kann, dass der grundsätzliche Clan-Gedanke jedoch ein anderer ist: Es geht nicht darum, Kinder von ihren Eltern zu trennen, sondern der ganzen Familie Entlastung durch Gemeinschaft zukommen zu lassen.

Konkrete Ideen, um im Alltag mit einem gefühlsstarken Kind Entlastung durch einen artgerechten Clan im Rücken einziehen zu lassen, sind:

Elternteams, also Mütter und Väter, die sich zusammenfinden, um sich gegenseitig bei der Kinderbetreuung zu unterstützen und einander ganz praktisch unter die Arme zu greifen. Im Idealfall steht am Ende eines solchen Nachmittags eine aufgeräumtere Wohnung, ein ausgelastetes, zufriedenes Kind und Eltern, die endlich mal wieder ihre sozialen Batterien aufladen konnten.

Wahlverwandtschaften. Was für Eltern gefühlsstarker Kinder kaum vorstellbar ist, ist für kinderlose Menschen Alltag: Manchmal ist ihnen an einem langen, leeren Samstag schlicht langweilig. Da kann es durchaus eine coole Abwechslung sein, sich mal für ein, zwei Stunden ein aufgewecktes Kind auszuleihen und mit ihm auf den Spielplatz zu gehen. Oder zum Angeln. Oder was auch immer. Kinderlose Freunde, Verwandte und Bekannte können für unsere gefühlsstarken Kinder so zu kostbaren großen Freundinnen und Freunden werden – und uns Eltern wertvolle Atempausen verschaffen.

Gekaufte Unterstützung. Klar ist die Vorstellung romantisch, dass sich in einem Stamm alle gegenseitig helfen, ohne Gegenleistungen zu erwarten. Doch auch eine eingekaufte Dienstleistung kann echte Entlastung für überstrapazierte Elternnerven bieten. Mütter und Väter tun deshalb gut daran, ohne schlechtes Gewissen auf die Unterstützung von Haushaltshilfen, Pizzaboten und örtlichen Wäschereien zu setzen, sofern es der Geldbeutel irgendwie hergibt.

Ein Online-Clan im Internet. Eine der wichtigsten Funktionen eines Stamms ist nicht nur die praktische Unterstützung im Alltag, sondern auch der emotionale Rückhalt. Fühlen sich Eltern gefühlsstarker Kinder in vielen Eltern-Kind-Gruppen oft wie Aliens, können sich im Internet gezielt Gleichgesinnte und Schicksalsgenossen zusammenfinden und sich per Tablet und Smartphone gegenseitig auch dann den Rücken stärken, wenn der Familienalltag es gerade unmöglich macht, sich persönlich zu treffen. Auf Facebook gibt es die geschlossene Gruppe »Gefühlsstarke Kinder verstehen und begleiten«, in der Eltern sich austauschen und unterstützen.

Die liebe Verwandtschaft

Eine große, unterstützende Familie ist das beste, was Eltern gefühlsstarker Kinder passieren kann. Verteilt sich das Begleiten, Spiegeln, Unterstützen und Bestärken im täglichen Leben auf mehrere Schultern, profitieren davon alle: die Eltern, die sich durch die Entlastung im Alltag immer wieder Ruhepausen gönnen können. Und die Kinder, die starke, tragfähige Bindungserfahrungen mit mehreren verlässlichen Bezugspersonen machen können. Doch leider ist diese familiäre Unterstützung nur wenigen betroffenen Familien vergönnt – und das liegt nicht nur daran, dass heute Großeltern, Kinder und Enkelkinder sowie Onkel und Tanten häufig hunderte Kilometer entfernt voneinander leben. Denn räumliche Distanzen lassen sich überbrücken – viel schwieriger ist es jedoch, einander nah zu bleiben, wenn die Einstellungen immer weiter auseinandergehen.

Für viele Eltern bringt der Alltag mit ihrem gefühlsstarken Kind eine ganze Reihe Grundüberzeugungen und Glaubenssätze ins Wanken, die sie gerade im Familienkreis immer wieder zu hören bekommen. Vielleicht erkennen Sie einige davon wieder?

- »Ein sattes, zufriedenes Baby muss auch mal allein im Stubenwagen liegen können.«

- »Drei Stunden Dauerstillen ist doch nicht normal!«
- »Alle Babys lieben Auto fahren.«
- »Kinder können doch nicht selbst bestimmen, was sie essen!«
- »So einen Wutanfall ignoriert man am besten.«
- »Gut erzogene Kinder trotzen nicht.«
- »Auf keinen Fall schläft das Kind bei uns im Bett.«
- »Mütter, die ihre Zweijährigen immer noch stillen, können einfach nicht loslassen.«
- »Alle Babys weinen, das ist nicht schlimm.«
- »Bloß nicht nachgeben, wenn Kinder bocken.«
- »Kinder lieben es, bei Oma und Opa zu übernachten.«
- »So ein Kind darf doch nicht das ganze Leben verändern.«
- »Kinder haben sich anzupassen.«
- »Alle Kinder gehen gerne in den Kindergarten.«
- »Eine halbe Stunde alleine zu spielen, kann man von einem Fünfjährigen doch wohl erwarten.«
- »Mit Klarheit und Konsequenz lernt jedes Kind, alleine einzuschlafen.«
- »Kinder müssen lernen, dass sie mit Gebrüll nicht weiterkommen.«
- »Das Verhalten der Kinder spiegelt immer die Erziehung der Eltern.«
- »Entspannte Eltern haben entspannte Kinder.«
- »Es ist wichtig, dass Kinder lernen, dass sie nicht das Sagen haben.«
- »Wenn man weinende Kinder in Ruhe lässt, beruhigen sie sich von selbst.«
- »Bloß nicht so viel Tamtam um die Kinder machen.«
- »Mit Aufmerksamkeit verstärkt man schlechtes Verhalten doch nur.«
- »Kinder sind robust, die gehen nicht so schnell kaputt.«
- »Das hat mir doch auch nicht geschadet.«

Gefühlsstarke Kinder zeigen ihren Eltern sehr schnell, dass diese mit solchen Prämissen bei ihnen nicht weiterkommen. Mütter und Väter spüren: Mit Strenge und Strafen erreichen wir bei diesem Kind gar nichts. Sein Wille ist so stark und seine Gefühle sind so groß, dass wir entweder in einen immerwährenden, dramatischen Machtkampf einsteigen können – oder unser Kind annehmen, wie es ist, und nach Wegen suchen, dass es mit uns kooperieren kann.

Für unsere Verwandten, insbesondere unsere eigenen Eltern, ist eine solche Haltung oft schwer nachzuvollziehen. Die heftigen Gefühlsäußerungen unserer Kinder, vor allem aber die Art und Weise, wie wir mit ihnen umgehen, lösen auch in ihnen starke, oft sehr unangenehme und widersprüchliche Gefühle aus, die von Verwunderung und Unverständnis über Schmerz und Schuld bis hin zu Wut und offener Ablehnung reichen können. Und weil die Generation heutiger Großeltern und Urgroßeltern es meistens als Kind selbst nicht gelernt hat, dass es sicher ist, sich dem Sturm der eigenen schwierigen Gefühle zu stellen, läuft in vielen Menschen nun eine automatische Schutz- und Abwehrreaktion ab: Sie nehmen die unangenehmen Gefühle, die die Konfrontation mit uns und unserem gefühlsstarken Kind in ihnen auslöst, und schleudern sie mit aller Macht zu uns zurück – in Form von Vorwürfen, Schuldzuweisungen, Spott und Häme. Für betroffene Eltern ist das eine schreckliche Erfahrung: Ausgerechnet die Großeltern ihres Kindes, denen das Wohl der jungen Familie doch am meisten am Herzen liegen müsste, fügen ihnen in der verletzlichsten Phase ihres Lebens so tiefe Wunden zu!

Umso wichtiger ist es, dass betroffene Eltern sich klarmachen:

Was andere Menschen über uns und unser Kind denken, sagt viel über sie aus. Und nichts über uns.

Dass viele Menschen gerade innerhalb der eigenen Familie so skeptisch oder gar unverhohlen abwertend auf gefühlsstarke Kinder und deren einfühlsame Eltern reagieren, hat nämlich einen ganz einfachen Grund: Die rohen, unbändigen Emotionen dieser Kinder und unser achtsamer, einfühlsamer Umgang damit rühren an ihren ganz eigenen Kindheitserfahrungen, an ihren tiefsten Gefühlen und Glaubenssätzen. Indem wir unser Kind sein lassen, wie es ist, heben wir die Welt vieler Menschen aus den Angeln und stellen sie auf den Kopf. Wir stellen damit alles in Frage, was sie je geglaubt haben: über sich, über ihre eigene Kindheit, ihre eigenen Eltern, ihren eigenen Job als Mutter oder Vater. Denn indem wir die starken Gefühle nicht mit Gewalt zu unterdrücken versuchen, machen wir den Blick frei für einen ganz ungeheuerlichen Gedanken: Dass auch unsere Eltern und Geschwister, Onkel und Tanten, Brüder und Schwestern einmal so rohe, intensive Gefühle hatten. Und dass diese Gefühle vielleicht sogar immer noch da sind, tief vergraben unter einem Berg von Scham, Schuld und Schmerz. Und jetzt wagen wir Eltern auch noch in Frage zu stellen, dass es richtig und nötig war, all diese Emotionen zu ignorieren und zu unterdrücken, den Willen unartiger Kinder zu brechen und aufmüpfige Jugendliche mit aller Macht in die Schranken zu weisen! Ja, wir tun sogar so, als sei es *besser*, die rebellische Widerspenstigkeit und die Dünnhäutigkeit in unserem Kind zu schützen und zu pflegen, als ob sie etwas *Gutes* wären!

Nein – das kann, das darf einfach nicht richtig sein.

Denn wenn wir recht hätten, mit dem, was wir da tun: Wer hätte dann alles falsch gemacht?

Zu verstehen, woher die innere Abwehr vieler Menschen kommt, kann und darf ihr grenzüberschreitendes, abwertendes, verletzendes Verhalten selbstverständlich nicht rechtfertigen. Aber zu begreifen, wie bedrohlich für viele Verwandte unser Umgang mit unseren Kindern sein kann, weil er so massiv an ihrem eigenen Selbstbild kratzt, kann uns helfen, die Angriffe nicht persönlich zu nehmen, sondern sie als Ausdruck einer tiefen Verunsicherung anzusehen, die nichts mit uns oder unserem Kind zu tun hat.

Und das gilt nicht nur für Familienangehörige aus der Generation unserer Eltern und Großeltern: Auch unsere Geschwister, Cousins und Cousinen reagieren schließlich oft mit Befremden und Kritik auf gefühlsstarke Kinder und ihre einfühlsamen Eltern. Warum? Weil es unangenehm ist, den Umgang mit den eigenen Kindern durch jemanden, der ganz anders agiert, hinterfragt zu sehen. Und weil Mütter und Väter oft überzeugt davon sind, unkomplizierte und pflegeleichte Kinder seien das Resultat eben gelungener Erziehung – bis sie, wenn das Schicksal gerecht ist, selbst ein gefühlsstarkes Kind bekommen, das ihnen das Gegenteil beweist.

Ein gefühlsstarkes Kind in der Familie kann Fronten in Generationenkonflikten verhärten und Verwandte voneinander entfernen, weil die Erziehungsvorstellungen immer unvereinbarer werden. Es kann Familien aber auch näher zusammenrücken lassen, wenn Eltern und Großeltern sich auf einen echten, wertschätzenden Dialog einlassen über ausgelebte und unterdrückte Gefühle, Erziehung früher und heute und die lange Geschichte gefühlsstarker und nicht gefühlsstarker Kinder in der Familie.

Ein hilfreicher Wegweiser kann dabei dieser Brief sein, geschrieben an all die Menschen, die Schwierigkeiten haben, gefühlsstarke Kinder und ihre Eltern zu verstehen – und es trotzdem versuchen wollen.

Liebe Freunde und Verwandte,

Euch ist sicher schon aufgefallen, dass unser Kind anders ist als viele andere Kinder: Stürmischer und gleichzeitig sensibler, legt es jeden Tag eine regelrechte Achterbahnfahrt der großen Gefühle hin, von der einem schon mal schwindelig werden kann. Wir verstehen, dass das manchmal anstrengend für Euch ist, und dass Ihr Euch dann fragt, warum ausgerechnet unser Kind so aus der Reihe tanzen muss. Kann es sich nicht einfach mal zusammenreißen und sich so verhalten wie alle anderen Kinder auch? Deshalb ist es uns wichtig, dass Ihr wisst: Unser Kind ist nicht einfach außer Rand und Band, weil wir ihm alles durchgehen lassen. Im Gegenteil: Wir nehmen unsere Verantwortung als Eltern sehr ernst. Deshalb haben wir uns auch schlau gemacht, welche Erklärung hinter dem speziellen Temperament unseres Kindes stehen kann, und herausgefunden, dass ungefähr jedes zehnte Kind etwas anders tickt als andere.

Diese Kinder sind besonders offen für alle Sinneseindrücke und können sich nur schlecht vor Reizüberflutung schützen. Deshalb stehen sie vor Stress oft wie unter Strom. Darüber hinaus erleben diese Kinder sämtliche Gefühle viel intensiver als andere Menschen und können deshalb vor Freude, Wut oder Traurigkeit kaum an sich halten. Diese Kinder werden »gefühlsstarke Kinder« genannt, und wir sind uns sicher, Ihr erkennt unser Kind in dieser Beschreibung genauso wieder wie wir.

Gefühlsstark zu sein ist keine Störung und keine Diagnose. Unser Kind ist kerngesund. Gleichzeitig stellt es der ganz normale Alltag oft vor größere Herausforderungen als andere Kinder. Wir begreifen es deshalb als unsere Aufgabe, unser Kind mit viel Verständnis und Geduld dabei zu begleiten, Ordnung in das Gewirr seiner widersprüchlichen, starken Emotionen zu bringen. Jede Form von zusätzlichem Stress, insbesondere durch angedrohte

Konsequenzen oder Strafen, wäre dabei nur kontraproduktiv. Ruhig zu bleiben, lernen Kinder nur in Ruhe. Und deshalb bemühen wir uns darum, unserem Kind ruhige, verlässliche, geduldige Wegbegleiter zu sein. Dabei vertrauen wir darauf, dass es uns nichts Böses will. Auch wenn es noch so wild schreit und tobt: Es will uns damit nicht ärgern, es zeigt uns nur die Wucht seiner Gefühle.
Keine Frage: Das ist auch für uns manchmal sehr anstrengend. Und wir verstehen, dass Eure Tipps und gut gemeinten Ratschläge oft wirklich nur das Ziel haben, uns zu helfen und zu entlasten. Doch die Wahrheit ist: Zu hören, was Ihr an unserer Stelle anders machen würdet, hilft uns nicht weiter. Wenn Ihr uns wirklich unterstützen wollt, stärkt uns den Rücken. Sagt uns, dass wir unsere Sache gut machen. Habt Verständnis, wenn wir es nicht zu Familienfeiern schaffen oder uns bei Besuchen zwischendurch immer wieder zurückziehen. Verdreht nicht die Augen, während wir unser Kind durch einen Gefühlsausbruch begleiten. Und vergleicht unser Kind nicht mit anderen Kindern, sondern feiert es in seiner ganzen Einzigartigkeit. Denn unser Kind ist ein wunderbares Kind. Wir hoffen, auch Ihr könnt das sehen.

Hochachtungsvoll,
die Eltern eines gefühlsstarken Kindes

Ausgerechnet bei der Schwiegermutter ...

Gefühlsstarke Kinder haben feine Antennen. Sie spüren ganz genau, wenn irgendwas im Busch ist. Zum Beispiel unsere Anspannung, wenn wir mit Menschen zusammentreffen, vor denen wir gut dastehen wollen: Kolleginnen, Lehrerinnen, Schwiegereltern und so weiter. Bitte, denken wir dann im Stillen, bitte mach jetzt keinen Mist. Sei einfach ruhig, und freundlich, und entspannt wie ein ganz normales Kind und dreh um Himmels Willen nicht so auf!

Unsere Kinder mögen die Worte dieses spontanen, stummen Stoßgebets nicht hören können, aber sie nehmen sofort die Stimmung auf, die wir in diesem Moment ausstrahlen. Unsere ganze Unsicherheit, all die Scham, Anspannung, Angst, und auch das Misstrauen wandert also über die Brücke der Spiegelneuronen direkt ins Gehirn unseres Kindes und läutet dort die Alarmglocken: Achtung, Achtung, Mama ist im Stress, Gefahr im Verzug! Und was dann passiert, kennen wir alle aus eigener Erfahrung: Unser Kind wird zappelig und nervös und fegt das Saftglas vom Tisch, es rennt plötzlich wie von der Tarantel gestochen los und lässt sich überhaupt nicht mehr bändigen oder kriegt aus dem Nichts heraus einen Wutanfall, der sich gewaschen hat. Und wir denken: Kann sich dieses Kind nicht *einmal* benehmen, statt uns immer so zu blamieren? Dabei waren *wir* es, die ihm unbewusst all diese Stresssignale geschickt haben, so dass es gar nicht mehr anders reagieren konnte! Eine erfolgsversprechendere Strategie ist es deshalb, die eigenen Gefühle offen auszusprechen und dem Kind ganz genaue Handlungsmöglichkeiten vorzuschlagen, mit denen es uns helfen kann, dass eine für uns wichtige Begegnung zum Erfolg wird. Damit das Kind auch wirklich kooperieren kann – denn das will es, bestimmt –, ist es jedoch wichtig, dabei mit einer gesunden Portion Realismus vorzugehen: Klar wird uns der Vierjährige auch treuherzig versprechen, das ganze Kaffeetrinken mit Oma über still am Tisch zu sitzen und keinen Quatsch zu machen, und er wird es in dem Moment auch so meinen. Aber er wird sein Versprechen nicht halten *können*, weil die Aufgabe für einen kleinen, zappeligen Jungen schlicht zu schwer ist. Was ein Vierjähriger hingegen super kann, ist zum Beispiel Butler sein: Kekse vorkosten und anreichen, Kaffeetassen tragen und während der Mahlzeit um den Tisch herumgehen und alle Gäste fragen, ob ihnen noch etwas fehlt. Das entspricht seinem Bewegungs- und Autonomiebedürfnis, lockert die Stimmung und zeigt den jungen Mann im allerbesten Licht – und trägt im Idealfall dazu bei, dass auch Mama und Papa etwas entspannen können.

Gefühlsstärke kann in der Familie liegen

Erinnern wir uns daran, dass bei gefühlsstarken Menschen schlicht das Gehirn anders verdrahtet ist, verwundert es nicht, dass diese genetische Besonderheit mit sehr großer Wahrscheinlichkeit auch erblich ist. Das heißt: Es gibt ganze Großfamilien, in denen kein einziges gefühlsstarkes Kind zu finden ist – und andere, in denen sie sich regelrecht häufen, und zwar in allen Generationen. Hinter vielen Konflikten rund um den »richtigen« Umgang mit willensstarken Kindern liegt also nichts Geringeres als ein transgenerationales Trauma. Für ehemalige gefühlsstarke Kinder kann es sehr schmerzhaft sein, zu sehen, wie anders heute mit Kindern umgegangen wird, und es ist nicht unüblich, dass sie sich besonders heftig gegen diese »neuen Erziehungsmoden« wehren, die ihr Selbstbild in Frage stellen – weil es einfach zu sehr wehtut, darüber nachzudenken, wie anders das eigene Leben verlaufen wäre mit derselben liebevollen Annahme und Begleitung. Doch zum Glück kommt es auch immer wieder vor, dass hochbetagte Menschen gerade durch ihre gefühlsstarken Enkel- oder gar Urenkelkinder einen neuen Blick auf ihre vermeintliche Schwäche entwickeln. So können teilweise uralte Wunden allein dadurch heilen, zu sehen, dass gefühlsstarke Kinder heute endlich einfach *sein* dürfen. Denn das zeigt betroffenen Erwachsenen: Auch ich war als Kind nicht *falsch,* sondern nur in der falschen Zeit für Kinder wie mich geboren.

»Schon als Baby hat Moritz seine Gefühle überdeutlich zum Ausdruck gebracht. Er schrie mit einer empörten Ausdauer und in einer irren Lautstärke. Wenn er etwas wollte, womit ich nicht einverstanden war, etwa meinen Geldbeutel, regte er sich derart lang und heftig auf, dass mehr als zwei bis drei solcher Konflikte täglich für mich einfach nicht durchzustehen waren. Bei anderen Müttern trug mir das natürlich schnell den Ruf eint, inkonsequent und zu weich zu sein und mir einen kleinen Tyrannen heranzuziehen.

Doch Moritz war nicht nur willensstark – wenn ihn etwas interessierte, war er auch hochgradig konzentriert. Ein kleiner Freund und er hauten mit ca. neun Monaten in die Klaviertasten, der Freund gluckste und zappelte, Moritz war mit einem heiligen Ernst dabei, als würde er fürs Konservatorium proben. Ab zwei Jahren hatte er täglich Wutanfälle, die bis zu anderthalb Stunden dauerten. Er war dann immer völlig außer sich und zitterte am ganzen Körper.

Heute, mit acht Jahren, kenne ich kein Kind, das so differenziert über seine Gefühle sprechen kann und das auch aktiv tut wie Moritz. Dazu kann er unglaubllich empathisch sein. Wenn es mir nicht gut geht, merkt er das sofort und empfindet echtes Mitgefühl. Seine übergroße Energie explodiert im Minutentakt: in gespielte Bombengewitter, Gesangsausbrüche, Clownsdarstellungen und Ähnliches. Dabei ist sein schauspielerisches Talent ganz ansehnlich. Andererseits kann er auch ganz still sitzen: Er hat begonnen zu zeichnen und übt das jeden Tag mit einer irren Ausdauer. Dabei sucht er für jeden Entwurf unsere Bestätigung. Seine Bilder entstehen aus ganz genauer Beobachtung.

Gleichzeitig hat Moritz auch jetzt in der zweiten Klasse immer noch Schlafprobleme. Er schläft kaum eine Nacht durch und braucht dann uns Eltern, um wieder einschlafen zu können. Und seine Emotionen sind nach wie vor extrem: Aus jedem mulmigen Gefühl wird schnell Panik. Wenn er ein Lebensmittel nicht mag, schüttelt es ihn regelrecht vor Ekel. Ungerechtigkeit kann er über-

haupt nicht ertragen, und wenn sein kleiner Bruder etwas Falsches sagt, schämt er sich für ihn in Grund und Boden.

Als Eltern bekommen wir oft zu hören, wir setzten unserem Sohn zu wenig Grenzen. Doch wir spüren einfach, dass Moritz etwas ganz anderes von uns braucht: Verständnis und Begleitung. Unser häufigster Satz ist deshalb: ›Ich weiß, das fühlt sich gerade heftig an, aber es ist nur ein Gefühl. Es wird wieder vorbeigehen.‹

Als ich meinem Vater neulich davon erzählt habe, dass ich glaube, dass Moritz ein gefühlsstarkes Kind ist, und zwar das erste in unserer Familie, das einfach so sein darf, wie es ist, füllten sich seine Augen plötzlich mit Tränen. Es war das erste Mal, dass ich ihn weinen sah. Er sagte nichts, aber ich bin mir sicher, er dachte in diesem Moment an seine eigene Kindheit, in der sein ganz ähnliches Temperament auf brutale Weise gebrochen wurde. Seitdem betrachtet er Moritz oft mit einer besonders großen Zärtlichkeit, und ich habe den Eindruck: Zu sehen, wie er frei und unverbogen groß werden darf mit all seinen großen Gefühlen, hat für meinem Vater etwas wirklich Heilendes im Umgang mit seinen eigenen verletzten, großen Gefühlen.«

Tina

Beziehungsrisiko gefühlsstarkes Kind

Es ist schon gemein: Da bekommen Paare ein Kind als Krönung ihrer Liebe – und dann leidet die Liebe ausgerechnet unter diesem Kind. Zu einem gewissen Grad erleben fast alle Eltern ihr Baby als einen solchen Beziehungsdämpfer, insbesondere das erste. Doch wenn aus einem bedürfnisstarken Säugling dann auch noch ein gefühlsstarkes Kleinkind wird, das das alte Eltern-Mantra, mit der Zeit werde alles von selbst einfacher, Lügen straft – dann leidet darunter die Qualität der Paarbeziehung oft noch einmal auf ganz andere Weise. Denn während sich einzelne anstrengende Wochen oder Monate mit einem wenig schlafenden und viel schreienden Baby notfalls irgendwie mit dem »Augen-zu-und-durch«-Prinzip überstehen lassen, ist für Eltern mit einem gefühlsstarken Kind klar: Einfach die Augen zu verschließen, wird uns ebensowenig weiterbringen wie irgendwie die Zähne zusammenzubeißen und durchzuhalten. Dazu dauert so eine ganze Kindheit nämlich schlicht zu lange. Die Alternative: Die Belastungsfaktoren im Beziehungs- und Familienalltag mit einem gefühlsstarken Kind genauer unter die Lupe nehmen. Und nach Lösungen für jeden einzelnen davon suchen.

Achtung, Nähe-Overkill

Beziehungen leben davon, dass wir sie pflegen. Dass wir einander also Zeit, Aufmerksamkeit und Zuneigung schenken, um die gegenseitige Verbundenheit zu stärken und die Liebe am Leben zu halten. Das Problem vieler Eltern ist nun, dass sie all das zwar jeden Tag stundenlang tun – aber eben nicht mit ihrem Partner, sondern mit ihrem Kind. Haben sie dann auch noch ein besonders nähebedürftiges, gefühlsstarkes Exemplar erwischt, leiden insbesondere stillende Mütter irgendwann oft unter einem regelrechten Nähe-Overkill: Sie sind so übersättigt mit Körperkontakt, dass sie, wenn das Baby endlich schläft, selbst die kleinste Berührung nicht mehr aushalten können. Keine Umarmung. Keinen Kuss. Geschweige denn mehr.

Bei Eltern gefühlsstarker Kinder hält dieser Zustand permanenter Überreizung oft bis weit über die Babyzeit hinaus an. Nach unzähligen Stunden des Kuschelns, Tröstens, Tragens, Raufens, Spielens und Einschlafbegleitens sind ihre Nähespeicher schlicht übervoll, und gleichzeitig ihre Energie-Akkus leer: Nicht gerade die optimalen Voraussetzungen, um als Paar aneinander dranzubleiben.

Was Eltern in dieser Situation helfen kann:

Druck rausnehmen: Paare müssen sich ihre Liebe nicht ständig auf körperliche Weise zeigen, um verbunden zu bleiben. Oft sind es kleine Gesten im Alltag, die Nähe herstellen und bewahren: sich über den Tag liebevolle Nachrichten hin- und herzuschicken, wenn das Kind schläft, gemeinsam noch einen Tee oder ein Glas Wein zu trinken, jeden Abend zusammen bei einer Folge der Lieblingsserie entspannen.

Entlastung organisieren: Jeder Stressfaktor, der im Alltag wegfällt, schafft Raum für mehr Beziehungsqualität. Ja, eine Haushaltshilfe kostet Geld – aber weniger als eine Paartherapie und *definitiv* weniger als eine Scheidung!

Über Betreuung nachdenken: Oft fühlen sich insbesondere Mütter ihrem gefühlsstarken Kleinkind so eng verbunden, dass sie sich kaum vorstellen können, es auch nur für wenige Stunden in der Woche nicht selbst zu betreuen. Geht es allen gut damit, ist das kein Problem. Gehen sie damit aber weit über ihre Belastungsgrenze, schlägt sich das natürlich auch auf die Beziehungsqualität nieder. Eigene Glaubenssätze noch mal zu überprüfen und sich auch entgegen ursprünglicher Überzeugungen bei der Kinderbetreuung unterstützen zu lassen, kann in dieser Situation sehr hilfreich sein.

Eigene Bedürfnisse geltend machen. Eltern gefühlsstarker Babys und Kleinkinder gewöhnen sich manchmal so sehr daran, ihre eigenen Bedürfnisse angesichts der immensen Ansprüche ihres Kindes erstmal ganz weit hintanzustellen, dass sie, wenn ihr Kind älter wird, den Absprung aus dieser Haltung verpassen. Doch auch wenn gefühlsstarke Kinder viele Jahre lang besonders viel Begleitung brauchen, bleiben sie keine Babys und können selbstverständlich, je älter sie werden, auch immer mehr lernen, auf die Bedürfnisse anderer Rücksicht zu nehmen – etwa, indem sie üben, sich für eine bestimmte Zeitspanne (Küchenwecker stellen!) allein in ihrem Zimmer zu beschäftigen, damit Mama und Papa mal Zeit für sich haben.

Zusammenhalten. Absolutes Gift für jede Paarbeziehung ist es, wenn zu den alltäglichen Herausforderungen mit einem gefühlsstarken Kind auch noch Schuldzuweisungen und erbitterte Erziehungsdiskussionen hinzukommen: »So ist er doch wegen dir!« ist einer der schlimmsten Sätze, die Partner in so einer Situation zueinander sagen können. Umgekehrt schweißt es zusammen, sich gegenseitig im eigenen Weg zu bestärken: »Es ist nicht immer leicht, aber wir haben ein tolles Kind, das wir gemeinsam gut ins Leben begleiten.«

Mit unterschiedlichen Erziehungsvorstellungen umgehen

Wenn das eigene Kind anders ist als viele andere Kinder und der Familienalltag sich dadurch manchmal anstrengender und komplizierter, zumindest jedoch anders als erwartet gestaltet, sorgt das oft für Konflikte zwischen Eltern, die vor allem um zwei Fragen kreisen:

Wer ist schuld an der Misere?

Und wie gehen wir nun damit um?

Die erste Frage lässt sich hoffentlich mit dem Wissen aus der Welt schaffen, dass *niemand* »schuld« ist am besonderen Temperament gefühlsstarker Kinder, sondern dass ihre starken Bedürfnisse und ihre Intensität einfach eine Spielart der Persönlichkeitsentwicklung sind, für die niemand etwas kann.

Die zweite Frage ist schon schwieriger zu beantworten, denn

tatsächlich zeigt ein Blick in verschiedene Kulturen und Epochen, dass sowohl individuelle Elternpaare als auch ganze Gesellschaften immer wieder sehr unterschiedliche Antworten gefunden haben, wie der »richtige« Umgang mit widerspenstigen und wilden Kindern auszusehen habe. Und so ist es kein Wunder, dass auch in vielen Familien da zwei ganz unterschiedliche Weltbilder aufeinanderkrachen, die einen großen Einfluss darauf haben, was Eltern als ihren Job ansehen: Ihr Kind zu einem guten Menschen zu machen – oder darauf zu vertrauen, dass es schon ein guter Mensch ist. »Wir dürfen unser Kind doch nicht verbiegen«, sagt der eine Partner. »Wir dürfen uns aber auch nicht tyrannisieren lassen«, entgegnet der andere. Und nun?

Um in diesem Widerstreit verschiedener Grundüberzeugungen nicht die gemeinsame Basis zu verlieren, ist es wichtig, dass Eltern sich klarmachen: Auch die Erziehungsvorstellung meines Gegenübers basiert auf der Liebe zu unserem gemeinsamen Kind. Auch mein Partner will, dass es unserem Kind gut geht und dass es glücklich und selbstbewusst das Leben meistern kann. Sein favorisierter Weg dahin mag ein anderer sein, doch sein Ziel ist das gleiche. Die Liebe zu unserem Kind ist das, was uns verbindet – diese simple Wahrheit nicht aus den Augen zu verlieren, kann viele Konflikte entschärfen. Denn wenn Partner sehen, dass selbst die krudesten Erziehungsvorstellungen letztlich auf Liebe, die aber eben mit Furcht und Sorgen verknüpft ist, basieren, können sie gemeinsam aus dem Ring steigen und nach einem gemeinsamen Umgang mit diesen Zweifeln und Ängsten suchen. Der Vorteil von Eltern gefühlsstarker Kinder ist in diesem Fall, dass sie normalerweise sehr geübt darin sind, feinfühlig die komplizierten Gefühle eines anderen Menschen auseinanderzudröseln. Gelingt ihnen das nun auch miteinander, können sie sehen, dass hinter den unterschiedlichen Erziehungsvorstellungen letztlich die gleichen Wünsche und Herzensanliegen stehen: Dass es unserem Kind gut gehen soll. Dass es uns Eltern gut gehen soll.

Dass unser Kind im Kindergarten, in der Schule und später im Erwachsenenleben gut klarkommen soll. Dass unser Kind Freunde haben soll. Dass unser Familienleben wieder leichter und fröhlicher werden soll.

Mit diesen gemeinsamen Zielen vor Augen tun sich Eltern meist viel leichter damit, konkrete Pläne für ein Familienleben zu schmieden, das die Bedürfnisse des gefühlsstarken Kindes ebenso im Blick hat wie die aller anderen Familienmitglieder, und in dem für die freie Entfaltung jedes einzelnen ebenso Raum ist wie für einen verbindlichen Rahmen, der die gesamte Familie zusammenhält.

»Wir waren verzweifelt: Unser ganzes Familienleben kreiste nur noch um unsere achtjährige Tochter Lilli. Wir fürchteten ihre Wutausbrüche, bei denen sie um sich schlug wie von Sinnen, und taten deshalb alles, um sie zu vermeiden. Lilli konnte den Geruch von Blumenkohl nicht ertragen – also strichen wir ihn vom Speiseplan. Lilli wollte keine Hausaufgaben machen – also machten wir sie für sie. Lilli mochte die Babysitterin nicht – also gingen wir nicht mehr aus. Wir dachten, je mehr Rücksicht wir auf Lilli und ihre besonderen Bedürfnisse nehmen, desto rücksichtsvoller könnte sie auch uns gegenüber sein. Doch stattdessen wurde alles nur schlimmer: Lilli sprach nicht mehr mit uns, sie brüllte Befehle. Und wenn wir nicht gehorchten, ließ sie ihren Frust an unseren Möbeln aus – oder an ihrem zweijährigen Bruder. So konnte es nicht weitergehen. Eine Freundin empfahl uns dann, uns von einer FamilyLab-Beraterin begleiten zu lassen. Wir dachten, sie würde vor allem mit Lilli arbeiten wollen, doch sie sprach lieber mit uns, während Lilli scheinbar teilnahmslos dabei saß. Es fiel uns schwer, über unsere Schwierigkeiten zu sprechen mit unserer Tochter daneben, aber unsere Beraterin meinte, die Frage eines gelingenden Familienlebens ginge alle an. Und da wir ja nicht nach Schuldigen suchen wollten, sondern nach Lösungen, sei es vollkommen okay, wenn Lilli uns zuhörte. In meh-

reren Gesprächen arbeiteten wir dann heraus, dass mein Mann und ich aus unserem Wunsch heraus, Lilli mit ganz viel Liebe und Verständnis durch ihre schwierigen Gefühle zu begleiten, völlig unsere eigenen Grenzen übergangen hatten und es Lilli deshalb an Halt und Orientierung fehlte. Ich hatte mit diesem Gedanken erstmal zu kämpfen: Dass Kinder nach Grenzen suchen, kam in meinem Weltbild bisher nicht vor. Ist es nicht wichtig, dass Kinder in Freiheit groß werden können, anstatt ständig eingeschränkt zu werden? Ja, sagte die Beraterin, aber es gibt verschiedene Grenzen: unpersönliche, die willkürlich gesetzt werden und einfach nur Freiheiten beschneiden. Und persönliche, die sich für das Kind anfühlen wie eine feste Umarmung, die Halt und Sicherheit gibt. Seitdem gelten bei uns zu Hause von außen betrachtet strengere Regeln: Gemeinsame Mahlzeiten sind hier heute unverhandelbar, genauso wie die Tatsache, dass jeden Nachmittag Hausaufgaben gemacht werden. Und wenn Lilli etwas von uns will, bestehen wir darauf, dass sie sich respektvoll ausdrückt und nicht einfach rumbrüllt. Lilli war von all dem zunächst gar nicht begeistert und wehrte sich heftig. Doch wir hatten durch die Familienberatung eine neue Klarheit gefunden, mit der wir unsere Positionen vertreten konnten, in persönlicher Sprache: ›Ich will, dass du freundlich und in ganzen Sätzen mit mir sprichst!‹ Nach etwa drei Wochen bemerkten wir eine deutliche Veränderung: Lilli wirkte nicht mehr so gestresst und getrieben, sondern ruhte mehr in sich selbst. Der Kommandoton war verschwunden, stattdessen äußerte sie nun immer klarer in ruhigen Gesprächen, was sie stresste und was sie brauchte. Natürlich wird sie manchmal immer noch sehr wütend, aber da wir mittlerweile in solchen Momenten sehr schnell und sehr beherzt eingreifen und ihren kleinen Bruder sofort aus der Schusslinie nehmen, haben ihre Wutausbrüche für uns ihren Schrecken verloren. Klar, sie sind anstrengend und fühlen sich blöd an, aber sie bestimmen nicht mehr unser Familienleben. Das tun wir Erwachsenen. Und das ist auch unser Job.«
Petra

Ein sicherer Hafen

Eltern gefühlsstarker Kinder haben oft ein schlechtes Gewissen, wenn sie sich Auszeiten für sich selbst nehmen – insbesondere, wenn ihr Kind lautstark kundtut, wie blöd es das findet. Umso wichtiger ist es, sich klarzumachen, dass alle Kinder – auch gefühlsstarke – im Moment leben und ihre kurzfristigen Wünsche für sie deshalb meist viel wichtiger und präsenter sind als ihre eigenen, langfristigen Bedürfnisse. Bezogen auf die Paarzeit der Eltern heißt das: Ja, es bedeutet für viele gefühlsstarke Kinder kurzfristig Frust und Stress, wenn Mama und Papa es wagen, aus der ständigen Verfügbarkeit auszubrechen und klar Raum für sich einzufordern. Ja, es ist für gefühlsstarke Kinder anstrengend, wenn die vertraute Routine durchbrochen wird, weil ein Babysitter das Ins-Bett-Bringen übernimmt, während die Eltern zusammen ins Kino gehen. Und ja, natürlich ist es richtig, wenn Mütter und Väter in ihre Wünsche an Zeit zu zweit auch einbeziehen, wie viel sie ihrem sensiblen Kind zumuten können – ein mehrtägiger kinderfreier Urlaub ist da beispielsweise in den ersten Lebensjahren vermutlich eher nicht drin.

Doch kleine Zumutungen, die das Kind zwar anstrengen und traurig machen, aber nicht in tiefste Verzweiflung stürzen, können und sollten Eltern ihrem Kind nicht ersparen, wenn diese der Preis dafür sind, als Paar auch gut für sich selbst sorgen zu können. Denn eine stabile Elternbeziehung ist *die* Basis für ein gelingendes Familienleben. Nichts gibt Kindern mehr Sicherheit und innere Stabilität, als Eltern zu haben, die diese Sicherheit und Stabilität mit ihrer Liebe zueinander vorleben und verkörpern. Sich auch in den stürmischen Jahren mit kleinen und größeren Kindern Zeit zu nehmen, diese Liebe zu pflegen, ist deshalb das größte Geschenk, das Eltern ihren Kindern und sich selbst machen können.

Alleinerziehend mit einem gefühlsstarken Kind

Ob gefühlsstark oder nicht – ein Kind oder sogar mehrere Kinder als einzelne Mutter, als einzelner Vater großzuziehen ist eine Mammutaufgabe, für die es schier übermenschliche Kräfte braucht. Dabei ist es nicht nur die alleinige Verantwortung des gesamten Familienalltags vom Aufstehen bis zum Zähneputzen, die auf den Schultern von Alleinerziehenden lastet. Es ist auch das Alleinsein mit dem Elternsein. Dass da keiner ist, der sich mitfreut, wenn das eigene Kind im Kindergarten gut angekommen ist, und niemand, der sich mit sorgt, mit beschäftigt, mit grübelt, wenn es mal nicht so gut läuft. Und schließlich fehlt Alleinerziehenden oft die wichtigste Regenerationsmöglichkeit überhaupt: Die Möglichkeit, die Verantwortung fürs Kind auch mal abzugeben. Nicht zuständig zu sein, durchatmen zu können, gut für sich selbst zu sorgen – diese Kraftquelle steht vielen Müttern und Vätern nach einer Trennung nicht mehr zur Verfügung. Denn die Eltern wie aus dem Bilderbuch, die sich auch nach einem Beziehungsende noch partnerschaftlich verantwortlich fühlen nicht nur für die gemeinsamen Kinder, sondern auch dafür, dem Ex-Partner beziehungsweise der Ex-Partnerin das Leben zu erleichtern – diese Eltern sind in der Minderheit. In weitaus mehr Fällen geht mit dem Ende der Paarbeziehung auch das Ende des Zusammenhalts als Elternteam einher – mit ausgesprochen schwerwiegenden Folgen für denjenigen, der von da an nahezu oder vollständig allein mit der Verantwortung für das gemeinsame Kind, die gemeinsamen Kinder zurückbleibt. Gibt es dann auch noch ein gefühlsstarkes Kind, muss die alleinerziehende Mutter oder der alleinerziehende Vater oft noch jahrelang heftigste Gefühlsausbrüche alleine begleiten. Kein Wunder, dass viele Eltern in dieser Situation unter ihrer alltäglichen Belastung nahezu zusammenbrechen. Gut gemeinte Tipps, doch auch mal für Auszeiten zu sorgen, werden von Betroffenen dementsprechend oft als blanker Hohn empfunden. Denn auch wenn es natürlich stimmt, dass gesunde Selbstfürsorge ein wichtiger Schlüssel zu mehr Gelassenheit im Alltag ist, haben viele Alleinerziehende eben nicht das Privileg, sich mal eben rausziehen zu können. Auch andere Entlastungsmaßnahmen – eine Haushaltshilfe einstellen, Leihgroßeltern beschäftigen, Arbeitsstunden reduzieren – sind ausgerechnet für Elternteile ohne Partner oder Partnerin oft unerreichbar: weil das Geld knapp ist, die finanzielle Belastung groß, und die Kraftressourcen, sich um Entlastung zu kümmern, längst nicht mehr vorhanden sind. So kommt es, dass viele alleinerziehende Eltern sich im Alltag mit ihrem gefühlsstarken Kind regelrecht gefangen fühlen in einem Leben mit permanent zu viel Druck auf dem Kessel. Ohne eine Chance zu sehen, daran etwas zu ändern.

Angesichts dieser komplizierten Gemengelage eine einfache Lösung zu versprechen, wäre vermessen. Klar: Langfristig ist es hilfreich, wenn sich alleinerziehende Eltern möglichst stark untereinander sowie mit anderen Menschen vernetzen, um sich gegenseitig Halt und Entlastung zu schenken. Doch um ein solches soziales Netzwerk erst einmal zu etablieren, braucht es ebenfalls erstmal Ressourcen, die viele auf sich gestellte Mütter oder Väter in konkreten Belastungssituationen schlicht nicht haben. Umso wichtiger ist es, dass alleinerziehende Eltern sich keine Vorwürfe machen, wenn es ihnen nicht immer gelingt, ihr gefühlsstarkes Kind so einfühlsam und verständnisvoll durch seine wilden Emotionen zu begleiten, wie sie es gerne würden. Jeder Mensch hat eine Belastungsgrenze, die irgendwann erreicht ist. Das können und dürfen auch gefühlsstarke Kinder spüren. Wenn Begleiten nicht mehr geht, tut es auch simples Präsent-Sein. Nicht jeder Wutausbruch muss ausführlich nachbereitet, nicht jedes Gefühl verbalisiert werden. Wenn alle am Limit sind, ist die liebevollste Lösung oft, sich zuzugestehen, jetzt keine pädagogisch wertvolle

Lösung finden zu müssen. Sondern sich einfach gemeinsam vor den Fernseher zu kuscheln, Kakao zu trinken und auszuruhen.

»Celines Vater verließ uns kurz vor ihrem zweiten Geburtstag. Er fand unser Leben einfach zu anstrengend, das hat er wirklich so gesagt. Und ja: Einfach war unser Alltag mit Celine wirklich von Anfang an nicht. Hinlegen ließ sie sich zum Beispiel nie, weshalb sie von Tag eins an eigentlich nur an mir dran oder auf mir drauf schlief. Jeder Versuch, sie mal in ihr Bettchen oder in den Kinderwagen zu legen, wurde mit ohrenbetäubendem Gebrüll quittiert. Selbst auf dem Klo musste ich sie auf dem Schoß halten – legte ich sie kurz auf den Badezimmerteppich, schrie sie sich völlig weg. Auch Unterwegssein war immer schwierig: Celine hasst Busse und Bahnen, ihr ist es da immer zu laut und zu voll. Jeder Spaziergang, jeder Einkauf mit ihr bringt mich an meine Grenzen: Alles viel zu aufregend. Auch zu Hause merke ich es sofort, wenn ich mal den Fernseher laufen lasse oder das Radio anmache – zu viele Reize, zu viel Stress, unglückliches Kind. Am besten geht es ihr, wenn wir uns zu Hause einmummeln wie in einem Kokon und stundenlang Bücher angucken oder Bauklötze stapeln. Dann lacht sie viel und ist zufrieden.

Im Moment ist das tatsächlich mein Weg: Mich so gut es geht nach ihr zu richten. Klar vermisse ich es, mich mit anderen Menschen zu treffen, aber um welchen Preis? Wenn Celine danach die ganze Nacht unruhig ist und ich am nächsten Tag völlig zerschlagen bin, habe ich doch auch nichts davon. Meine Zeit für mich ist deshalb jeden Tag von neun bis drei. Da geht Celine nämlich neuerdings in den Kindergarten, und das klappt nach einer laaaaangen Eingewöhnungsperiode mittlerweile zum Glück sehr gut. Die freie Zeit sollte ich eigentlich dazu nutzen, mein Studium abzuschließen. Aber oft setze ich mich einfach nur in ein Café, nippe drei Stunden lang an einem Latte macchiato, und versuche, mich zum ersten Mal seit drei Jahren wieder selbst zu spüren.«

Hannah, 26, mit Celine, 3 Jahre

Trauen wir uns an noch ein Kind?

Gefühlsstarke Kinder haben die Macht, Lebenspläne auf den Kopf zu stellen. Mit ihrem intensiven Temperament bringen sie uns Eltern immer wieder so weit an unsere Grenzen (und manchmal auch darüber hinaus), dass viele Mütter und Väter merken: Das Leben, wie wir es uns ursprünglich ausgemalt hatten, können wir mit diesem Kind vergessen. Besonders schmerzhaft ist diese Erkenntnis, wenn es um die Familienplanung geht. Schließlich starten viele Eltern in die Familiengründungsphase mit einem genauen Bild im Kopf:

- »Wir wünschen uns zwei Kinder mit einem engen Altersabstand, damit sie gut miteinander spielen können.«
- »Am liebsten hätte ich jetzt zwei Kinder und dann mit ein paar Jahren Abstand nochmal zwei.«
- »Wir wünschen uns drei Kinder im Abstand von je drei bis vier Jahren, um jedes einzelne genießen zu können.«

Solche Wunschvorstellungen sind oft in langen Jahren und vielen Gesprächen gewachsen und bedeuten Paaren sehr viel. Und dann kommt ein gefühlsstarkes Kind und stellt all diese Planungen auf den Kopf. Wollen wir wirklich noch so ein forderndes, wenig schlafendes, viel schreiendes, keinen Kinderwagen akzeptierendes, nie bei jemand anderem bleibendes, ständig Körperkontakt brauchendes Baby? Sich diese Frage zu stellen, geht für viele Eltern mit schlimmen Schuldgefühlen einher, schließlich lieben sie ja ihr Kind. Doch gleichzeitig merken sie eben auch: Die ursprüngliche Idee, gleich das nächste Baby nachzulegen, wenn das erste aus dem Gröbsten raus ist, geht nicht auf, wenn ein Kind auch noch mit zwei, drei oder vier Jahren so bedürfnisstark ist wie ein Neugeborenes. Dazu kommt bei vielen Paaren die Sorge, wie ihr sensibles Kind eine erneute Schwangerschaft sowie das Leben mit einem Geschwisterkind überhaupt wegstecken würde. Kann ein Kind mit so starken Bedürfnissen seine Eltern überhaupt teilen? Besonders schwierig gestaltet sich diese Frage für Familien, die gleich als erstes ein gefühlsstarkes Kind bekommen haben, und die ihren Alltag dementsprechend komplett auf dieses Kind und seine besonderen Bedürfnisse einstellen konnten. Wo sollen da die Bedürfnisse eines weiteren Kindes Platz haben?

Ob Eltern allen zusätzlichen Herausforderungen zum Trotz an ihrem ursprünglichen Plan festhalten oder angestrebte Altersabstände und Familiengrößen noch einmal überdenken, ist eine sehr persönliche Entscheidung, bei der es keine richtige oder falsche Wahl gibt. Wichtig ist jedoch, dass Mütter und Väter sich nicht schuldig fühlen, wenn ihr bedürfnisstarkes Kind sie an ihren Vorhaben zweifeln lässt: Das ist eine ganz normale, gesunde und sehr verantwortungsvolle Reaktion darauf, dass der Familienalltag gerade deutlich mehr Kraft kostet als gedacht. Entlastung verheißt in dieser Situation vor allem, eigene Glaubenssätze in Bezug auf die »richtige« Familiengröße und den »besten« Altersabstand, die bei vielen Menschen sehr stark ausgeprägt sind, noch einmal zu hinterfragen. Denn viele weit verbreitete Annahmen halten einer genaueren Überprüfung nicht stand. So sind sich Geschwisterkinder etwa nicht automatisch emotional besonders nah, wenn zwischen ihren Geburten weniger als zwei Jahre liegen – viel entscheidender sind dafür gemeinsame Erlebnisse und Interessen. Auch Geschwister mit einem Altersabstand von vier und mehr Jahren können stark voneinander profitieren und viel miteinander anfangen. Drei Kinder können eine genauso harmonische Truppe ergeben wie vier, Einzelkinder können ebenso glücklich und sozialkompetent groß werden wie Kinder mit Geschwistern, und selbst aus Kindern mit einem *sehr* großen Altersabstand werden irgendwann Erwachsene, die für immer die gemeinsamen Wurzeln verbinden.

Welche Entscheidung auch immer Eltern treffen: Die Verantwortung dafür, ob sie noch ein Kind in die Familie einladen oder nicht, liegt bei ihnen allein. Und nicht bei ihrem gefühlsstarken Kind. So anstrengend und herausfordernd der Alltag mit ihm auch sein mag – es ist nicht seine Schuld, dass Mama oder Papa den Traum vom zweiten, dritten oder vierten Kind begraben haben. Leider tragen heute viele erwachsen gewordene, gefühlsstarke Kinder genau so eine Bürde mit sich herum:

- »Mama hätte immer gerne zwei Kinder gehabt, aber nachdem ich so ein schlimmes Baby war, hatte Papa Angst, dass das nächste genauso wird, und wollte lieber keins mehr.«
- »Meine Eltern sagen immer, wenn ich gern eine kleine Schwester gehabt hätte, hätte ich ihnen nicht so die Nerven langziehen dürfen.«
- »Ein Satz meiner Mutter verfolgt mich bis heute: Noch so ein Wildfang wie du hätte mich ins Grab gebracht.«

Gefühlsstarke Kinder haben die Neigung, sich für sämtliche Gefühle ihrer Eltern verantwortlich zu wähnen, besonders wenn sie spüren, dass sie irgendwas damit zu tun haben. Umso wichtiger ist es, dass sie merken: Wie groß oder klein unsere Familie ausfällt, liegt nicht in meiner Macht und nicht in meiner Verantwortung.

Was soll nur aus dir werden?

Eltern gefühlsstarker Kinder verbindet oft eine große Gemeinsamkeit: Sie kämpfen im Zusammenleben mit ihrem besonderen Sohn, ihrer besonderen Tochter nicht nur mit den alltäglichen Herausforderungen im Hier und Jetzt – sie fragen sich auch bang, was die Zukunft für ihr sensibles, freiheitsliebendes, unangepasstes, wildes Kind wohl bereithält. Ist in unserer auf Effizienz und Leistung konzentrierten Welt überhaupt Platz für störrische, widerständige Menschen wie unsere Kinder, die mit aller Macht auf ihrem eigenen Weg bestehen? Die provozieren und anecken und auffallen und gleichzeitig so dünnhäutig und verletzlich sind?

Ich glaube: Ja, wir *haben* Platz für diese Kinder. Und nicht nur das: Wir *brauchen* sie auch dringender denn je! Denn sind es nicht gerade die Querdenker, die Freiheitskämpfer, die Unbequemen und Widerständigen, die uns Menschen in unserer langen, spannungsreichen Geschichte immer wieder den entscheidenden Schub nach vorne gegeben haben?

Dabei will ich die Schwierigkeiten, die mit einer gefühlsstarken Persönlichkeitsstruktur einhergehen können, nicht beschönigen: *Natürlich* werden es unsere Kinder in manchen Situationen schwerer haben als andere. Und vermutlich werden sie sich immer mal wieder wünschen, etwas *weniger* von allem zu haben: weniger Empfindlichkeit, weniger Zappeligkeit, weniger tiefe Traurigkeit und weniger starke Wut.

Doch ich bin überzeugt: Wenn unsere Kinder, während sie klein sind, erfahren, dass sie richtig sind, genau so, wie sie sind, werden sie sich ihre Verletzlichkeit bewahren können, ohne deshalb am Leben zu zerbrechen. Denn was unsere Kinder ausmacht, ist nicht nur unbändige Energie, Hartnäckigkeit und Widerständigkeit. Es ist vor allem ihre Begabung, durch hohe Empathiefähigkeit starke und tragfähige Beziehungen zu knüpfen, die auf vertrauensvollen Bindungen beruhen. Und diese Gabe, die eigene Feinfühligkeit als Werkzeug für mehr Verständnis, mehr Verbindung, mehr Miteinander zu nutzen – das ist aus meiner Sicht das größte Potential, das in gefühlsstarken Kindern steckt.

Um dieses Potential für sich nutzen können, ist es wichtig, dass sie mit unserer Begleitung lernen, ihre starken Gefühle zu regulieren, ohne sie zu unterdrücken. Doch wenn wir das gemeinsam geschafft haben, stehen unseren Kinder *gerade* aufgrund ihrer besonderen Veranlagung viele Wege offen, ein glückliches, freies, sinnerfülltes Leben zu führen.

- Ihre blühende Fantasie und sprudelnde Kreativität kann sie zu begnadeten Künstlern werden lassen, die die Welt mit ihren Bildern und Plastiken, ihren Filmen und ihrer Musik, ihren Geschichten und Darstellungen bereichern.
- Ihre Neugierde und Ausdauer prädestiniert sie für ein erfülltes Leben als Wissenschaftler und Forscher, wo sie unter anderen *geeks* und *science nerds* mit ihren verbliebenen Spleens überhaupt nicht auffallen.
- Ihre Sprachgewandtheit und Ausdrucksfähigkeit kann dafür sorgen, dass aus gefühlsstarken Kindern erfolgreiche Texter, Journalisten und Schriftsteller werden, die mit ihrer Beobachtungsgabe, ihrem Gerechtigkeitssinn und ihrem Gespür für die Feinheiten des geschriebenen Worts die »vierte Gewalt« einer jeden Demokratie mit ihrer Arbeit unterstützen.
- Ihre ehrgeizige, bewegungsfreudige Art lässt aus erwachsen gewordenen gefühlsstarken Kindern erfolgreiche Sportler, aber auch fitte und verantwortungsvolle Feuerwehrleute und Polizisten werden.
- Ihre Neugierde und ihr Wunsch, Menschen zu helfen, zieht gefühlsstarke junge Erwachsene in medizinische Berufe, lässt sie zu Hebammen, Krankenpflegern und -schwestern, Ärztinnen und Ärzten werden.
- Ihre rasche Auffassungsgabe und Kommunikationsfähigkeit verhelfen gefühlsstarken Menschen als Kaufleute und Projektmanager ebenso zu Erfolgen wie als Rechtsanwälte.
- Ihre Empathie und ihr Mitgefühl kommen gefühlsstarken Kindern zugute, die ihre Talente als Erwachsene im sozialen Bereich einbringen, etwa in der Kinderbetreuung, der Arbeit mit behinderten Menschen oder in der Pflege.
- Ihre Feinfühligkeit und Leidenschaft macht groß gewordene gefühlsstarke Kinder zu herausragenden Lehrerinnen und Lehrern, Pädagoginnen und Pädagogen sowie Sozialarbeiterinnen und Sozialarbeitern.

- Ihr Mut, ihre Ehrlichkeit und ihr Diskussionstalent stellen die optimalen Ausgangsvoraussetzungen für eine Karriere in der Politik dar.
- Ihr starker Gerechtigkeitssinn und ihre angstfreie Art, für die eigenen Überzeugungen einzustehen, führen gefühlsstarke Menschen in Menschenrechtsorganisationen, Umweltschutzverbände, in die Flüchtlingsarbeit und die Entwicklungshilfe, wo sie ihre Begabungen einbringen können, um die Welt ganz konkret zum Besseren zu verändern.
- Ihre Sorgfalt und Detailverliebtheit macht gefühlsstarke Kinder zu idealen Anwärtern für verschiedene Handwerksberufe, vom Schreiner über den Zimmerer bis zum Maskenbildner.
- Ihr Ehrgeiz, ihre Klugkeit und ihre Hartnäckigkeit bringen gefühlsstarke Menschen oft sogar bis in die Chefetagen großer Unternehmen.

Im Grunde genommen ließe sich diese Liste endlos fortsetzen, denn letztlich sorgt der immense innere Antrieb gefühlsstarker Kinder dafür, dass sie alles werden können, was sie sein wollen – wenn sie nicht schon in ihren ersten Lebensjahren den Glauben an sich selbst verlieren.

Deshalb ist es mir so wichtig, mehr und mehr Eltern für die besonderen Bedürfnisse, aber auch die besonderen Begabungen dieser Kinder zu sensibilisieren. Denn während manche Kinder wie Löwenzahnblumen sind, die selbst unter widrigsten Bedingungen gedeihen und blühen, gleichen gefühlsstarke Kinder eher Orchideen: Sie sind seltener, empfindlicher und bedürfen besonderer Pflege und eines guten Nährbodens, um nicht zu verkümmern. Doch unter den für sie richtigen Lebensbedingungen werden sie immer größer, kräftiger und widerstandsfähiger. Und treiben schließlich die zauberhaftesten Blüten.

EPILOG

Das kostbarste Geschenk

Mein Kind ist anders als andere – vermutlich war es dieses Gefühl, das Sie dazu bewegt hat, dieses Buch in die Hand zu nehmen. Seitdem haben Sie hoffentlich viel Entlastendes und Ermutigendes erfahren über das besondere Temperament einiger Menschen und die besondere Rolle, die uns als Eltern eines solchen gefühlsstarken Kindes zukommt. Dass Ihnen die Lektüre geholfen hat, Schuldzuweisungen und Selbstvorwürfe loszulassen und Ihr Kind so zu lieben und anzunehmen, wie es ist: Das ist mein größter Wunsch.

Mein Kind ist anders als andere – ich glaube, diese Andersartigkeit kann auch ein großes Glück bedeuten. Denn gefühlsstarke Kinder stellen uns nicht nur vor besondere Herausforderungen, sie machen uns auch ein ganz besonderes Geschenk. Denn dass sie all ihre Gefühle so intensiv empfinden und so ungebremst zeigen, bedeutet auch:

- Viele Menschen werden wohl in ihrem ganzen Leben nicht mit so viel Freude, Vertrauen und Dankbarkeit überschüttet wie wir in den schönsten Momenten mit unseren gefühlsstarken Kindern.
- Und niemand, der das Gefühl nicht selber kennt, kann sich wohl vorstellen, wie glücklich es macht, gemeinsam mit einem

vor Begeisterung quiekenden kleinen Glückspaket zu spielen, zu toben, zu kuscheln und sich zusammen kringelig zu lachen.
- Gefühlsstarke Kinder geben uns die Gelegenheit, uns selbst ganz neu kennen zu lernen, eigenen Verletzungen nachzuspüren und sie nach all der Zeit heilen zu lassen.
- Sie lassen uns alte Glaubenssätze hinterfragen und neue Wege einschlagen.
- Sie lehren uns Klarheit und Geduld, vor allem mit uns selbst.
- Sie lieben uns bedingungslos und mit einer Heftigkeit, die ihresgleichen sucht, und verzeihen uns unsere Fehler mit einem Wimpernschlag.

Wir müssen die intensiven Gefühle unserer Kinder also nicht fürchten, auch dann nicht, wenn ihre Wut und Verzweiflung unser Haus erbeben lässt. Denn ein intensives Gefühlsleben zu haben, das bedeutet auch: Sich mit Leidenschaft, mit Hingabe und mit einer unglaublichen Lebendigkeit in die Welt werfen. Unsere Kinder tun genau das, ohne zu zögern. Denn so sensibel und verletzlich sie auch sein mögen: Sie sind auch mutig, und stark.

Unsere gefühlsstarken Kinder haben keinen Zweifel daran, dass wir die allerbesten Eltern für sie sind. Ihr Vertrauen in uns ist genauso grenzenlos wie die riesige Liebe, die sie uns schenken. Aller Anstrengung zum Trotz: Kann es ein größeres Glück, ein kostbareres Geschenk geben?

Zusammen ist man weniger allein …

… und deshalb ist es mir ein echtes Herzensanliegen, dass sich mehr und mehr Eltern gefühlsstarker Kinder zusammenfinden, um sich gegenseitig zuzuhören, Mut zu machen und den Rücken zu stärken. Denn ein gefühlsstarkes Kind ins Leben zu begleiten, ist nicht ohne – aber gemeinsam ist es viel leichter. Schließlich gibt es wenig Erleichternderes, als von anderen Eltern zu erfahren, dass es ihnen mit ihrem Kind gerade *ganz genauso* geht.

Dass sie ebenfalls jeden Tag viele Stunden mit Tragen, Trösten und Tränentrocknen verbringen.

Dass sie die infernalischen Wutanfälle kennen, die skeptischen Blicke und die hochgezogenen Augenbrauen.

Und dass sie gerade ganz genauso müde sind wie wir.

Lassen Sie uns uns also zusammenschließen – zum Beispiel in meiner Gruppe auf Facebook (**Gefühlsstarke Kinder verstehen und begleiten**) oder über meine Internetseite: **www.gefuehlsstarkekinder.de**

Ich freue mich auf Sie!

Ihre
Nora Imlau

Anmerkungen

1. **Kagan, Jerome, Reznick J. Steven und Gibbons Jane:** Inhibited and Uninhibited Types of Children, In: *Child Development* 60,4 (1989), S. 838–845.
2. Auszug aus einem Interview von **Robin Marantz** mit **Jerome Kagan,** in: *The New York Times Magazine,* 29. September 2009 (Übersetzung: Nora Imlau).
3. **Rodgriguez, Alina et al.:** Fetal origins of child non-right-handedness and mental health, in: *Journal of Child Psychology and Psychiatry* 49,9 (2008), S. 967–976.
4. **Davis, Elysia:** Prenatal Exposure to Maternal Depression and Cortisol Influences Infant Temperament, in: *Journal of the American Academy of Child and Adolescent Psychiatry* 46,6 (2007), S. 737–746.
5. **Dawson, G. et al:** The role of early experience in shaping behavioral and brain development and its implications for social policy. Developmental Psychology 12 (2000), S. 695–712.
   Gunnar M. R.: Studies of the human infant‹s adrenocortical response to potentially stressful events. New Directions for Child Development, Fall (1989), S. 3–18.
   Gunnar M. R .et al: Social regulation of the cortisol levels in early human development. Psychoneuroendocrinology Jan-Feb (2002), S. 199–220.
   Herlenius, E. et al: Neurotransmitters and neuromodulators during early human development. Early Human Development October (2001), S. 31–37.
   Kramer K. M. et al: Developmental effects of oxytocin on stress response. Physiology & Behavior. September 79, 4-5 (2003), S. 775–782.
   Levenson R.W.: Blood, Sweat and Fears – The Architecture of Emotion. Annals of the New York Academy of Sciences 1000 (2003), S. 348–366.
   Schore, Allan N.: Attachment and the regulation of the right brain. Attachment and Human Development, October Issue (2010), S. 23–47.
6. **Sukel, Kayt:** Reactive Temperament in Infancy Linked to Amygdala Activity Later in Life, http://dana.org/News/Details.aspx?id=43193.

7. **Sunderland, Margot:** *The Science of Parenting.* London: Dorling Kindersley 2006 (Übersetzung: Nora Imlau).
8. **Imlau, Nora:** »Zum Glück total verschieden«. In: *ELTERN* 2 (2017), S. 78.
9. Mehr über unsere Ursprünge als Jäger und Sammler bei **Hewlett, Barry:** *Hunter-gatherer Childhoods. Evolutionary, Developmental, and Cultural Perspectives.* New Brunswick u.a.: Aldine Transaction 2005.

Bildnachweis

Nora Imlau: S. 14
Susanne Krauss (www.susanne-krauss.com): S. 10, 40, 80, 126, 256
Wolfgang Pfau: S. 52
plainpicture: S. 166 (**Julia Kuskin**), S. 298 (**Cultura/Erin Lester**)
Nicole Zausinger: S. 214

Zum Weiterlesen

Baer, Udo und Frick-Baer, Gabriele: *Das große Buch der Gefühle.* Weinheim: Beltz 2014.

Becker-Stoll, Fabienne u. a.: *Bindung – eine sichere Basis fürs Leben.* München: Kösel 2018.

Bolliger, Max: *Was soll nur aus dir werden? Sechs Lebensbilder.* Stuttgart: Verlag Huber Frauenfeld 1977. (leider nur noch antiquarisch erhältlich)

Brown, Brené: *Verletzlichkeit macht stark. Wie wir unsere Schutzmechanismen aufgeben und innerlich reich werden.* München: Goldmann 2017.

Dibbern, Julia: *Die Tyrannenlüge. Warum unsere Kinder genau das sind, was die Welt von morgen braucht.* München: Kösel 2018.

Eliot, Lise: *Was geht da drinnen vor? Die Gehirnentwicklung in den ersten fünf Lebensjahren.* Berlin: Berlin Verlag 2002.

Gebhardt, Miriam: *Die Angst vor dem kindlichen Tyrannen. Eine Geschichte der Erziehung im 20. Jahrhundert.* München: DVA 2009.

Gonzales, Carlos: *Mein Kind will nicht essen.* München: La Leche Liga Deutschland e.V. 2002.

Graf, Danielle und Seide, Katja: *Das gewünschteste Wunschkind aller Zeiten treibt mich in den Wahnsinn: Der entspannte Weg durch Trotzphasen.* Weinheim: Beltz 2017.

Imlau, Nora: *Das Geheimnis zufriedener Babys.* München: GU 2013.

Imlau, Nora: *Mein kompetentes Baby. Wie Kinder zeigen, was sie brauchen.* München: Kösel 2016.

Juul, Jesper: *Leitwölfe sein. Liebevolle Führung in der Familie.* Weinheim: Beltz 2016.

Juul, Jesper: *Vier Werte, die Kinder ein Leben lang tragen.* München: GU 2012.

Kagan, Jerome: *Die Natur des Kindes.* Weinheim: Beltz 2001.

Kurcinka, Mary Sheedy: *Raising Your Spirited Child. A Guide for Parents whose Child is more intense, sensitive, perceptive, persistent, and energetic.* New York: Harper Collins, 2015.

Mierau, Susanne: *Ich! Will! Aber! Nicht! Die Trotzphase verstehen und gelassen meistern.* München: GU 2017.

Renz-Polster, Herbert: *Kinder verstehen. Born to be wild: Wie die Evolution unsere Kinder prägt.* München: Kösel 2017

Renz-Polster, Herbert und Imlau, Nora: *Schlaf gut Baby. Der sanfte Weg zu ruhigen Nächten.* München: GU 2016.

Saalfrank, Katia: *Was unsere Kinder brauchen. Sieben Werte für eine gelingende Eltern-Kind-Beziehung.* München: GU 2016.

Schmidt, Nicola: *artgerecht. Das andere Kleinkinderbuch.* München: Kösel 2018.

Shanker, Dr. Stuart: *Das überreizte Kind. Wie Eltern ihr Kind besser verstehen und zu innerer Balance führen.* München: Mosaik Verlag 2016.

Solter, Aletha: *Warum Babys weinen. Die Gefühle von Kleinkindern.* München: Kösel 2015.

Register

H

I

J

K

S